Werner Hecht

KLEINE BRECHT-CHRONIK

1898–1956

Basiswissen über sein Leben und Werk

| Hoffmann und Campe |

1. Auflage 2012
Copyright © 2012 by Hoffmann und Campe Verlag, Hamburg
www.hoca.de
Umschlaggestaltung: Katja Maasböl, Hamburg
Foto: Münchner Stadtmuseum, Sammlung Fotografie
Typografie und Satz: Kathleen Bernsdorf, Hamburg
Gesetzt aus der Minion Pro
Druck und Bindung: Friedrich Pustet, Regensburg
Printed in Germany
ISBN 978-3-455-40414-2

Ein Unternehmen der
GANSKE VERLAGSGRUPPE

INHALT

Bertolt Brechts literarische und theatralische Wirkung ist in dem reichlich halben Jahrhundert, das »auf Erden« ihm »gegeben war«, außerordentlich weitreichend. Die Verhältnisse, unter denen er leben musste, bereiteten ihm oft große Schwierigkeiten, und die Kämpfe, in die er geriet in seiner Zeit, nahmen noch nie gekannte Dimensionen an und hinterließen ungeahnte Zerstörungen. In der Welt gab es seit Jahrhunderten Menschen, die zu ihrer Veränderung aufriefen. Wie ein Dasein zu gestalten wäre, darüber waren die Meinungen geteilt. Aber als Brecht in die Städte kam »zu der Zeit der Unordnung«[1] schrie die Welt geradezu nach Veränderung. In seinem Lehrstück *Die Maßnahme* lässt er den Kontrollchor singen: »Ändere die Welt: sie braucht es!« Diese Botschaft liegt seinem Leben und Werk zugrunde.

Brecht gehörte keiner Partei an, musste also nicht aus parteipolitischen Gründen aus seinem Land fliehen, er war ein Künstler, der die Welt so verändern wollte, dass »der Mensch dem Menschen ein Helfer ist« und in jedem Land menschenwürdig leben kann. Menschen sollten ihr Leben meistern können. Dazu war Kunst nötig, nach seiner Ansicht Lebenskunst.

Die *Kleine Brecht-Chronik* will in ausgewählten Umrissen einen Eindruck vermitteln vom Leben und Werk dieses Genies, das in Augsburg und München die Generalprobe für die frühe Premiere in der Hauptstadt Berlin ablegte und bestand. Mit der *Dreigroschenoper* lockte er seine Mitmenschen ins Theater, die dort mit Vergnügen die Unarten ihrer verwerflichen Lebensweise kritisiert sahen. Bei der *Mutter* bekamen die politisch interessierten Arbeiter am Beispiel einer russischen Frau eine erstaunliche Veränderung vorgeführt: eine apolitische Hausfrau verwandelt sich in eine Kämpferin für die Ziele ihres Sohnes, eines Arbeiters. Das war ein Schau-Spiel. In der Wirklichkeit verloren damals viele Mütter den Unterhalt für ihre Familien. In den letzten Jahren der Weimarer Republik wurden Millionen von Beschäftigten arbeitslos. Notverordnungen und Verbote regelten den Alltag.

---

[1] GBA, 12, 85–87 *An die Nachgeborenen* (1934–1938).

Als Hitler und den Nationalsozialisten die Macht übertragen wurde, blieb für Brecht und seine Familie nur die Flucht, die Emigration. Er umkreiste Deutschland, von der Schweiz über Dänemark, Schweden und Finnland, immer in der Hoffnung, dass der Expansion der vordringenden Faschisten bald Einhalt geboten würde. Er wäre dann schnell wieder in Deutschland gewesen, mit neuen Stücken im Gepäck: *Leben des Galilei, Mutter Courage und ihre Kinder, Der gute Mensch von Sezuan, Herr Puntila und sein Knecht Matti* und *Der Aufstieg des Arturo Ui.* Aber das Ziel war für die Hitlertruppen die »Neuordnung Europas«, sie eroberten und unterwarfen immer mehr Länder. Als weiterer Exilort schied für Brecht die Sowjetunion aus, in die er anfangs große Hoffnungen gesetzt hatte. Die Stalin'schen Schauprozesse, die »Säuberungen« danach und die theoretischen Diskrepanzen mit der »Moskauer Clique« der führenden kommunistischen Emigranten hatten seine Meinung über diesen Staat geändert. Es blieben die USA, wo bereits viele seiner früheren Berliner Mitarbeiter eine Zuflucht gefunden hatten.

Dieses »Schauhaus des easy going« entsprach zwar auch nicht seinen Vorstellungen, er versprach sich aber eine Überlebensmöglichkeit während der Zeit der Naziherrschaft in Deutschland – trotz der ständigen Kontrolle, die das FBI ausübte. Das amerikanische Exil endete 1947 mit einem Verhör durch den Kongressausschuss für unamerikanische Betätigungen.

Nach dem totalen geistigen und materiellen Zusammenbruch und der Besetzung Deutschlands durch die Siegermächte war Brecht bei seiner Rückkehr nach Europa nicht daran interessiert, sich in einer der Zonen anzusiedeln. Er sah voraus, dass er in dem Kalten Krieg, der die Beziehungen zwischen der Ostzone und den westlichen Zonen immer unversöhnlicher gestaltete, zerrieben würde. Sein Vorsatz, für ganz Deutschland zu schreiben, schien ihm unter solchen Umständen nicht möglich. Sein Ziel war eine »Residenz« in der Schweiz oder in Österreich. Aber die Schweizer Behörden, eingeschüchtert durch das amerikanische Verhör, waren mit Eifer bemüht, Brecht so schnell als möglich aus dem Lande zu komplimentieren.

Die Einladung vom Deutschen Theater in Ost-Berlin für eine Gastinszenierung von *Mutter Courage und ihre Kinder* war die einzige, die Brecht damals von einer deutschen Bühne bekam. Er nahm sie an. Die

Aufführung am 11. Januar 1949 wurde später als das größte Theaterereignis der Nachkriegsgeschichte gewertet. Als Brecht bei dieser Gelegenheit den Plan eines eigenen Theaterprojekts vorlegte, fand er keine Zustimmung und fühlte zum ersten Male den »stinkenden Atem der Provinz«. Und es sollte nicht bei diesem einen Male bleiben. Durch seine und Helene Weigels Hartnäckigkeit und Konsequenz und durch Unterstützung einiger Freunde gelang 1949 die Gründung des Berliner Ensembles im Deutschen Theater und schließlich 1954, fünf Jahre später, der Einzug in das eigene Haus am Schiffbauerdamm.

Brecht hat in den verschiedensten Gremien und mit den verschiedensten Mitteln versucht, Einfluss zu nehmen auf die Entwicklungen der Kunst und der Gesellschaft in Ost und West. Er hat dafür besonders vom Westen, aber auch vom Osten oft Schelte bekommen.

Die Genialität seines Werkes und seines Lebens zeigt sich erst nach Beseitigung der politischen und ideologischen Beschränkungen im Kalten Krieg in voller Größe.

Brecht war allezeit ein streitbarer und unbequemer Dichter. Und er ist und wird streitbar und unbequem bleiben.

Die *Kleine Brecht-Chronik* stellt das Basiswissen über Leben und Werk dieses großen Dichters des 20. Jahrhunderts zusammen und vermittelt Einblicke in die Zeitgeschichte, die sich sowohl auf die Lebens- wie Werkgeschichte entscheidend ausgewirkt hat. In einer Übersichtstafel werden Zeitabschnitte überschaubar dargestellt. Die Auswahl ist getroffen aus meiner großen *Bertolt Brecht Chronik 1898–1956*, die 1997 erschienen ist und erweitert wurde durch den *Ergänzungen*-Band von 2007. Wesentliche Forschungen und neue Funde von Texten, die in den letzten Jahren gemacht wurden, haben weitere Zufügungen für die *Kleine Brecht-Chronik* möglich gemacht.

Außer einer für den Zweck einer kleinen Chronik angemessenen Auswahl ist bei der Darbietung der Fakten auf größere Zitate verzichtet worden. Die Quellen aus Brechts Werken sind durchgängig auf der Basis der *Großen kommentierten Berliner und Frankfurter Ausgabe* der *Werke Bertolt Brechts* (Frankfurt 1988–2000) nachgewiesen.

Berlin, 14. August 2012   *Werner Hecht*

1898

10. 2. Eugen Berthold Friedrich B wird in Augsburg geboren als erstes Kind von Berthold Friedrich Brecht (1869–1939) und Sofie, geb. Brezing (1871–1920). Der Vater beginnt am 1. 9. 1893 als kaufmännischer Angestellter in der Haindl'schen Papierfabrik Augsburg. Am 15. 5. 1897 heiratet er und wohnt in dem Haus Auf dem Rain 7.

20. 3. Protestantische Taufe in der Kirche Zu den Barfüßern.

18. 9. Familie Brecht zieht in das Bürgerhaus Bei den Sieben Kindeln 1 um.

1900

19. 6. Geburt des Bruders Walter.

12. 9. Weiterer Umzug der Familie Brecht in das erste von vier Häusern der Haindl'schen Stiftung in die Klaucke-Vorstadt, Bleichstr. 2.

1901

1. 1. Bs Vater wird Prokurist in der Haindl'schen Papierfabrik.

1903

Januar. B geht ab Januar für knapp ein Jahr in den Kindergarten.

1904

1. 9. Einschulung in die Volksschule der zuständigen Kirchengemeinde (Zu den Barfüßern).

1906

1. 9. B wechselt in die Volksschule am Stadtpflegeanger.

1908

11. 6.–28. 7. B besucht mit seiner Mutter das Kindersolbad Bad Dürrheim.

Juli. B beendet die Volksschule.

18. 9. B kommt in Klasse I ^A^ (Sexta) des Königlichen Realgymnasiums zu Augsburg. Bs protestantische Mutter hat in Übereinstimmung mit dem katholischen Vater bei der Taufe festgelegt, dass B protestantisch erzogen wird.

1910

Januar. Nach Anstellung von Marie Roecker als Haushaltshilfe bezieht B eine eigene Mansardenwohnung im Haus (die er »Zwinger« oder »Gral« nennt). Als es zwischen Roecker und Bs Mutter zu einem Zerwürfnis kommt, wird sie entlassen. Marie Roecker zieht nach Ulm und kehrt 1914 nach Augsburg zurück, wo sie sich öfter mit Bs Vater trifft. Ab 10. 6. 1918 wird sie in dem Brecht'schen Haushalt als »Hausdame« eingestellt. Sie führt nach dem Tod von Sofie 1920 den Haushalt des Vaters weiter.

1911

22. 3. B besucht zum ersten Mal mit der Schulklasse das Augsburger Stadttheater und sieht *Wallensteins Tod* von Friedrich Schiller.

18. 9. Zu Beginn des neuen Schuljahrs kommt Rudolf Caspar Neher neu in die Klasse; mit ihm verbindet B zeitlebens eine enge Freundschaft.

September. Beginn des Konfirmandenunterrichts in der Barfüßer-Pfarrei.

1912

29. 3. B wird in der Barfüßerkirche konfirmiert.

21. 5. B geht zu einer schulischen Festveranstaltung, auf der sein Deutschlehrer eine patriotische Rede hält. – Wegen Herzbeschwerden darf er sich nicht an den sportlichen Wettkämpfen beteiligen.

1913

10. 2. B erhält zu seinem Geburtstag von den Eltern eine Ausgabe der Gesammelten Werke Hebbels.

15.5. Beginn der Eintragungen in das (einzige aus der Schulzeit überlieferte) *Tagebuch N° 10*. Darin sind Ereignisse aus dem Alltag der Schule und Familie festgehalten. Die Herzerkrankung bereitet dem Fünfzehnjährigen Schmerzen und Todesangst. In das *Tagebuch* schreibt der Schüler zahlreiche literarische Versuche und macht kritische Bemerkungen dazu; es enthält mehr als 80 Gedichte bzw. Gedichtpläne, Entwürfe von Dramen, Prosastücken und Romanen.

Tagebuch N° 10 (15.5.–25.12.)

27.5. B entwirft die Fabel zu einer Tragödie *Die Kindsmörderin*.

12.7. Teilnahme am Dankgottesdienst zum Schuljahresausklang. B erhält sein »bestes Schlusszeugnis seit Jahren«.

14.7. B reist mit seiner Mutter in das Bad Steben im Frankenwald. Ein Kurarzt bestätigt seine starke Nervosität und verschreibt ihm eisenhaltiges Heilwasser.

14.8. Letzter Tag im Heilbad. In einem Rückblick resümiert B, dass er viermal im Kurtheater gewesen ist sowie zweimal in Sinfoniekonzerten und dreimal im Freilichttheater. Er trägt in sein Tagebuch ein, dass er am 14.8. mit einer Patientin spazieren geht, die ihm prophezeit: »Ich habe das Gefühl, Eugen, als ob Sie noch einmal ein ganz Großer unseres Volkes werden würden.« *(26,67.)*

22.8. An einer Schülerzeitschrift, die den Namen *Die Ernte* erhält, arbeiten außer B seine Schulfreunde Fritz Gehweyer und Max Hohenester mit. Bis Februar 1914 erscheinen sechs Ausgaben, eine siebente wird fertiggestellt, aber nicht mehr vervielfältigt. In der *Ernte* stellen die Schüler literarische Versuche vor.

Schülerzeitschrift Die Ernte

8.9. B gestaltet sein Gedicht *Mond!* in der Manier von Stefan George nur mit Kleinbuchstaben (nur Versanfänge groß).

22.9. Die zweite Ausgabe der *Ernte* enthält von B u.a. das Gedicht *Der brennende Baum*.

23.10. In Heft 3 der *Ernte* wird das Gedicht *Galerie der Klasse 6 A*, 1. Teil u.a. aufgenommen.

November. In dem 4. Heft der *Ernte* erscheinen Bs Ballade *Der Wunsch* und der 2. Teil der *Galerie der Klasse 6 A*.

5.12. B erfährt, dass sein Vater (im Israelischen Krankenhaus

München) operiert werden muss. Die Angst regt ihn zu dem Gedicht *Sorge* an. – Er sieht im Augsburger Stadttheater Shakespeares *Romeo und Julia*.

7. 12. B entwirft die letzte Szene (mit dem Titel *Feuer*) seines ersten Stückes *Die Bibel*, das in Heft 6 der Schülerzeitschrift *Die Ernte* vollständig veröffentlicht wird.

Erstes Stück: Die Bibel

25. 12. B besucht mit seinem Bruder den Vater im Münchener Krankenhaus. Seine Freude über den Genesenden drückt er in dem Gedicht *Dank* aus. B schließt sein *Tagebuch N° 10* auch mit einem Dank an die Mutter: »Sie tut viel, viel über ihre Kraft.« *(26,103.)*

1914

Februar. In die letzte Ausgabe von *Die Ernte* (Nr. 7) werden mehrere Prosatexte Bs aufgenommen.

30. 3. Bs Großmutter Friederike Brezing stirbt in Augsburg.

→ **Ausbruch des Ersten Weltkrieges**

1. 8. Nach Beginn des Ersten Weltkrieges werden durch die Mobilmachung 10 von den 30 Lehrern des Augsburger Realgymnasiums und im Verlauf des Schuljahres 39 Schüler zum Kriegsdienst eingezogen.

8. 8. Von hier ab erscheinen (bis zum 27. 9.) eine Reihe von Texten Bs in den Tageszeitungen *Augsburger Neueste Nachrichten (ANN)* und *München-Augsburger Abendzeitung (MAAZ)*, die er *Augsburger Kriegsbriefe eines Mittelschülers* nennt und mit seinen Vornamen »Berthold Eugen« zeichnet. Diese Texte drücken die patriotische Begeisterung aus, mit der die Deutschen in den Krieg ziehen, ihren Opfermut, ihre Erfolge und schmerzlichen Niederlagen sowie die opferbereiten Entbehrungen der Zivilbevölkerung.

Augsburger Kriegsbriefe eines Mittelschülers

17. 8. Der *Erzähler*, die literarische Beilage der *ANN*, veröffentlicht von B Gedichte und Prosatexte. Im ersten dieser Texte, den *Notizen über unsere Zeit*, bewundert B Kaiser Wilhelm II. »beinahe staunend« als »geistige Macht« *(21,12 f.)*.

14. 9. Die erste Veröffentlichung Bs über Literatur erscheint ebenfalls im *Erzähler*: eine Rezension über die Lyriksammlung

Trautelse von Karl Lieblich unter dem Titel *Ein Volksbuch*. In der Zeitungsbeilage werden weitere Artikel über Carl Hauptmanns Tedeum *Krieg* und über Rabindranath Tagores Gedichtsammlung *Der Gärtner* publiziert.

21. 9. In seinem *Augsburger Kriegsbrief* vom 18. 9. *(MAAZ)* beschreibt B das zunehmende Elend in der Heimat.

2. 12. Im *Erzähler* erscheint das Gedicht *Moderne Legende*, in dem B der Gefallenen gedenkt: Nach der Schlacht ist es still geworden »bei Freunden und Feinden«; das Leid der Mütter über die Verluste ihrer Söhne betrifft beide Seiten der Front.

9. 12. Im *Erzähler* wird das Gedicht *Hans Lody* gedruckt.

1915

27. 1. In dem Gedicht *Der Kaiser, Silhouette*, das aus Anlass des Geburtstags von Kaiser Wilhelm II. in den *ANN* erscheint, bezeichnet B ihn als einen, der den Krieg am schwersten zu tragen hat. Auch in den folgenden Monaten entstehen weitere Gedichte, die in den *ANN* und in der *MAAZ* abgedruckt werden.

5. 6. Bs Freund Caspar Neher hat sich freiwillig zum Militär gemeldet und wird eingezogen.

7.–26. 8. B unternimmt mit Schulfreund Fritz Gehweyer einen Ausflug in die Schweiz.

16. 9. Wegen der Einberufung von 11 Klassenkameraden gehören der Klasse VIII nur noch 15 Schüler an.

20. 9. B schreibt Gehweyer nach München, ein »alter Plan« sei ausgeführt: Er habe mit seinen engeren Freunden einen Interessenkreis gegründet (»Brecht-Clique«), mit dem er sich im Augsburger Lokal Gablers Taverne trifft.

Gründung des Augsburger Brecht-Kreises

Dezember. B beschafft sich die Sammlung Oscar Wildes *Lehren und Sprüche* und versieht die Aphorismen mit zahlreichen Anmerkungen.

1916

Mai. B macht die Bekanntschaft der Schülerin Marie Rose Aman, Tochter eines Damenfriseurs in Augsburg.

Juni. Die Klasse muss einen Aufsatz über den Horaz-Ausspruch

schreiben *Dulce et decorum est pro patria mori* (Es ist süß und
ehrenvoll, für das Vaterland zu sterben). Nach Aufzeichnungen
von Bs Freund Otto Müllereisert soll B u. a. geschrieben haben,
dass der Abschied vom Leben immer schwerfalle,»im Bett wie
auf dem Schlachtfeld, am meisten gewiss jungen Menschen in
der Blüte ihrer Jahre«. Bs Aufsatz erregt Anstoß bei den Lehrern.
Auf Vermittlung eines Benediktinerpaters wird B nicht von
der Schule ausgeschlossen, sondern erhält lediglich eine Strafe.

— Aufsatz über Horaz-Zitat erregt Anstoß

13.7. B, der seine Publikationen bisher mit seinen Vornamen
»Berthold Eugen« unterzeichnet hat, veröffentlicht *Das Lied
von der Eisenbahntruppe von Fort Donald* erstmals mit »Bert
Brecht«. In dem Gedicht wendet er sich von der patriotischen
Kriegsthematik ab.

Juli. B bemüht sich (vergeblich) um die Gunst der Schülerin
Therese Ostheimer, die in die Lehrerinnenbildungsanstalt am
Englischen Institut geht.

19.9. B beginnt das letzte Schuljahr im Königlichen Realgym-
nasium.

19.10. Auf einem gefalteten Blatt sind vier Seiten Tagebuchno-
tizen Bs (bis 22.10.) überliefert. Daraus geht hervor, dass er u. a.
Spinoza und Nietzsche liest und sich erneut Gedanken über
seine Befähigung zum Dichten macht. Sein Gesundheitszustand bessert sich, weil er sich aktiv gegen die Herzbeschwerden
wehrt: »Ich kommandiere mein Herz.« *(26,108.)*

1917

März. Da sich B freiwillig zum Kriegshilfsdienst in der Heimat
gemeldet hat, erhält er die Zulassung zum Kriegsnotabitur und
beendet die Schule.

— Kriegnotabitur

April. B lernt durch Marie Aman deren Freundin, die Augsburger Arzttochter Paula Banholzer, kennen, die er »Bi« nennt
(eine Verkürzung von Bittersweet). Es entwickelt sich eine
Liebesaffäre.

1.5. Bs Vater wird kaufmännischer Direktor in der Haindl'schen
Papierfabrik.

Ende Mai. Caspar Neher ist an der Front verschüttet worden und erhält einen Genesungsurlaub in der Heimat; im August muss er wieder an die Front.

12.6. B arbeitet mit Neher an dem (Fragment gebliebenen) Stück *Sommersinfonie*.

August. B gibt am Tegernsee Nachhilfeunterricht. Nach einer zeitweiligen Abkühlung der Beziehung zu Paula Banholzer wirbt B erneut um sie und hat Erfolg.

Ende September. Er wird mit Hanns Otto Münsterer bekannt, der sich auch literarisch versucht.

MÜNCHEN/AUGSBURG 1917–1924

Immatrikulation an der Universität München

2.10. B immatrikuliert sich als »stud. phil. et med.« in München an der Philosophischen Fakultät der Ludwig-Maximilians-Universität. Er zieht nach München und wohnt bis zu seiner Übersiedlung nach Berlin in verschiedenen Pensionen. In Augsburg behält er aber außerdem seine Mansardenwohnung, wo er sich vor allem an den Wochenenden und während der Sommermonate aufhält. Im theatergeschichtlichen Seminar von Artur Kutscher lernt B im Herbst die Medizinstudentin Hedda Kuhn (»He«) kennen. Sie wird seine »Geliebte über sechzehn Monate« (*11,22*). In diesen Seminaren Kutschers begegnet er den Dramatikern Hanns Johst und Frank Wedekind.

→ **(Oktober-)Revolution in Russland**

7.11. (das ist der 26.10. nach dem russischen Kalender). In Russland stürzen die Bolschewiki die Regierung Kerenski (Große sozialistische Oktoberrevolution), übernehmen die Macht und proklamieren den Sowjetstaat.

8.11. B beurteilt Zeichnungen, die ihm Caspar Neher während seines Kriegsdienstes ständig zuschickt.

Ende November. B referiert im Kutscher-Seminar über Hanns Johsts Roman *Der Anfang*.

30.12. B schreibt Caspar Neher über beider Verhältnis: Sie seien lange nebeneinander hergegangen, aber dann habe er seine Renaissance heraufbeschworen und ihm »mehr als irgendein andrer Mensch« gegeben (*28,41*).

1918

Anfang Januar. B schreibt *Das Lied von der Wolke der Nacht* (später in *Baal* eingebaut).

29.1. B nimmt in München an der Semesterabschlussfeier teil, zu der auch Frank Wedekind kommt.

22.2. B parodiert Goethes *Lied des Hafners* mit seinem *Lied der müden Empörer*, später ergänzt er es und versieht es mit dem Titel *Philosophisches Tanzlied*.

Anfang März. An Caspar Neher schreibt B:»Ich habe Ferien, hause einsam auf meinem Zwinger unter Deinen Gemälden und erfinde zur Gitarre groteske Lieder.« *(28,44.)*

10.3. B ist sehr stark vom Tode Wedekinds (am 9.3.) betroffen und schreibt in seinem Nekrolog *Frank Wedekind* am 12.3. in den *ANN* u.a.:»Nie hat mich ein Sänger so begeistert und erschüttert.« *(21,35.)*

22.3. Von B erscheint in den *ANN* eine Rezension des *Vortragsabend von Hans Karl Müller.*

30.3. B sieht in den Münchener Kammerspielen Hanns Johsts Grabbe-Drama *Der Einsame. Ein Menschenuntergang.* Er nimmt sich vor, zu diesem Stück einen Gegenentwurf zu schreiben und hat vier Wochen später schon»die halbe Komödie *Baal*« (wie er das neue Stück nennt) fertig.

13.4. B ist häufig auf dem Augsburger Jahrmarkt (dem»Plärrer«). Er schreibt, dieses Augsburger Volksfest ist für ihn»das Schönste, was es gibt« *(28,48).*

1.5. B muss zur Musterung gehen (Prüfung auf Wehrtauglichkeit) und wird als Sanitätssoldat vorgesehen. Die Musterung findet in der Zeit statt, als noch einmal ganz Deutschland durchsucht wird, um»Menschenmaterial« für den Krieg zu sammeln. Er schreibt die *Legende vom toten Soldaten.* Für das Lied komponiert B eine eigene Melodie und trägt es häufig zur Gitarre vor.

Mitte Juni. An Caspar Neher meldet B die Fertigstellung seiner »Komödie« *Baal frißt! Baal tanzt!! Baal verklärt sich!!/ Was tut Baal?* Er schickt das Stück an Professor Kutscher, sowie an die Dramaturgen der Münchener Kammerspiele Lion Feuchtwan-

Erste Niederschrift von *Baal*

ger und Jacob Geis, außerdem an den Berliner Theaterkritiker Alfred Kerr.

7.7. B schreibt *Baals Lied* mit seinem Freund Ludwig Prestel »nachts am Lech«.

22.7. B war mit Paula Banholzer am Starnberger See und beichtet Caspar Neher davon: »Sie war eine Herzogin auf drei Tage, und dann kam die verfluchte Angst, weil die Periode ausblieb.« *(28,61f.)*

15.8. Die Militärkommission verfügt Bs Einberufung zum Militär und »Überführung zu den Sanitätsmannschaften« in Augsburg. Durch seine Patienten wird er zu dem *Lied an die Kavaliere der Station D* angeregt (die geschlechtskranken Soldaten des Lazaretts).

23.9. B schreibt *Luzifers Abendlied* (später: *Gegen Verführung*).

→ **Bildung von Arbeiter- und Soldatenräten**

7.11. Novemberrevolution in München und Ernennung Kurt Eisners zum provisorischen Ministerpräsidenten der von ihm (am 9.11.) ausgerufenen bayerischen Volksrepublik. Der Spartakusbund will alle Macht den Arbeiter- und Soldatenräten übertragen und strebt eine sozialistische Republik an. In Augsburg wird ein dem Arbeiter- und Soldatenrat unterstehender Lazarettrat konstituiert, dem B eine Zeit lang angehört.

11.11. B stellt mehrere in dieser Zeit geschriebene Gedichte zu der Sammlung *Lieder zur Klampfe von Bert Brecht und seinen Freunden. 1918* zusammen.

→ **Ende des Ersten Weltkrieges**

1919

15.1. Die Gründer der Kommunistischen Partei Deutschlands Rosa Luxemburg und Karl Liebknecht werden in Berlin festgenommen und ermordet. Unter dem Eindruck dieser Tat schreibt B (im selben Jahr) *Vom ertrunkenen Mädchen* sowie weitere Gedichte.

19.1. B feiert seine Entlassung vom Militärdienst.

29.1. Paula Banholzer ist von B schwanger. Auf Anordnung ihrer Eltern muss sie Augsburg verlassen und soll ihr Kind heimlich in dem Dorf Kimratshofen bei Kempten zur Welt bringen. Die Eltern Paulas lehnen eine Hochzeit mit B ab, weil er keine Einkünfte nachweisen kann.

13. 2. Abschluss der ersten Niederschrift eines Stückes *Spartakus*, das die Ereignisse der Novemberrevolution darstellt.

17.–19. 2. B besucht Paula Banholzer in Kimratshofen.

26. 2. B nimmt in München mit Caspar Neher am Trauerzug des am 21.1. ermordeten bayerischen Ministerpräsidenten Kurt Eisner teil.

Februar/März. Häufige Besuche von Theateraufführungen und Rezitationsabenden.

März. B hat Lion Feuchtwanger *Spartakus* zu lesen gegeben; auf Vorschlag von dessen Frau Marta wird es in *Trommeln in der Nacht* umbenannt.

6. 5. B liest seinen Freunden eine neu geschriebene Szene aus *Baal* vor und diskutiert mit ihnen darüber.

20. 5. B stellt eine veränderte Fassung von *Baal* fertig und gibt sie Hanns Otto Münsterer zur Durchsicht.

Baal
(Fassung 1919)

24.–26. 5. B trifft sich mit Hedda Kuhn in Ulm.

11. 6. B schwimmt mit seinen Freunden im Hahnreibach, sie liegen »nackt im Gras« oder klettern auf Bäume. Erlebnisse solcher Art verwendet B für Gedichte wie *Vom Klettern in Bäumen* und *Vom Schwimmen in Seen und Flüssen*.

16. 6. Im Sommersemester, das an diesem Tag beginnt, belegt B nur noch wenige Vorlesungen und geht selten zur Universität.

30. 7. In Kimratshofen wird Bs und Paula Banholzers Sohn Frank Banholzer geboren. Den Akten ist ein beglaubigter Zusatz mit der Vaterschaftserklärung Bs beigefügt. (B teilt aber die Geburt des Kindes seinen Eltern erst im September mit.) Am 2. 8. findet die (katholische) Taufe des Sohnes auf die Namen »Frank Otto Walter« (nach Wedekind, Müllereisert und Bs Bruder) in der Pfarrkirche von Kimratshofen statt.

Geburt von Sohn
Frank Banholzer

18. 8. Marta Feuchtwanger macht B auf die Nachricht von einem sechzehnjährigen Jugendlichen aufmerksam, der seine Eltern ermordet hat und regt ihn dadurch zu dem Gedicht *Apfelböck oder Die Lilie auf dem Felde* an.

23./24. 8. B fährt mit Caspar Neher, Georg Pfanzelt und Otto Müllereisert nach Kimratshofen zu Paula Banholzer und Frank; Neher notiert:»Orge [Pfanzelt] spielt in Kimratshofen Orgel und Bert singt *Luzifers Abendlied* und *Baals Choral.*«

8. 9. B widmet seiner Mutter zu deren 48. Geburtstag das Gedicht *Die Mutter*, in dem er besonders ihre aufopferungsvolle Gebefreudigkeit lobpreist.

3. 10. B beendet das Libretto für eine Kurzoper *Prärie* (Fragment) nach der Novelle *Zachäus* von Knut Hamsun. – Er schreibt im Herbst (unter Einfluss des Kabarettisten Karl Valentin) die fünf Einakter: *Die Hochzeit, Der Bettler oder Der tote Hund, Er treibt einen Teufel aus, Lux in tenebris* und *Der Fischzug.*

Augsburger Theaterkritiken (1919–1921)

13. 10. In der neugegründeten Augsburger Tageszeitung *Der Volkswille (Vw)*, dem Organ der USPD für Schwaben und Neuburg, erscheint die erste von 27 Theaterkritiken Bs (bis 12. 1. 1921 über die Aufführungen und die Konzeption des Augsburger Stadttheaters. – Im Wintersemester belegt er nur zwei Vorlesungen. Mit diesem Semester beginnt auch Marieluise Fleißer ihr Studium an der Münchener Universität.

22. 10. B teilt Paula Banholzer mit, dass er über das Stück *Baal* Vertrag mit dem Drei Masken Verlag gemacht hat. Er gibt Münsterer den Einakter *Der Fischzug* zur Durchsicht.

5. 11. Aus München schickt B seinem Vater zu dessen 50. Geburtstag die *Ode an meinen Vater.*

7. 11. Der *Vw* veröffentlicht eine Polemik Bs *Aus dem Theaterleben*, in der er»die Schweinereien« kritisiert, die unter dem Vorwand der Aufklärung derzeit in den Kinos gespielt werden dürfen.

23. 11. Die in der neuen Saison engagierte junge österreichische Sängerin Marianne Zoff spielt im Stadttheater Augsburg ihre erste große Rolle, die Carmen in Bizets gleichnamiger Oper.

1920

Januar. Im Januar entstehen die Gedichte *Über die Vitalität, Ich, Jüngling, sage mir, Durch die Kammer ging der Wind, Liebe*

Marie, Seelenbraut. In ein Notizbuch schreibt B zahlreiche theoretische Texte.

21. 2. B fährt nach Berlin (bis 14. 3.). Er schreibt im Zug das Gedicht *Sentimentales Lied No. 1004* (späterer Titel: *Erinnerung an die Marie A*). – Hedda Kuhn, die inzwischen ihr Medizinstudium in Berlin fortsetzt, bringt ihn bei ihrem Freund, dem Journalisten Frank Warschauer, unter. Er besucht Theatervorstellungen und lernt viele Leute kennen.

29. 2. Berlin macht auf B einen großen Eindruck, den er Caspar Neher mit einer Einschränkung mitteilt: »Aber alles ist schrecklich überfüllt von Geschmacklosigkeiten, aber in was für einem Format, Kind!« *(28,101.)*

Februar. Bei dem Kostümfest im Kunstgewerbemuseum lernt B Dora Mannheim kennen und freundet sich mit ihr an.

14. 3. Wegen eines Putschversuchs (Kapp-Putsch) fährt B vorzeitig nach München zurück. In einer Vorstellung des Kabarettisten Karl Valentin »wälzte« er sich »fast vor Lachen« *(28,106)*.

Mitte April. Lektüre von Upton Sinclairs Roman *Der Sumpf.*

22. 4. B besucht im Augsburger Börsensaal den *Literarischen Abend* mit einer Lesung Thomas Manns aus seinem noch unvollendeten Roman *Der Zauberberg* und berichtet am 26. 4. in dem *Vw* darüber.

1. 5. Bs Mutter stirbt an Brustkrebs.

14. 5. Der *Vw* veröffentlicht den polemischen Artikel *Eine Abrechnung*, in dem es um den Antrag des Theaterdirektors Richard Häusler geht, das Augsburger Stadttheater unter städtische Verwaltung zu nehmen.

Tod der Mutter

Ende Mai. Lion Feuchtwanger übergibt *Trommeln in der Nacht* dem Dramaturgen der Münchener Kammerspiele Rudolf Frank, der vom »sagenhaft Balladesken« des Stückes fasziniert ist.

31. 5. B tritt als Klarinettenspieler in Karl Valentins Kabarett in der Szene *Orchesterprobe* auf.

5. 6. B besucht Paula Banholzer und Frank in Kimratshofen. Vermutlich entsteht in diesen Tagen das Romanfragment *Das Buch Gasgarott*, darin ist u. a. sein Liebesverhältnis zu

Hedda Kuhn verarbeitet. In einigen *Psalmen* gestaltet er die erlöschende Beziehung zu ihr.

— **15. 6.** Von diesem Tage an sind fortlaufende Tagebuchaufzeich

nungen bis 16. 2. 1922 überliefert, in denen B sowohl über die Arbeit wie über private Probleme reflektiert.

16. 6. Die Generaldirektion der Bayerischen Staatstheater zieht aus Furcht vor einem Skandal die vorgesehene *Baal*-Uraufführung zurück.

20. 6. B macht sich Sorgen um Paula Banholzer, die wegen ihrer Lungenbeschwerden in ärztlicher Behandlung ist: »Alle Sonntage seit einem Jahr gehören Bi.« *(26,121.)*

Juni. B schreibt einen *Offenen Brief an die Augsburger Zeitungen*, in dem er zu einer Protestbewegung gegen den erzwungenen Weggang des Regisseurs Hermann Merz aufruft. – Im Sommersemester belegt B an der Münchener Universität Geschichte der deutschen Literatur und Physiologie.

9. 7. B besucht Hanns Johst und spricht mit ihm über den Erfolg von dessen Stück *Der König*.

15. 7. Der Verlag Georg Müller entscheidet sich, das Stück *Baal* nicht ausdrucken zu lassen, da er eine Beschlagnahme befürchtet.

28. 7. Durch Otto Zareks *David*-Erzählung wird B zum Gegenentwurf einer Saul-David-Szene angeregt.

2. 8. B bringt Paula Banholzer zum Bahnhof. Dann begrüßt er die von München kommende Hedda Kuhn, die auf der Rückfahrt nach Berlin ist und bei ihm übernachtet.

22. 8. Spaziergang mit Rose Marie Aman: »sie ist aufgegangen und verblüht, ich verlasse sie ganz, Gott behüte sie!« *(26,138.)*

23. 8. B diktiert *Galgei*, eine frühe Fassung von *Mann ist Mann*. Abends geht er auf den Jahrmarkt, »den David im Schädel«.

28. 8. Abends schreibt er die *Ballade von den Geheimnissen jedweden Mannes* und nachts das *Lied von meiner Mutter. 8. Psalm.*

1. 9. Für das »Arrangement« seiner Verse schwebt B Auguste Rodins auf dem Marktplatz von Calais stehende Plastik *Die Bürger von Calais* vor: »So sollen die Gedichte da stehen unter den Leuten.« *(26,150 f.)*

15. 9. Bs Vater wirft seinem Sohn vor, er habe noch nichts für die Allgemeinheit getan, »noch rein gar nichts« *(26,167)*.

15. 10. Der *Vw* druckt die Rezension Bs »*Alt-Heidelberg*«; Lob der Regie Kurt Hartls, aber Ablehnung des Schauspiels von Wilhelm Meyer-Förster (»Saustück«).

14. 12. B veröffentlicht im *Vw* eine Rezension der Buchreihe des Gustav Kiepenheuer Verlags *Der dramatische Wille*. Darin schildert er unter dem Titel *Dramatisches Papier und anderes* seine Eindrücke (»ein dramatischer Wille ohne Drama«) bei der Lektüre der Stücke *Die Gewaltlosen* von Ludwig Rubiner, *Die Haft* von Eduard Trautner, *Die Wandlung* von Ernst Toller, *Die Unsterblichen* von Iwan Goll, *Hölle Weg Erde* von Georg Kaiser und *Bathseba* von André Gide.

22. 12. Der *Vw* veröffentlicht Bs Polemik gegen den Intendanten des Theaters und gegen die Stadtväter unter dem Titel *Querulanterei oder ein Lauf gegen die Wand*.

Dezember. Zwischen B und der Opernsängerin Marianne Zoff entwickelt sich eine folgenreiche Liebesbeziehung.

1921

8. 1. B besucht die Premiere von Friedrich Hebbels *Judith* im Stadttheater und erregt durch sein Verhalten während der Aufführung Anstoß. Im *Vw* erscheint am 12. 1. Bs Rezension *Hebbels »Judith« im Stadttheater*. Darin empört der Satz in Bs Kritik: »Aber das gleiche Schwein, das die Lulu für eine Beschimpfung der Frau hält, schwärmt für die Judith.« Eine Schauspielerin klagt ihn deshalb an.

13. 1. B, der sich immer häufiger mit Marianne Zoff trifft, schreibt ihr das Gedicht *An M*.

13. 2. Nachmittags ist B in Augsburg bei einem Schauspielerehepaar eingeladen. Anwesend ist auch Marianne Zoffs Partner, der Kaufmann Oscar Camillus Recht, der seinen Anspruch auf sie geltend macht.

14. 2. Marianne Zoff besucht B häufig in seiner Mansarde und bleibt über Nacht bei ihm. Der Rivalitätskampf mit Recht eskaliert.

5. 3. Im Theatercafé kommt es zu einer weiteren Auseinandersetzung zwischen B und O. C. Recht.

8. 3. Früh schreibt B auf seinen Nebenbuhler die *Ballade vom verliebten Schwein* (in die *Hauspostille* später aufgenommen als *Historie vom verliebten Schwein Malchus*). – Marianne Zoff ist von B schwanger.

9. 3. B will, dass Marianne Zoff sich von ihrem Freund trennt.

13. 3. »Nun kriege ich ein Kind von der schwarzhaarigen Marianne Zoff, der braunhäutigen, welche in der Oper singt.« *(26,189.)*

14. 3. Hedda Kuhn hat B 300 Mark für eine Reise zu ihr nach Berlin geschickt.

16. 3. B macht sich an das Schreiben von Filmdrehbüchern; er erhofft sich von dem Skript *Das Mysterium der Jamaika-Bar* ein hohes Honorar.

———

17. 3. Marianne Zoff hält eine Heirat für notwendig. »Aber das kann *ich* nicht«, notiert B *(26,190)*.

21. 3. Die Unentschiedenheit Zoffs, die zwischen Rückkehr zu Oscar Camillus Recht oder Heirat mit B oder Abortus schwankt, machen ihn unsicher.

29.–31. 3. B macht Marianne Zoff klar, dass man ihn »nicht heiraten kann«. Nun beginnt Recht einen verzweifelten Kampf um die Frau: Er bereut seinen Jähzorn und will sich um das Kind kümmern.

5. 4. Marianne Zoff nimmt das Angebot des Intendanten Carl Hagemann an, ein Engagement mit dem Landestheater Wiesbaden einzugehen.

12. 4. Bs Filmskripte *Das Mysterium der Jamaika-Bar* und *Der Brillantenfresser* liegen fertig beim Filmagenten Werner Klette vor.

14. 4. Abends trifft sich B mit Paula Banholzer in einem Café. Dann fährt er heim und verbringt die Nacht mit Marianne Zoff.

28.–29. 4. B besucht mit Paula Banholzer in Kimratshofen den Sohn Frank, der bei einem Wegemacher und seiner Frau in Pflege ist.

7. 5. Marianne Zoff hat Blutungen bekommen ohne Abgang des Kindes, das nun »äußerst gefährdet« ist.

Marianne Zoff
schwankt zwischen
ihren Liebhabern

9.5. B erfährt, dass Marianne Zoff operiert werden musste und das Kind verloren hat.

10.5. B besucht Marianne Zoff in der Münchener Universitäts-Frauenklinik. Erst jetzt klärt er sie über seine Beziehung zu Paula Banholzer auf und zeigt ihr Bilder von beider Sohn Frank.

20.5. Nach einer heftigen Auseinandersetzung zieht Marianne Zoff nach Bad Reichenhall zu Oscar Camillus Recht.

13.6. B besucht mitunter die Münchener Pinakothek, wo ihm »übel vor dem Fleischbasar der Rubensorgien« wird.

24.–30.6. B söhnt sich mit Marianne Zoff aus und verbringt mit ihr eine Woche in München und dann in Possenhofen am Starnberger See.

30.7. Zum zweiten Geburtstag von Frank trifft sich B mit Paula Banholzer in Utting.

16.8. Marianne Zoff fährt nach Wiesbaden.

20.8. Mit Hanns Otto Münsterer geht B schwimmen; sie dichten gemeinsam Lieder für die Sammlung *Des Knaben Plunderhorn oder Schatzkästlein des schweinischen Hausfreunds*, u. a. *Die Ballade vom Hauptmann Köpenick*.

4.9. B entdeckt, »dass eigentlich noch kein Mensch die große Stadt als Dschungel beschrieben hat« und beginnt an einem Stück zu arbeiten, das er *Im Dickicht* nennt.

— Plan, die Stadt als Dschungel zu beschreiben

September. Bs Flibustiergeschichte *Bargan lässt es sein* erscheint als erste überregionale Publikation in der Münchner Zeitschrift *Der Neue Merkur*.

16.10. B fährt nach Nürnberg und besucht die dort arbeitende Paula Banholzer. – In Wiesbaden wohnt er bei Marianne Zoff und begleitet sie oft ins Theater, er arbeitet an dem Stück *Im Dickicht*.

7.11. Nachts fährt B nach Berlin (bis 26.4.1922). Hedda Kuhn hat ihm ein Zimmer besorgt. B schließt mit Verlagen Verträge ab und knüpft Verbindungen.

16.11. Den Kontakt zum Kiepenheuer Verlag erhält er über den Lektor Hermann Kasack.

29.11. Da B im Sommersemester keine Vorlesungen der Universität belegt hat, wird er exmatrikuliert.

13. 12. B immatrikuliert sich an der Philosophischen Fakultät der Berliner Universität (gelöscht am 24.1.1922).

Mitte Dezember. In dieser Zeit ist B mit anderen jungen Schriftstellern und Künstlern von Otto Zarek eingeladen. B singt seine *Erinnerung an die Marie A.* vor; der junge Autor Arnolt Bronnen ist von dem singenden Dichter fasziniert.

21. 12. Marianne Zoff ist ebenfalls in Berlin angekommen.

23. 12. B schließt einen Vertrag mit dem Verlag Erich Reiß ab und überträgt ihm die Rechte für *Baal*.

24. 12. Frank Warschauer lädt B und Marianne Zoff zu einer Aufführung von Jacques Offenbachs Operette *Orpheus in der Unterwelt* ein und bittet beide, über die Jahreswende bei ihm zu wohnen.

1922

7. 1. »Eine Woche noch schwatzen, lieben, sitzen wir.« *(26,269.)* Dann reist Marianne Zoff ab, und B treibt seine Verhandlungen mit Verlagen voran.

Mitte Januar. B tritt im Kabarett Wilde Bühne auf und singt einige seiner Lieder.

21. 1. B erkrankt an einer Nierenentzündung. Auf Vermittlung von Hedda Kuhn wird der völlig unterernährte B im Berliner Krankenhaus Charité untergebracht. Marianne Zoff kommt erneut nach Berlin.

Anfang Februar. Sie besucht B täglich in der Charité. Dann findet sie in seinem Zimmer Paula Banholzers Briefe. Er bittet Marianne Zoff, bei ihm zu bleiben. Die Entdeckung von Bs erneuter Untreue wirkt sich auf ihre Gesundheit aus; sie fährt zu ihren Eltern nach Pichling bei Linz.

16. 2. B verlässt nach der Abreise von Marianne Zoff die Charité.

21. 2. B nimmt mit Arnolt Bronnen an einem Faschingsfest des Kiepenheuer Verlags in Potsdam teil; dort lernt er die Lektorin Oda Weitbrecht kennen.

Mitte März. B hat die *Ballade von der Hanna Cash* geschrieben und schenkt sie Frank Warschauer, außerdem ein Typoskript des *Baal*.

2.4. Als B Arnolt Bronnens Stück *Vatermord* inszeniert, kommt es zu Konflikten mit den Schauspielern; er legt die Regie nieder.

16.4. B und Bronnen entwerfen aus Anlass eines Preisausschreibens für die Zeitschrift *Tage-Buch* die Filmfabel *Robinsonade auf Assuncion* und erhalten dafür einen Trostpreis.

26.4. B reist Marianne Zoff nach. Auf der Fahrt nach Pichling, wo sie sich bei ihren Eltern aufhält, schreibt B das Gedicht *Vom armen B.B.*

20.5. In der Zeitung liest B von der Verurteilung einer ledigen Dienstmagd wegen fahrlässiger Kindestötung; er benutzt diesen Kriminalfall für das Gedicht *Von der Kindesmörderin Marie Farrar.*

Anfang Juni. Marianne Zoff und B sind nach München bzw. Augsburg zurückgekehrt.

Ende Juni. Der Regisseur Erich Engel und der Dramaturg Jacob Geis setzen durch, dass das Residenz-Theater München mit Brecht einen Vertrag über die Uraufführung von *Im Dickicht* abschließt.

Ende August. B erreicht, dass Marianne Zoff seinen und Banholzers Sohn Frank eine Zeit lang zu sich nimmt. – Inzwischen hat sich bei ihr erneut eine Schwangerschaft bestätigt.

29.9. Uraufführung von *Trommeln in der Nacht* an den Münchener Kammerspielen. Der *Berliner Börsen-Courier (BBC)* bringt am 2.10. unter der Überschrift *Eine literarische Sensationspremiere* eine begeisterte Rezension Herbert Jherings über die Uraufführung von *Trommeln in der Nacht*. – B wird als Dramaturg und Regisseur an die Kammerspiele engagiert.

Münchener Kammerspiele: Uraufführung *Trommeln in der Nacht*

30.9. Uraufführung der Revue *Die rote Zibebe* von B und Karl Valentin; in den Blättern der Münchener Kammerspiele erscheinen von B die *Ballade von den Seeräubern* und ein Text über *Karl Valentin*.

8./9.10. B fährt nach Berlin und verhandelt mit dem Deutschen Theater über Aufführungen von *Baal* und *Hannibal*.

Mitte Oktober. Bs Stück *Baal* erscheint im Kiepenheuer Verlag in einer Auflage von 800 Exemplaren. – B kommt mit Marianne Zoff überein zu heiraten.

— **3.11.** Hochzeit Bs mit Marianne Zoff in München.

Hochzeit Brechts mit Marianne Zoff **10.11.** B wird (von Herbert Jhering) der Kleist-Preis für seine Stücke *Trommeln in der Nacht*, *Baal* und *Im Dickicht* zuerkannt.

→ **Kleist-Preis verliehen**

14.11. B fährt erneut nach Berlin (und bleibt bis 21.12.). Er nimmt an den Proben zu *Trommeln in der Nacht* am Deutschen Theater teil. In zwei kleinen Rollen wirkt die zweiundzwanzigjährige österreichische Schauspielerin Helene Weigel mit.

Anfang Dezember. Im Dezember trifft B mehrfach mit Verleger Gustav Kiepenheuer und seinem Lektor Hermann Kasack zusammen, die ihn drängen, die *Hauspostille* fertigzustellen.

20.12. Erste Brecht-Aufführung in Berlin: Premiere von *Trommeln in der Nacht oder Anna, die Soldatenbraut* im Deutschen Theater.

25.12. B verbringt mit seiner Frau Weihnachten in Augsburg. Er schreibt u. a. das Gedicht *Maria*.

— **Dezember.** Im Drei Masken Verlag, München, erscheint der *Erstdruck Trommeln in der Nacht* Erstdruck von *Trommeln in der Nacht* (mit einer Widmung: für Paula Banholzer).

1923

15.1. B fährt zur Vorbereitung der Inszenierung von *Im Dickicht* nach München und arbeitet das Stück in den folgenden Wochen mit Lion Feuchtwanger um.

Februar. B macht »kleine Filmchen zusammen mit Engel, Ebinger, Valentin, Leibelt, Faber« *(28,191)*.

Ende Februar. B fährt wiederum für einige Tage nach Berlin.

Anfang März. B berichtet Arnolt Bronnen, dass der Film *Mysterien eines Frisiersalons* am Folgetag fertig wird (Buch und Regie: B, Erich Engel und Karl Valentin).

— **12.3.** Geburt von Hanne, der Tochter Bs und seiner Frau Mari*Geburt von Hanne Brecht* anne. Auf seinen Wunsch wird sie in Starnberg katholisch getauft.

März. B fühlt sich einer Inszenierung von Shakespeares *Macbeth* nicht gewachsen. Lion Feuchtwanger schlägt eine deutsche Bearbeitung von Christopher Marlowes *Edvard the Second* vor, die er gemeinsam mit B herstellen will.

Anfang April. B nimmt an den Proben von *Im Dickicht* teil.

9.5. Uraufführung von *Im Dickicht. Drama in 10 Bildern* von Christopher Marlowe am Residenz-Theater München (Regie: Erich Engel, Bühnenbild: Caspar Neher; mit Otto Wernicke als Shlink und Erwin Faber als Garga).

Residenz-Theater München: Uraufführung *Im Dickicht*

11.5. Die Münchener Kammerspiele fahren mit *Trommeln in der Nacht* zu einem Gastspiel nach Basel; B begleitet sie.

Anfang August. B reist nach Berlin, verhandelt mit Verlagen und Theatern, bearbeitet mit Arnolt Bronnen das Stück *Pastor Ephraim Magnus* von Hans Henny Jahnn.

August. B trifft sich häufig mit der Schauspielerin Helene Weigel in deren Atelierwohnung in der Spichernstr. 16.

September. B ist im September nach München zurückgekehrt. Er arbeitet (zusammen mit Lion Feuchtwanger) an der Bearbeitung von *Leben Eduards des Zweiten von England* für die Aufführung.

Anfang Dezember. Im Alten Theater Leipzig probiert Schauspieldirektor Alwin Kronacher *Baal*; B kommt zu den Endproben.

8.12. Uraufführung von *Baal* (Fassung 1922) am Alten Theater Leipzig. Es kommt zu einem Theaterskandal; wenige Tage später beschließt der Theaterausschuss die sofortige Absetzung des Stückes.

Altes Theater Leipzig: Uraufführung *Baal*

1924

Anfang Februar. Helene Weigel hat auf einer Reise in Augsburg Station gemacht. B begleitet sie nach Berlin und fährt wieder nach München zurück. In einem Brief gesteht er ihr: »Ich bin Ihnen fortdauernd reichlich gewogen, Madamme.« *(28,208.)*

Mitte Februar. B beginnt an den Münchener Kammerspielen mit den Proben zu *Leben Eduards des Zweiten von England*.

1.3. Bs Freundin Bi (Paula Banholzer) heiratet in Augsburg einen Handelsvertreter; ihr und Bs Sohn Frank wird nicht in die Familie aufgenommen.

19.3. Uraufführung von *Leben Eduards des Zweiten von England*, nach Christopher Marlowe, in den Münchener Kammer-

Münchener
Kammerspiele:
Uraufführung
*Leben Eduards des
Zweiten von England*
spielen (Regie: B, Bühnenbild: Caspar Neher; mit Erwin Faber als Eduard).

Ende März. B ist für ein paar Tage bei Helene Weigel in Berlin. Da sie von B schwanger ist, nimmt sie in diesem Jahr keine weiteren Rollen an.

Anfang April. B fährt mit seiner Frau und beider Tochter Hanne nach Capri.

Ende April. B trifft sich mit Helene Weigel in Florenz.

Mitte Juni. B fährt nach Deutschland zurück: Seine Frau und die Tochter bleiben (bis Mitte Juli) in Italien.

17.6. B ist nach Berlin gefahren und arbeitet mit Hermann Kasack an einem Stück *Gösta Berling* (nach dem Roman von Selma Lagerlöf); unklare Urheberrechtsfragen führen aber zu einer Unterbrechung der Arbeit.

Erstdruck
*Leben Eduards des
Zweiten von England*
30.6. Das Buch *Leben Eduards des Zweiten von England* wird vom Kiepenheuer Verlag gedruckt. Die Ausgabe (mit vier Radierungen Caspar Nehers) enthält den Vermerk, dass er das Stück mit Lion Feuchtwanger bearbeitet hat.

Anfang Juli. B fährt nach München zurück. Obgleich die *Hauspostille* abgeschlossen ist, nimmt er das Manuskript für eine endgültige Überarbeitung nochmals mit. Den Sommer über arbeitet er vorwiegend in Augsburg.

30.7. An Helene Weigel, die am Bodensee Urlaub macht, schreibt B über seine Arbeit; sie besucht ihn in Augsburg. Er kommt mit ihr überein, dass sie nach der Geburt des Kindes ihre Atelierwohnung in der Spichernstraße für ihn räumt.

BERLIN 1924–1933

1.9. B reist nach Berlin, mietet sich ein Zimmer in Berlin-Steglitz, Alsheimerstr. 4, und bereitet seinen Umzug in die Atelierwohnung von Helene Weigel vor. Er beginnt in Berlin als Dramaturg am Deutschen Theater (DT).

Mitte September. B nimmt an den Proben Erich Engels zu seinem Stück *Dickicht* teil.

29.10. Premiere von Bs *Dickicht* am DT (Regie: Erich Engel, Bühnenbild: Caspar Neher).

31.10. Der Kunstkritiker Herwarth Walden wirft B in der Zeitung *Die Republik* vor, er habe im *Dickicht* einige Passagen aus Arthur Rimbauds Prosadichtung *Ein Sommer in der Hölle* plagiiert. Auf den Vorwurf veröffentlicht der *BBC* (am 4.11.) unter der Überschrift *Eine Feststellung* Stellungnahmen von Herbert Jhering, vom Rimbaud-Übersetzer Hans Jacob und von B.

3.11. Geburt von Stefan Weigel, Sohn Bs und Helene Weigels.

November. B trifft sich mehrfach mit Dora Mannheim, die ihn mit ihrer Freundin, der Lehrerin und Übersetzerin Elisabeth Hauptmann bekannt macht.

— Geburt von Stefan Weigel

Anfang Dezember. B arbeitet die Konzeption eines Stückprojekts *Galgei* um, verlegt die Handlung in die britische Kronkolonie Indien und nennt die Hauptfigur nun Galy Gay. Das Stück erhält den Titel *Mann ist Mann*. In diese Arbeit bezieht er Elisabeth Hauptmann als Sekretärin ein.

4.12. Premiere von *Leben Eduards des Zweiten von England* am Staatlichen Schauspielhaus Berlin (Regie: Jürgen Fehling).

19.12. Die Kritikerschlacht um B, die vor allem zwischen Herbert Jhering und Alfred Kerr ausgetragen wird, gerät zunehmend selbst in die Kritik: »Die Kritiker kämpfen; Brecht ist für sie nur der belanglose Anlass.« (Luma in *Der Deutschen-Spiegel*.)

1925

1.1. Auf Bs Wunsch wird Elisabeth Hauptmann vom Kiepenheuer Verlag angestellt mit der Verpflichtung, die Stücke *Mann ist Mann* und *Im Dickicht* sowie die *Hauspostille* bis Ende des Jahres redaktionell zu betreuen und satzfertig abzuliefern.

15.2. Nach dem Umzug von Helene Weigel und Sohn Stefan in die nahe gelegene größere Wohnung Babelsberger Str. 52 zieht B in ihre Atelierwohnung Spichernstr. 16.

27.2. B sieht Erich Engels Inszenierung von Shakespeares *Coriolan* am DT (Bühnenbild: Caspar Neher). Die Inszenierung sei ein entscheidend wichtiger Versuch der Regie, zu einem epischen Theater zu kommen.

Ende Februar. Bei Boxkämpfen, die er gern besucht, lernt B Emil Burri kennen, der u. a. verschiedenen Boxern assistiert. B befreundet sich mit ihm und bezieht ihn in seine Arbeiten (besonders *Mann ist Mann*) ein.

April. Bs Ehefrau hat jetzt erst erfahren, dass er von Helene Weigel ein Kind hat und mit ihr lebt. Er bittet sie erneut, bei ihm zu bleiben.

Anfang Juni. Marianne Zoff-Brecht nimmt für die Spielzeit 1925/26 ein Engagement beim Stadttheater Münster an. B schreibt ihr, dass er sich bemüht, aus Berlin wegzukommen.

16. 6. Helene Weigel hat einen Gastspielvertrag in München und spielt in den Kammerspielen die Marie in *Woyzeck* von Georg Büchner.

Ende Juli. In dieser Zeit berichtet B (aus Augsburg) Helene Weigel, dass er »mit viel Nikotin wenige Sonette hergestellt« habe *(28,229)*; es sind das *Sonett Nr. 10. Über die Notwendigkeit der Schminke* und das *Sonett Nr. 2. Von Vorbildern*; weitere Gedichte, die er zu der Sammlung *Augsburger Sonette* zusammenstellt, waren bereits früher entstanden. B vervollständigt die Sammlung in den Sommermonaten 1926 und 1927.

Anfang August. Seine Frau ist wieder schwanger und fragt B, ob sie das Kind austragen oder abtreiben soll; er antwortet: »Wenn Du das Kind willst, dann bekomm's.« *(28,232)*. B schickt ihr aber Chinintabletten.

3. 8. B besucht seinen Sohn Frank.

9. 9. B berichtet seiner Ehefrau, dass er mit *Mann ist Mann*, *Dickicht* und *Hauspostille* weit vorangekommen ist. Otto Müllereisert bringe ihm das Autofahren bei. – Am Folgetag will er (mit dem Nachtzug) nach Berlin reisen.

September. B ist über die Briefe mit immer neuen Vorwürfen seiner Frau verstimmt.

— *Hauspostille Verlag übergeben* **Anfang Oktober.** B gibt die satzfertige *Hauspostille* an Hermann Kasack vom Kiepenheuer Verlag. Wegen politischer und moralischer Vorbehalte sowie wegen ständiger Änderungen tritt der Verlag von seinem Vertrag über die Gedichtsammlung zurück.

Ende November. Der Schriftsteller Rudolf Leonhard ruft jüngere Kollegen zu einer Zusammenkunft auf, der B, Johannes R. Becher, Alfred Döblin, Walter Hasenclever, Walter Mehring, Kurt Tucholsky u. a. folgen. Sie konstituieren sich zur Arbeitsgemeinschaft Schriftsteller 1925. (Die »Gruppe 1925« besteht bis Januar 1927.)

8. 12. Premiere von Friedrich Hebbels *Maria Magdalene* im Renaissancetheater (Regie: Theodor Tagger, mit Helene Weigel als Klara). Die junge Schauspielerin erreicht mit der Gestaltung dieser Rolle, die B mit ihr durchgearbeitet hat, ihren künstlerischen Durchbruch in Berlin.

24. 12. B hält sich in der Weihnachtszeit bei seiner Ehefrau und Tochter in Münster auf.

Ende Dezember. Ende des Jahres stellt B alle Fassungen von *Mann ist Mann* zusammen und schenkt sie seiner Mitarbeiterin (als »Hauptmannuskript«).

1926

7. 1. B arbeitet mit Elisabeth Hauptmann an der Geschichte *Der Lebenslauf des Boxers Samson-Körner.*

20. 1. B liest abends im Rittersaal der Krolloper am Königsplatz aus eigenen Werken.

22. 1. B probt für eine Aufführung an der Jungen Bühne sein Stück (mit dem neuen Titel *Lebenslauf des Mannes Baal*).

Januar. An seine Ehefrau schreibt B, dass er in den Proben stecke und kaum noch nach Hause komme. Im Januar-Heft des Magazins *Uhu* wird ein Artikel über Boxen veröffentlicht, durch den B zu dem Text *Sport und geistiges Schaffen* angeregt wird. Am 6. 2. erscheint im *BBC* der Aufsatz *Mehr guten Sport.*

2. 2. B arbeitet in dieser Zeit häufig mit Emil Burri an dem (Fragment gebliebenen) Stück *Dan Drew* zusammen.

14. 2. Premiere vom *Lebenslauf des Mannes Baal* an der Jungen Bühne (Regie: B, Bühnenbild: Caspar Neher).

26. 2. B erfährt, dass seine Ehefrau in Münster mit dem Schauspieler Theo Lingen zusammenlebt, der sich auch um seine Tochter Hanne kümmert. In einem Brief schreibt er:»Ich bin

—— Junge Bühne im DT Berlin: Premiere *Lebenslauf des Mannes Baal* vollkommen außer mir. Ich werde *alles* tun, um das Kind vor diesem Burschen in Sicherheit zu bringen.« *(28,249.)*

10.3. B sieht den Chaplin-Film *Goldrausch.* In dem Text *Weniger Sicherheit!!!* schreibt er, was sich in dem Film abspielt, könne »nirgends, weder im Theater noch im Varieté, noch im Film« gemacht werden, »wo nicht Charlie Chaplin ist«. *(21,135.)*

13.3. B arbeitet mit Lion Feuchtwanger täglich drei Stunden an *Kalkutta, 4. Mai.*

Mitte März. Erneut bemüht sich B darum, Tochter Hanne aus Münster wegzubekommen.

20.3. Auf Einladung der Generalintendanz der Sächsischen Staatstheater fahren B, Arnolt Bronnen und Alfred Döblin zu einer Dichterlesung nach Dresden. Da sie am Vorabend für eine Opernpremiere schlechte Plätze erhalten haben, senden sie die Karten zerrissen an den Intendanten zurück. B schreibt nachts das Gedicht *Matinee in Dresden* und trägt es in der Lesung vor.

Matinee in Dresden

22.3. B schreibt den Artikel *Der Piscatorsche Versuch*, in dem er die allgemeine Theatersituation untersucht. Seine Vorstellung vom Theater bezeichnet er von nun ab als »episches Theater«.

29.3. Abends geht B mit seinem Vater, der geschäftlich in Berlin zu tun hat, ins Theater. – Mit Elisabeth Hauptmann sieht sich B den Marionettentrickfilm *Die Abenteuer des Prinzen Achmed* von Carl Koch und Lotte Reiniger an.

2.4. *Die Literarische Welt* veröffentlicht Bs Artikel *Kehren wir zu den Kriminalromanen zurück!* Bs Vergnügen an der Lektüre von Kriminalromanen kommt auch in den (etwa zu gleicher Zeit entstandenen) *Glossen über Kriminalromane* zum Ausdruck.

10.4. Auf die Rundfrage der *Vossischen Zeitung*, ob das alte Theater tot sei, antwortet B, das habe das kürzlich aufgeführte »Gipsrelief *Herodes und Mariamne*« deutlich gezeigt. Das ruft bei den Beteiligten dieser Inszenierung Ärger hervor.

April. B hat bei Gericht die Scheidungsklage eingereicht.

Mitte Mai. B und Frank Warschauer sind mehrfach mit Carl Koch und Lotte Reiniger zusammen und sprechen über Grundfragen des Filmemachens.

28.5. Der Kiepenheuer Verlag hat wegen des Inhalts der *Haus-*

postille Vorbehalte und druckt das Buch nicht, sondern stellt es im Auftrag des Autors als einmaligen unverkäuflichen Privatdruck nur in 25 Exemplaren her.

22. 6. Das Amtsgericht Berlin-Charlottenburg entscheidet, dass B (ab 7. 6. 1926) neun Jahre lang eine Unterhaltszahlung von jährlich 480 RM für seinen unehelichen Sohn Frank entrichten muss.

Anfang Juli. Marieluise Fleißer trifft sich mehrfach mit B in Augsburg.

14. 7. B reist mit Elisabeth Hauptmann nach Wien (bis 26. 7.). Er schreibt zum 70. Geburtstag von Bernard Shaw für die Wiener *Neue Freie Presse* und für den *BBC* den Aufsatz *Ovation für Shaw*; der *BBC* veröffentlicht außerdem seinen Text *Dem siebzigjährigen Bernard Shaw*.

30. 7. In der *Literarischen Welt* erscheint in der Reihe *Was arbeiten Sie?* ein Interview mit B; er meint, er »schreibe nicht für den Abschaum, der Wert darauf legt, dass ihm das Herz aufgeht«, sondern appelliere an den Verstand.

14. 8. Das *Tage-Buch* veröffentlicht Bs Glosse *Wenn der Vater mit dem Sohne mit dem Uhu...*, in dem er Thomas Mann unterstellt, dessen literarischer Vater sei der »Revolutionär« Friedrich Spielhagen gewesen. Auf eine Polemik Manns entgegnet B u. a. die satirischen Texte *Schlechter als Spielhagen* und *Kleiner Rat, Dokumente anzufertigen.*

Mitte September. B fährt nach Darmstadt und nimmt an den Proben von *Mann ist Mann* teil, die unter Leitung von Jacob Geis begonnen haben.

25. 9. Gleichzeitige Uraufführung von *Mann ist Mann* am Hessischen Landestheater in Darmstadt und am Düsseldorfer Schauspielhaus. In der Darmstädter Aufführung verwendet Caspar Neher erstmals einen halbhohen Leinenvorhang, der Einblicke in den Umbau ermöglicht.

Darmstadt und Düsseldorf: Doppeluraufführung *Mann ist Mann*

27. 9. Nach zweimonatiger Abwesenheit kehrt B nach Berlin zurück. Elisabeth Hauptmann notiert im Oktober, er habe sich Arbeiten über den Sozialismus und Marxismus beschaffen lassen und studiere sie.

4.12. *Das Tage-Buch* veröffentlicht das Ergebnis seiner Rundfrage unter Prominenten über die »besten Bücher des Jahres 1926«. B zählt zu den lesenswerten Büchern: *Wladimir Iljitsch Lenin* von Henri Guilbeaux, *Geist und Gesicht des Bolschewismus* von René Fülöp-Miller, *Amerika. Bilderbuch eines Architekten* von Erich Mendelsohn, *Wie ich um die Erde schwamm* von Arne Borg, *Die Geschichte der großen amerikanischen Vermögen* von Gustavus Myers und *Krieg dem Kriege* von Ernst Friedrich.

11.12. B kauft einen kleinen Opel 4/14; er wird auf den Namen von Helene Weigel zugelassen. – Uraufführung von Bs (1919 geschriebenem) Einakter *Die Hochzeit* im Frankfurter Schauspielhaus.

25.12. Der *BBC* veröffentlicht Antworten auf die Rundfrage *Wie soll man heute Klassiker spielen?* B hält klassische Stücke nur für spielbar, wenn ihr »Materialwert« etwas für die Gegenwart aussagt.

1927

Erstdruck
Mann ist Mann

— **Anfang Januar.** Buchausgabe von *Mann ist Mann* im Propyläen-Verlag, Berlin.

4.2. B ist Preisrichter für die Beurteilung der zeitgenössischen Lyrik in der Zeitschrift *Die Literarische Welt* und erkennt keinem Einsender den ersten Preis zu. Die Entscheidung löst eine empörte Kritik aus, mit der sich B u.a. in dem Text *Weder nützlich noch schön* auseinandersetzt.

13.3. In der Berliner *Rundfunk-Rundschau* erscheint aus Anlass der Sendung von *Mann ist Mann* Bs Artikel *Zur Aufführung im Rundfunk.*

18.3. Die Funk-Stunde Berlin strahlt eine Spielfassung von *Mann ist Mann* aus. Vor der Sendung liest B seine *Rede im Rundfunk* sowie den *Zwischenspruch* vor der 9. Szene. Der Komponist Kurt Weill beurteilt das Lustspiel »als das neuartigste und stärkste Theaterstück unserer Zeit«. Das führt zu einem persönlichen produktiven Kontakt zwischen B und Weill.

19.4. B wird im Künstlerrestaurant Schlichter mit dem Soziologen und Philosophen Fritz Sternberg bekannt und führt viele Diskussionen mit ihm. B schenkt ihm eine Ausgabe von *Mann ist Mann* mit der Widmung:»Meinem ersten Lehrer«.

April. Der Propyläen-Verlag, Berlin, hat den Druck von *Bertolt Brechts Hauspostille* übernommen.

16. 5. B bezeichnet in dem Text *Theatersituation 1917–1927* das gegenwärtige Theater als ein»reines Provisorium«.

30. 5.–2. 6. Auf Einladung der Stadtverwaltung fliegen B, Kurt Weill und Carl Koch am 30. 5. nach Essen, wo sie den Auftrag für eine künstlerische»Eroika der Arbeit« bekommen sollen. In Berlin entsteht eine Konzeption für das *Ruhrepos*; B schreibt über die Dichtung, Weill über die Musik und Koch über das Bühnenbild. – Das Projekt findet aber in der Stadtverwaltung keine Unterstützung.

2. 6. Der *BBC* hat (am 12. 5.) unter der Überschrift *Der Niedergang des Dramas* einen anonymen Brief veröffentlicht, auf den B mit *Sollten wir die Ästhetik liquidieren?* antwortet. Der Diskussion liegen Gespräche zugrunde, die B und Fritz Sternberg geführt haben.

11. 7. Für die Proben zum Song-Spiel *Mahagonny* trifft B in Baden-Baden ein.

17. 7. Uraufführung des Song-Spiels *Mahagonny* im Kurhaus von Baden-Baden. Es wird von dem größeren Teil des Festival-Publikums abgelehnt; eine Minderheit spendet begeisterten Beifall, darunter auch der Komponist Hanns Eisler, dem B hier zum ersten Mal begegnet.

Juli. Erstdruck von *Im Dickicht der Städte* in Propyläen-Verlag und im Arcadia-Verlag. B widmet die Erstausgabe seiner Frau Marianne.

Anfang August. B schreibt an Helene Weigel, er fühle sich in Augsburg»sehr wohl«, lese die Klassiker (Engels und Marx), esse und gehe spazieren.

15. 8. B und Weill haben nach der Aufführung von *Mahagonny* in Baden-Baden beschlossen, aus dem Song-Spiel *Mahagonny* eine Oper zu entwickeln.

August. In Augsburg arbeitet B an dem Stück *Fatzer* (auch:

Erstdruck
*Bertolt Brechts
Hauspostille*

Deutsche
Kammermusik
Baden-Baden 1927:
Uraufführung
des Song-Spiels
Mahagonny

Erstdruck
*Im Dickicht der
Städte*

Untergang des Egoisten Johann Fatzer). Die Arbeit beschäftigt ihn noch bis 1931 (und bleibt fragmentarisch).

14.10. Wieder nach Berlin zurückgekehrt, liest B in der Berliner Funk-Stunde vor der Sendung des von ihm und dem Regisseur des Sendespiels (Alfred Braun) bearbeiteten Shakespeare-Stückes *Macbeth* seine *Vorrede zu »Macbeth«.*

— **22.11.** Die Ehe von B und Marianne Zoff-Brecht wird geschieden. Das Preußische Landesgericht III, Charlottenburg, erkennt als Recht, dass beide Parteien Schuld tragen.

Scheidung von Marianne Zoff-Brecht

27.11. Das Literaturblatt der *Frankfurter Zeitung* veröffentlicht Bs Text *Schwierigkeiten des epischen Theaters.* Er fordert von den Theatern eine »totale Umstellung« und fordert als den »Theaterstil unserer Zeit *das epische Theater«.*

26.12. In einem Interview der *Neuen Leipziger Zeitung* meint B, seine liebsten Bücher seien die Bibel, Cervantes' *Don Quichotte* und Hašeks *Braver Soldat Schwejk.*

1928

4.1. Berliner Premiere von *Mann ist Mann* an der Volksbühne Berlin (Regie: Erich Engel, Bühnenbild: Caspar Neher). Die Aufführung hat großen Erfolg.

22.1. Hanns Eisler macht in der Zeitung *Rote Fahne* auf B aufmerksam. Seitdem kommt es zu häufigeren Begegnungen zwischen B und Eisler und zu einer intensiven Zusammenarbeit.

23.1. Premiere von *Die Abenteuer des braven Soldaten Schwejk* nach dem Roman Jaroslav Hašeks von Max Brod und Hans Reimann im Piscator-Theater; B wird u. a. als einer der Bearbeiter genannt. Durch die Begegnungen mit George Grosz, der für das Bühnenbild verantwortlich zeichnet, entsteht eine Freundschaft und Zusammenarbeit.

März. Elisabeth Hauptmann hat B auf den Theatererfolg der wiederentdeckten *Beggar's Opera* von John Gay in London hingewiesen und für ihn eine Übersetzung des Stücks angefertigt; er beginnt, das Stück zu bearbeiten.

15.4. Der Sender Deutsche Welle, Berlin, sendet unter dem Titel *Die Not des Theaters* ein Gespräch des Frankfurter Theaterintendanten Richard Weichert mit B und Alfred Kerr.

Anfang Mai. B stellt für die Eröffnung des Berliner Theaters am Schiffbauerdamm unter neuer Leitung eine erste Fassung der Bearbeitung von John Gays *Beggar's Opera* unter dem Titel *Die Ludenoper* fertig.

10. 5. B fährt nach Saint Cyr (Südfrankreich) und arbeitet mit Weill an der *Ludenoper* weiter.

27. 5. B sendet an das Magazin *Uhu* sein Gedicht *Singende Steyrwagen*. Es wird aber nicht gedruckt, weil es von der Firmenwerbeschrift *Steyr-Revue* (zum Preis eines Steyr-Kabrioletts für B) gekauft wird.

18. 6. B informiert Helene Weigel, er sei mit dem Auto »glänzend gefahren, ohne Schwierigkeit« und wolle am Montag zum Ammersee kommen (wo sie ihren Urlaub verbringt).

Anfang Juli. Nach einem kurzen Aufenthalt in Utting ist B nach Berlin zurückgekehrt und legt mit Kurt Weill und Elisabeth Hauptmann letzte Hand an die *Ludenoper*. Die Proben beginnen im Theater am Schiffbauerdamm am 10. 8. Das Stück wird in *Die Dreigroschenoper* umbenannt.

31. 8. Uraufführung der *Dreigroschenoper* im Theater am Schiffbauerdamm (Regie: Erich Engel, Musik: Kurt Weill, Bühnenbild: Caspar Neher). Die Aufführung wird zum bisher größten Erfolg eines Brecht-Stückes.

Theater am Schiffbauerdamm Berlin: Uraufführung *Die Dreigroschenoper*

Ende September. B bezieht eine größere Wohnung in der Hardenbergstraße 1 A (2 Zimmer, 1 Kammer sowie Küche, Bad und Korridor). Um während des Umzugs ungestört an *Fatzer* weiterarbeiten zu können, reist er nach Augsburg.

1. 10. Die Zeitschrift *Die Dame* veröffentlicht Bs Antwort auf die Frage, welches Buch auf ihn den stärksten Eindruck gemacht hat: »Sie werden lachen: die Bibel.«

November. Der Philosoph Karl Korsch beginnt mit *Vorlesungen über den wissenschaftlichen Sozialismus* (bis Februar 1929), von denen B einige besucht.

8. 12. In seiner Antwort auf die Rundfrage nach den besten Büchern des Jahres 1928 gibt B im *Tage-Buch* die folgenden Titel an: den Roman *Ulysses* von James Joyce, den Roman *Jenseits der Berge* von Samuel Butler, die Biographie *Marx. Leben und Werk* von Otto Rühle und die Broschüre *Volksbühnenverrat* von Herbert Jhering.

9.12. B hat mit der Kurzgeschichte *Die Bestie* in einem Preisausschreiben der *Berliner Illustrirten Zeitung* einen der fünf Preise gewonnen.

1929

4.1. B schreibt über die Aufführung von *Ödipus* von Sophokles im Schauspielhaus Berlin (Regie: Leopold Jessner) den Text *Letzte Etappe: Ödipus*, in dem er die Frage beantwortet, wie»die große Form« dieser Zeit sein muss:»Episch. Sie muss berichten. Sie muss nicht glauben, dass man sich einfühlen kann in unsere Welt.« Die hervorragende Darstellung von Helene Weigel als Magd beschreibt B in seinem *Dialog über Schauspielkunst* als episch; die Schauspieler sollen sich voneinander entfernen: »Sonst fällt der Schrecken weg, der zum Erkennen nötig ist.«

11.1. Im Westdeutschen Rundfunk Köln findet (als Einleitung zu einer Sendung des Lustspiels *Mann ist Mann* ein Gespräch des Theaterintendanten Ernst Hardt mit B, Herbert Jhering und Fritz Sternberg unter dem Titel *Neue Dramatik* statt.

März. B plant ein Projekt für das Baden-Badener Musikfest 1929 mit dem Titel *Lehrstück* (später: *Das Badener Lehrstück vom Einverständnis*). Als Mitarbeiter bezieht er den bulgarischen Regisseur Slatan Dudow und Elisabeth Hauptmann ein und gewinnt den Komponisten Paul Hindemith für die Vertonung.

—— **10.4.** B und Helene Weigel heiraten.

Hochzeit Brechts mit Helene Weigel **28.4.** Der Westdeutsche Rundfunk sendet unter dem Titel *Klassikertod?* nach einer Einleitung durch Ernst Hardt ein Gespräch Bs mit Herbert Jhering (*Gespräch über Klassiker*).

April. Erstdruck des Radiolehrstücks (mit dem Titel *Lindbergh*) im Magazin *Uhu*. Eine überarbeitete Fassung erscheint in H.1 der *Versuche* unter *Der Flug der Lindberghs*.

6.5. Das *Berliner Tageblatt* hat eine Polemik Alfred Kerrs gegen

B veröffentlicht, in der ihm vorgeworfen wird, in der *Dreigroschenoper* ohne Nachweis Texte anderer Autoren (besonders von François Villon) wörtlich übernommen zu haben. Das Plagiat erklärt B mit seiner »grundsätzlichen Laxheit in Fragen geistigen Eigentums«.

17. 5. B und der Theaterverlag Felix Bloch Erben schließen einen Vertrag ab, dem zufolge B alle abendfüllenden Stücke (bis zum 1. 6. 1936) dem Verlag überlässt; dafür zahlt dieser dem Autor eine monatliche Summe von 1000 Goldmark für die Dauer der 7 Jahre.

— Generalvertrag mit Verlag Felix Bloch Erben

20. 5. B will mit seinem Auto nach Südfrankreich fahren. Er verunglückt bei Fulda und erleidet einen Kniescheibenbruch. Um wieder zu einem neuen Fahrzeug zu kommen, wird eine Werbung für die Firma Steyr vereinbart.

22. 5. Nach mehrfachem Verbot durch die Zensur wird im Sender Frankfurt (Südwestfunk Baden-Baden) *Das Berliner Requiem*, eine Kantate von Kurt Weill nach Texten von B, zum ersten Mal gesendet.

1. 6. Der Zeitschrift des Felix-Bloch-Verlags *Charivari* zufolge wurde die *Dreigroschenoper* in 9 Monaten im Theater am Schiffbauerdamm 280-mal gespielt (bis zum 9. 12.: 400-mal), in Wien 80-mal, in Leipzig 75-mal.

6. 6. Walter Benjamin rechnet zu den nennenswerten Bekanntschaften, die er gemacht hat, auch die mit B.

Ende Juni. Nach Genesung von seinen Verletzungen fährt B nach Unterschondorf an den Ammersee und arbeitet mit Elisabeth Hauptmann und Kurt Weill. Er bietet der Hauptmann eine Fabel an, aus der sie das Stück *Happy End* entwickelt.

23. 7. B nimmt mit Kurt Weill am Festival Deutsche Kammermusik Baden-Baden 1929 teil.

27./28. 7. Uraufführung des Radiolehrstücks *Lindberghflug* (später: *Der Flug der Lindberghs*; 1949/50 umbenannt in: *Der Ozeanflug*); Musik von Kurt Weill und Paul Hindemith. In der Stadthalle Baden-Baden Uraufführung von *Lehrstück* (später: *Das Badener Lehrstück vom Einverständnis*); Musik von Hindemith, Regie: B.

— Deutsche Kammermusik Baden-Baden 1929: Uraufführungen *Lindberghflug* und *Lehrstück*

Anfang August. B kehrt nach Berlin zurück. Im Berliner Theater am Schiffbauerdamm beginnen unter Leitung von Erich Engel die Proben zu *Happy End*; Kurt Weill komponiert die Musik für die restlichen Songs.

19. 8. B nimmt an den Proben zu *Happy End* teil, und es kommt zu Kontroversen mit Erich Engel. Als dieser die Regie niederlegt, übernimmt B die Arbeit an dem noch nicht geprobten zweiten Teil des Stückes.

2. 9. Im Theater am Schiffbauerdamm Uraufführung von *Happy End* von Dorothy Lane [Pseudonym für E. H.], bearbeitet von Elisabeth Hauptmann, Songs von B und Kurt Weill (Regie: Erich Engel und B; Bühnenbild: Caspar Neher). Die Aufführung wird kein Erfolg.

→ **Kurseinbrüche an der New Yorker Börse: »Schwarzer Freitag« (Beginn der Weltwirtschaftskrise)**

25. 10. An der New Yorker Börse kommt es zu Kurseinbrüchen in einem Ausmaß wie nie zuvor. Mit den »schwarzen Tagen von Wallstreet« beginnt eine weltweite Wirtschaftskrise.

Mitte November. B reist nach Augsburg. Angeregt von *Happy End* schwebt B die Idee vor, eine Johanna-Figur mit harten Geschäftsleuten zusammenzubringen. Bei der Ausarbeitung des neuen Stückes kommen ihm die Vorarbeiten für die Projekte *Jae Fleischhacker* und *Dan Drew* sowie für das (gleichzeitig mit *Johanna* entstehende) Stückfragment *Der Brotladen* zugute.

Anfang Dezember. B ist nach Berlin zurückgekehrt und übernimmt die Regie einer Konzertaufführung des Lehrstücks *Der Lindberghflug* (mit der Musik von Kurt Weill). Die Premiere findet am 5. 12. in der Krolloper statt (musikalische Leitung: Otto Klemperer). – B schreibt verschiedene Texte zur Selbstverständigung über das epische Theater wie *Der Weg zu großem zeitgenössischem Theater*.

1930

Januar. Die Schuloper *Der Jasager* ist in einer 1. Fassung fertiggestellt.

Februar. B beginnt mit der Arbeit an dem Lehrstück *Die Maßnahme*. Am Anfang der ersten Arbeitsphase, die parallel läuft mit der weiteren Arbeit an *Der Jasager*, übernimmt B aus der Schuloper die Figur des »Knaben« und funktioniert sie zunehmend in die des »Jungen Genossen« um. Das Motiv des Einverständnisses im *Lehrstück* und der Opfertod des Knaben im *Jasager* werden in der *Maßnahme* im Zusammenhang mit einer revolutionären Aktion in China auf eine andere Ebene gebracht.

8.3. B ist nach Leipzig gereist und nimmt an der Generalprobe der Oper *Aufstieg und Fall der Stadt Mahagonny* teil.

9.3. In der Zeitschrift *Musik und Gesellschaft* erscheint der Essay *Zur Soziologie der Oper – Anmerkungen zu »Mahagonny«*, den B zusammen mit dem Lektor Peter Suhrkamp zeichnet.

Uraufführung der Oper *Aufstieg und Fall der Stadt Mahagonny* im Neuen Theater Leipzig (Regie: Walther Brugmann). Ein Abgeordneter der DVP (Deutschnationalen Volkspartei) erzwingt eine Absetzung der Oper. Wegen der landesweit verbreiteten Presseartikel über diesen Theaterskandal und dessen politischen Hintergrund setzen einige Theater ebenfalls ihre bereits vertraglich vereinbarten Inszenierungen der Oper von den Spielplänen ab.

— Neues Theater Leipzig: Uraufführung *Aufstieg und Fall der Stadt Mahagonny*

April. B beendet eine 1. Fassung des Lehrstücks *Die Maßnahme* für eine Aufführung beim Festival »Neue Musik Berlin 1930«.

12.5. Die Leitung des Musikfestivals »Neue Musik Berlin 1930« schickt *Die Maßnahme* an B zurück und fordert zur Überprüfung eine vollständige Textfassung mit der Musik an. Dies hält B für eine Vor-Zensur und lehnt einen Versand des Aufführungsmaterials ab. Er schreibt zusammen mit Hanns Eisler einen *Offenen Brief an die künstlerische Leitung der Neuen Musik Berlin 1930*.

21.5. Der Verlag Felix Bloch Erben schließt (im Einvernehmen mit B und Kurt Weill) mit der Nero-Film AG einen Vertrag über die Verfilmung der *Dreigroschenoper* ab.

24.5. B ist auf dem Wege nach Le Lavandou. Er arbeitet in Südfrankreich u. a. an *Die heilige Johanna der Schlachthöfe*.

2. 6. Eine Berliner Zeitung macht die Anschuldigung des Leipziger Schriftstellers Walter Gilbricht bekannt, B habe in *Mahagonny* ein Stück von ihm plagiiert, aber B weist den Vorwurf ab: »Gilbrichte sind nicht plagiierbar.«

Erstdruck Heft I der *Versuche* (1–3)

Mitte Juni. Mit der Reihe *Versuche* will B im Verlag Gustav Kiepenheuer seine Werke in einer neuen Form herausbringen (broschiert, in grauem Pappumschlag, Druckbögen nicht aufgeschnitten). Heft 1 enthält: 1. *Der Flug der Lindberghs*, dazu gehören *Erläuterungen* mit Teilen einer Musiktheorie. 2. *Elf Geschichten vom Herrn Keuner*. 3. *Fatzer, Dritter Rundgang des Fatzer durch die Stadt Mühlheim* sowie *Fatzers zweite Abweichung*; außerdem *Fatzer, komm*.

Schüler der Berliner Lehranstalten: Uraufführung der Schuloper *Der Jasager* (1. Fassung)

23. 6. Uraufführung der Schuloper *Der Jasager*. Wegen der Reaktion der Kritik und nach einer Diskussion der Oper mit Schülern in Berlin-Neukölln überarbeitet B später das Stück und ergänzt es durch *Der Neinsager*. – Filmregisseur Georg Wilhelm Pabst, Drehbuchautor Leo Lania und der Anwalt der Nero-Film AG reisen (am 23. 6.) nach Le Lavandou, finden aber mit B keine Einigung über einen Filmvertrag.

Anfang Juli. B kehrt Anfang Juli nach Augsburg zurück und arbeitet im Juli, zeitweise in München, mit Caspar Neher, Slatan Dudow und Leo Lania am Drehbuch zum *Dreigroschenoper*-Film.

21. 7. bis September B fährt zu seiner Frau und seinem Sohn Stefan nach Unterschondorf. Er arbeitet mit Elisabeth Hauptmann, Kurt Weill und Slatan Dudow an dem Stück *Die heilige Johanna der Schlachthöfe*. B lädt auch den Schriftsteller und Publizisten Bernard von Brentano ein.

3. 8. Die Nero-Film AG unterschreibt ein »Übereinkommen« mit B, nach dem er die »Grundlage« für ein Drehbuch liefert und das Recht eingeräumt bekommt, Änderungen zu verlangen. Am 18. 8. versucht die Filmgesellschaft vergeblich, B von der Arbeit am Drehbuch auszuschließen; am 23. 8. kündigt sie die Zusammenarbeit mit B auf und erklärt sich zur Zahlung von Schadenersatzansprüchen bereit. Dennoch arbeitet B daran weiter und liefert Anfang September das fertiggestellte

Filmexposé für den *Dreigroschenoper*-Film mit dem Titel *Die Beule* ab.

Anfang September. Nach dreimonatiger Abwesenheit fährt B wieder nach Berlin zurück.

19. 9. Die Nero-Film AG lässt den Filmregisseur G. W. Pabst mit den Dreharbeiten beginnen. B erhebt am 30. 9. und Kurt Weill am 1. 10. Klage gegen die Filmgesellschaft vor dem Landgericht I Berlin. Sie beantragen ein Verbot der Verfilmung bzw. deren Vertrieb.

Beginn der Dreharbeiten Dreigroschenoper

29. 10. Helene Weigel bringt Bs zweite Tochter Barbara Brecht zur Welt.

Geburt der Tochter Barbara Brecht

Oktober. Seit 1929 planen B, Walter Benjamin und Herbert Jhering die Herausgabe einer Zeitschrift *(Krise und Kritik)*. B hat Gedanken dazu in dem (1929 geschriebenen) *Entwurf zu einer Zeitschrift »Kritische Blätter«* notiert; in diesem Zusammenhang entstehen Texte über die Art der Kritik.

1. 11. In Frankfurt findet eine Arbeitstagung des Südwestdeutschen Rundfunks zur Erarbeitung von Leitsätzen über die Zusammenarbeit von Oper, Schauspiel und Rundfunk statt; B referiert zum Thema *Der Rundfunk als Kommunikationsapparat*; darin fordert er, den Rundfunk »aus einem Distributionsapparat in einen Kommunikationsapparat« umzufunktionieren.

14. 11. B besucht mehrere Veranstaltungen der Marxistischen Arbeiterschule in Berlin-Neukölln (MASCH). Ihn interessieren insbesondere die materialistische Dialektik, der philosophische und historische Materialismus sowie Probleme des Individualismus und des Kollektivismus. Durch die Besuche und die sich daran anschließenden Diskussionen mit Fachleuten und Freunden entstehen zahlreiche Notizen.

19. 11. Das Gericht hat die Klage Bs und Kurt Weills am 4. 11. abgewiesen, worauf beide in Berufung gegangen sind. Unmittelbar vor der Verhandlung kommt es aber zu einer »gütlichen Verständigung« mit B: Er nimmt seinen Einspruch zurück, und die Filmfirma zahlt ihm eine Entschädigungssumme. B schreibt über den Prozess und die künstlerischen Folgen das »soziologische Experiment« *Der Dreigroschenprozess.*

21. 11. B nimmt mit Walter Benjamin und Herbert Jhering an einer internen Redaktionssitzung der geplanten Zeitschrift *Krise und Kritik* teil. – Wegen des großen Erfolgs der *Dreigroschenoper* im Theater kommen zahlreiche Schallplatten mit Songs heraus (zwischen 1929 und 1931 insgesamt 21 Platten). **26. 11.** B besucht mit Walter Benjamin, Ernst Bloch, Gustav Glück, Herbert Jhering und Siegfried Kracauer eine weitere Sitzung für die Zeitschrift *Krise und Kritik*. **9. 12.** Inzwischen haben die Proben zu *Die Maßnahme* begonnen. Bei der Gestaltung der Bühne ist der Bühnenbildner Teo Otto behilflich, den B über Helene Weigel kennengelernt hat.

Internationale
Tribüne Berlin:
Uraufführung des
Lehrstücks
Die Maßnahme

13./14. 12. In einer Nachtvorstellung wird mit großem Erfolg das Lehrstück *Die Maßnahme* im Haus der Berliner Philharmonie uraufgeführt; Veranstalter ist die Internationale Tribüne (Regie: Slatan Dudow, musikalische Gesamtleitung: Karl Rankl; mit verschiedenen Berliner Chören). – Eine theoretische Vertiefung versucht B in mehreren Texten über die Lehrstücke.

Erstdruck Heft 2
der *Versuche* (4–7)

Dezember. Heft 2 der *Versuche* (4–7) erscheint im Kiepenheuer Verlag Berlin. Heft 2 enthält: *4. Aufstieg und Fall der Stadt Mahagonny. 5. Anmerkungen zur Oper »Aufstieg und Fall der Stadt Mahagonny«. 6. Aus dem Lesebuch für Städtebewohner. 7. Das Badener Lehrstück vom Einverständnis* sowie *Anmerkung.*

1931

20. 1. Im Berliner Russischen Hof spricht Sergej Tretjakow. Es kommt zu mehreren Begegnungen Bs mit dem russischen Dichter und Übersetzer (der später viele Werke Bs ins Russische überträgt).

Staatliches
Schauspielhaus
Berlin:
Premiere von
Mann ist Mann

6. 2. Premiere von *Mann ist Mann* (Fassung 1931) im Staatlichen Schauspielhaus (Regie: B, Bühnenbild: Caspar Neher). Bei der Premiere kommt es zu aufgeregten Szenen im Zuschauerraum. Die Aufführung wird nach vier Vorstellungen abgesetzt. Am Beispiel der Darstellung des Gay durch Peter Lorre legt B Prinzipien der Spielweise des epischen Theaters dar *(Zur Frage der Maßstäbe bei der Beurteilung der Schauspielkunst).*

15. 2. In Berlin organisieren linke Studenten eine Matinee gegen die Kulturreaktion, bei der Texte von B, Erich Weinert und Ludwig Renn vorgetragen werden.

19. 2. Großer Erfolg der Uraufführung des Films *Die Dreigroschenoper* im Berliner Filmtheater Atrium (Regie: G. W. Pabst, musikalische Leitung: Theo Mackeben). In Thüringen, Baden und Brandenburg wird der Film verboten.

Lichtspieltheater Atrium Berlin: Uraufführung des Films *Die Dreigroschenoper*

Ende Februar. Walter Benjamin erhält die Manuskripte für das 1. Heft von *Krise und Kritik* und meldet bei B seine Bedenken an.

14. 5.(−18. 6) B ist nach Le Lavandou gefahren, wo er sich mit Kurt Weill, Emil Burri und Elisabeth Hauptmann trifft. Er schreibt wesentliche Teile seines »soziologischen Experiments« *Der Dreigroschenprozess*. Außerdem arbeitet er mit Hauptmann und Burri an einem Lehrstück, das später den Titel *Die Ausnahme und die Regel* erhält.

3. 6. Walter Benjamin ist ebenfalls in Südfrankreich eingetroffen. Er führt mit B zahlreiche Gespräche über die Rolle der Intelligenz, über Kafka und andere Themen, die er in seinem Tagebuch notiert.

August. Nach der Rückkehr aus Südfrankreich schreibt B in Augsburg mit Ernst Ottwalt, Hanns Eisler und Slatan Dudow das Drehbuch zu dem Film *Kuhle Wampe oder Wem gehört die Welt?*, der Schicksale von Proletariern in der Zeit der zunehmenden Arbeitslosigkeit und immer drastischerer Notverordnungen zeigen soll. Sie benennen ihn nach der Arbeiter-Wochenend-Siedlung Kuhle Wampe am Müggelsee in Berlin. Der Film wird bei der Prometheus GmbH gedreht (die aber im Herbst in Konkurs geht).

Mitte September. Nach viermonatiger Abwesenheit kehrt B nach Berlin zurück und nimmt an den Dreharbeiten zu *Kuhle Wampe* teil.

September. Im September beginnt B eine Bearbeitung von Maxim Gorkis Roman *Die Mutter* für die Bühne. Mit ihm arbeiten Hanns Eisler, Elisabeth Hauptmann und Slatan Dudow.

15. 10. B ruft in seiner Wohnung (auch in den folgenden Monaten) einen Interessenkreis zusammen, der unter der Leitung des Philosophen Karl Korsch über *Hegel und der Marxismus* sowie über verschiedene Fragen des dialektischen Materialismus diskutiert.

18.11. Aufführung der Revue *Wir sind ja sooo zufrieden* mit Texten von B, Bernard von Brentano, Ernst Ottwalt, Erich Weinert, Günther Weisenborn u. a. Bei der Arbeit an der Revue lernt B die 23-jährige arbeitslose Kontoristin und Amateurschauspielerin Margarete Steffin kennen.

21.12. Berliner Erstaufführung der Oper *Aufstieg und Fall der Stadt Mahagonny* im Theater am Kurfürstendamm (Regie und Bühnenbild: Caspar Neher). Die Aufführung ist sehr erfolgreich (60 Aufführungen).

1932

Anfang Januar. B nimmt an den Proben zum Stück *Die Mutter* teil, die Emil Burri leitet. Die Besetzung der Pelagea Wlassowa mit der 31-jährigen Weigel ist für B ein Risiko: »Der Humor, die Wärme, die Freundlichkeit, das sind alles erst Entdeckungen gewesen, die wir bei der Rolle der Wlassowa machten.« *(Weigel, 65.)* Die Rolle des Dienstmädchens spielt Margarete Steffin.

Komödienhaus am Schiffbauerdamm Berlin: Uraufführung von *Die Mutter*

— **17.1.** Uraufführung von *Die Mutter* im Komödienhaus am Schiffbauerdamm; Musik: Hanns Eisler (Regie: Emil Burri und B, Bühnenbild: Caspar Neher; mit Helene Weigel als Pelagea Wlassowa). Das Stück wird erst im Komödienhaus und später im Lustspielhaus in der Friedrichstraße aufgeführt. Die Inszenierung ist erfolgreich, das Stück aber umstritten. Mit dem Vorwurf einiger Kritiker, Stück und Autor seien primitiv, befasst sich B in *Was ist primitiv?*

Erstdruck Heft 3 der *Versuche* (8–10)

— **Mitte Januar.** Das 1931 angekündigte Heft 3 (8–10) der *Versuche* kommt nunmehr verspätet heraus. Heft 3 enthält: 8. *Die Dreigroschenoper*, »ein Versuch im epischen Theater«. 9. *Anmerkungen zur »Dreigroschenoper«* als erster Teil von *Über eine nichtaristotelische Dramatik.* 10. *Die Beule. Ein Dreigroschenfilm* sowie *Der Dreigroschenprozeß. Ein soziologisches Experiment.* – In diesem Jahr ist B intensiv damit beschäftigt, die Druckfassungen seiner Stücke und Arbeiten für die weiteren *Versuche*-Hefte 4–8 herzustellen.

22. 1. Nach dem Konkurs der Filmfirma Prometheus GmbH werden u. a. mit der Praesens-Film Verhandlungen zur Übernahme des vorhandenen Filmmaterials von *Kuhle Wampe oder Wem gehört die Welt?* geführt.

Februar. B findet zunehmend Gefallen an Margarete Steffins Arbeitsbereitschaft, an ihrem politischen Engagement, an ihrem Interesse für das Theater und an ihrer vielseitigen Begabung. Zeitweilig beherbergt er die Tbc-Kranke in seiner Wohnung in der Hardenbergstraße.

März. Der Film *Kuhle Wampe oder Wem gehört die Welt?* wird von der Filmprüfstelle abgelehnt und (am 31. 3.) verboten, »weil er in allen wesentlichen Teilen entsittlichend wirkt und die öffentliche Sicherheit und Ordnung und lebenswichtige Interessen des Staates gefährdet«. Das löst eine Protestwelle in der linksbürgerlichen und in der kommunistischen Presse aus. Die Filmoberprüfstelle bestätigt dennoch das Verbot der ersten Instanz. Die Filmfirma hat inzwischen von sich aus einige Schnitte von beanstandeten Sequenzen vorgenommen und den Film *Kuhle Wampe oder Wem gehört die Welt?* erneut bei der Filmprüfstelle eingereicht. In der Verhandlung gibt das Gremium den Film (am 21. 4.) mit der Auflage von vier weiteren Schnittanordnungen frei.

Kuhle Wampe mehrfach verboten

11. 4. In der Funk-Stunde Berlin werden Ausschnitte aus sieben Szenen von *Die heilige Johanna der Schlachthöfe* gesendet (Regie: Alfred Braun; mit Carola Neher, Fritz Kortner, Peter Lorre, Helene Weigel, Ernst Busch).

10. 5. B fährt mit Slatan Dudow nach Moskau (bis 21. 5.).

12. 5. In der Zeitung *Literaturnaja gazeta* wird die *Legende vom toten Soldaten* abgedruckt sowie ein Interview mit B und Dudow. Außerdem erscheint ein größerer Artikel von Sergej Tretjakow über B. – Karl Korsch widmet B den von ihm herausgegebenen ersten Band von Karl Marx' *Das Kapital* mit den Worten: »Bert Brecht dem Jasager und dem Neinsager von seinem gleichstrebenden Freunde […].«

13.5. Margarete Steffin ist von Berlin nach Moskau abgereist und begleitet nun B während seines Aufenthalts (bis zum 21.5.), ehe sie nach Sewastopol und von dort zur Kur in ein Sanatorium weiterfährt.

— **14.5.** Premiere von *Kuhle Wampe oder Wem gehört die Welt?*

Welturaufführung des Films in Moskau: *Kuhle Wampe oder Wem gehört die Welt?*

Der Film hat in Moskau weder in der Presse noch beim Publikum Erfolg. Auf völliges Unverständnis stößt der Umstand, dass Arbeitslose im Besitz von Armbanduhren, Fahrrädern und Motorrädern sind.

21.5. B reist nach Berlin zurück.

— **30.5.** In Berlin findet die deutsche Premiere des Films *Kuhle*

Lichtspieltheater Atrium Berlin: Deutsche Premiere des Films *Kuhle Wampe oder Wem gehört die Welt?*

Wampe oder Wem gehört die Welt? im Filmtheater Atrium statt; Drehbuch: B und Ernst Ottwalt, Musik: Hanns Eisler (Regie: Slatan Dudow). Den Film besuchen in der ersten Woche allein im Atrium 14 000 Zuschauer. Durch ihn wird das darin gesungene *Solidaritätslied* sehr populär.

Mitte Juni. B reist nach Augsburg, kurz darauf an den Ammersee nach Unterschondorf und (ab 11.8.) nach Utting (bis Mitte September). Er beschäftigt sich mit einer Bearbeitung von Shakespeares *Maß für Maß* und nimmt in das Stück aktuelle politische Ereignisse auf. – Nach ihrer Rückkehr aus der Sowjetunion folgt Margarete Steffin Bs Einladung an den Ammersee.

— **8.8.** B hat in Utting am Ammersee ein Grundstück mit Haus

Kauf eines Hauses in Utting am Ammersee

ausfindig gemacht, das ihm gefällt und das zum Verkauf steht. Nach Absprache mit seinem Vater schließt er darüber mit dem Besitzer einen Kaufvertrag ab. Da B das Geld nicht zur Verfügung hat, gewährt ihm sein Vater einen Kredit über die gesamte Summe und vereinbart die Rückzahlung in Raten.

11.8. B zieht mit seiner Frau und den Kindern in das neue Haus und bringt Margarete Steffin und Slatan Dudow in Utting unter.

20.9. B und Steffin sind nach Berlin zurückgekehrt. Sie zieht in die Hardenbergstraße 37 (nahe der Wohnung Bs). Die Umarbeitung von *Maß für Maß* wird nochmals durchgesehen. In dieser zweiten Fassung bezieht B den erstarkenden Faschismus in Deutschland ein.

29.9. Der Verlag Felix Bloch Erben dankt B für die Übersendung der Bearbeitung und lässt den Text als Bühnenmanuskript drucken; der Titel lautet:»*Maß für Maß oder die Salzsteuer. Nach Shakespeare von Brecht*«.

10.10. Bs Frau findet ihre Bereitschaft, sich mit ihrem Mann zu arrangieren, von ihm nicht in gleichem Maße erwidert. Durch sein Zusammensein mit der kranken Margarete Steffin sieht sie die ganze Familie gesundheitlich gefährdet. Die Ehe gerät in eine schwere Krise. – Steffin ist von B schwanger; sie entschließt sich zu einer Abtreibung.

Ende Dezember. Margarete Steffin wird von dem bekannten Chirurgen Prof. Ferdinand Sauerbruch an der Lunge operiert.

Dezember. In Heft 11/12 der Zeitschrift *Die Linkskurve* polemisiert Georg Lukács gegen Bs Schema (aus den *Anmerkungen zur Oper* »*Aufstieg und Fall der Stadt Mahagonny*«), das im *Mutter*-Programmzettel zitiert war. Nach den redaktionellen Angaben in den *Versuche*-Heften des Verlags Gustav Kiepenheuer sind die Hefte 4–6 im Jahre 1932 erschienen. Vermutlich sind sie aber erst in der 2. Jahreshälfte (oder am Jahresende) herausgekommen. Heft 4 enthält: 11. *Der Jasager* (überarbeitete Fassung) und *Der Neinsager* sowie die *Protokolle von Diskussionen über den* »*Jasager*« *(auszugsweise) in der Karl-Marx-Schule, Neukölln.* 12. *Die Maßnahme* (in der überarbeiteten Fassung 1931) und *Anmerkungen* dazu. Heft 5 enthält: 13. *Die heilige Johanna der Schlachthöfe.* Außerdem sind in dem Heft weitere neun dem 2. Versuch zugehörige *Geschichten vom Herrn Keuner* enthalten. Heft 6 enthält: 14. *Die drei Soldaten. Ein Kinderbuch.* Mit 25 Illustrationen von George Grosz.

Erstdruck Hefte 4–6 der Versuche (11–14)

1933

Anfang Januar. Heft 7 der *Versuche* vom Gustav Kiepenheuer Verlag ist hergestellt. Es enthält: 15. *Die Mutter (nach Gorki),* Schauspiel. 16. *Geschichten aus der Revolution,* eine Zusammenstellung der Gedichte *Die Bolschewiki entdecken im Sommer 1917 im Smolny, wo das Volk vertreten war: in der Küche,* geschrieben 1931 und *Die Teppichweber von Kujan-Bulak.* Die *Anmerkungen* zur *Mutter* gehören zum 9. Versuch.

Erstdruck Heft 7 der Versuche (15/16)

→ **Hitler wird zum Reichskanzler ernannt**

30.1. Reichspräsident von Hindenburg ernennt Hitler zum Reichskanzler und beauftragt ihn mit der Regierungsbildung. Hitler setzt als erste Maßnahme eine Notverordnung »zum Schutz des deutschen Volkes« durch, die ihm eine gesetzliche Handhabe gegen alle widerstrebenden Kräfte gibt und auch ein Presse- und Versammlungsverbot ermöglicht.

Ende Januar. Nach Bekanntgabe der Annahme von Bs Stück *Die heilige Johanna der Schlachthöfe* zur Uraufführung im Hessischen Landestheater geraten das Stück und dessen Befürworter im Darmstädter Stadtrat in den Mittelpunkt heftiger politischer Auseinandersetzungen, und das Aufführungsprojekt wird gestrichen.

Anfang Februar. Helene Weigel trägt auf öffentlichen Veranstaltungen die (von Hanns Eisler vertonten) *Wiegenlieder* vor und wird von der Polizei daran gehindert.

12.2. B arrangiert ein Treffen mit einer Reihe von Autoren »zur Vorbereitung über mögliche Maßnahmen gegen die zunehmende Kultur-Faschisierung, Presseknebelung usw.«.

15.2. In einer Mitteilung der Landeskriminalpolizei Berlin wird festgestellt, dass eine Aufführung der *Maßnahme* in Erfurt als kommunistische Veranstaltung aufgelöst und gegen die Veranstalter ein Verfahren wegen Vorbereitung zum Hochverrat eingeleitet wurde.

Mitte Februar. B muss sich in einer Privatklinik in der Augsburger Straße an einem Bruch operieren lassen.

Brand des
Reichstags

27.2. Der deutsche Reichstag brennt. Er wird von B später in mehreren Werken als Motiv verwendet (z.B. *Die Ballade vom Reichstagsbrand, Der Aufstieg des Arturo Ui*). Für B ist der Brand Anlass für die Flucht, die er schon Tage vorher vorbereitet hat. Er begibt sich mit Helene Weigel zu Peter Suhrkamp, der sie in der Nacht außerhalb ihrer Wohnung unterbringt.

—

Mit Helene Weigel in Lidingö 1940

EMIGRATION

1933–1949

28. 2. B und Helene Weigel fliehen aus Deutschland: Sie reisen mit dem Zug von Berlin nach Prag und können an der Grenze eine Einladung von Karl Kraus zu einer Lesung nach Wien vorweisen. Ihr Sohn Stefan kommt mit dem Flugzeug nach Prag, die Tochter Barbara ist nach Augsburg gebracht worden. B schreibt 1947 in seiner *Anrede an den Kongressausschuss für unamerikanische Betätigungen in Washington*: »Ich musste Deutschland im Februar 1933, am Tag nach dem Reichstagsbrand, verlassen. Ein Exodus von Schriftstellern und Künstlern begann, wie ihn die Welt noch nicht gesehen hatte.«

Flucht über Prag nach Wien

4. 3. B, seine Frau und Stefan reisen nach Wien weiter. Dort kommen sie zunächst bei Helene Weigels Vater in der Berggasse 30 unter.

10. 3. Helene Weigel trifft in Wien u. a. mit ihrer Lehrerin Eugenie Schwarzwald und ihrer Mitschülerin Maria Lazar zusammen. Als B erfährt, dass Alfred Döblin, Lion Feuchtwanger, Bernard von Brentano u. a. in die Schweiz gegangen sind oder dorthin gehen wollen, kommt er mit seiner Frau überein, ebenfalls nach einer Wohn- und Lebensmöglichkeit in der Schweiz zu suchen.

13. 3. B ist in Zürich eingetroffen und findet einen Brief Margarete Steffins aus dem Schweizer Sanatorium in Agra vor. Er trifft den Schriftsteller Kurt Kläber, der in Carona bei Lugano einen zweiten Wohnsitz hat. Da sich dieser Ort in unmittelbarer Nähe von Agra befindet, nimmt B die Einladung ins Tessin gern an. **Mitte März.** Zunächst besucht B Lion Feuchtwanger in St. Anton (am Arlberg) und fährt dann nach Lugano weiter. Er bittet Helene Weigel, mit dem Sohn Stefan zu kommen, und erkundigt sich nach der Tochter Barbara. – In Wien gewinnt Helene Weigel eine englische Quäkerin dafür, Barbara über die Grenze zu bringen.

23. 3. Unmittelbar nach ihrem 25. Geburtstag besucht B Margarete Steffin in Agra. Die nun folgenden zahlreichen Treffen mit B hat Steffin in ihrem Tageskalender markiert. Während ihres Aufenthalts in Agra entstehen insgesamt acht Sonette Bs, auf die sie meist mit eigenen Sonetten antwortet.

Anfang April. Helene Weigel ist mit ihren Kindern in Carona eingetroffen. – Kurt Weill kommt mit einem englischen Kunstliebhaber überein, ein Ballett zu komponieren, und bittet B um ein Libretto.

Carona und Paris

7. 4. B reist nach Paris. In der ersten Niederschrift des Librettos lautet der Titel des Balletts *Die sieben Todsünden*, ab 1937 bevorzugt B den erweiterten Titel *Die sieben Todsünden der Kleinbürger.*

Mitte April. B prüft, ob Paris als Exilort für seine Familie infrage kommt.

20. 4. Rückreise Bs von Paris nach Carona.

Ende April. In Berlin hat eine Durchsuchung von Bs Wohnung stattgefunden. Elisabeth Hauptmann ist nicht belästigt worden. – B schildert in einem Brief die Situation der Emigranten: »Unter den Genossen habe ich überall nicht wenig Wirrwarr angetroffen, nach so kurzer Zeit schon Gegeneinanderarbeiten, Misstrauen, Skepsis oder Illusionen.« *(28,357.)*

2. 5. Der Verlag Felix Bloch Erben geht davon aus, dass B die Summen, die ihm gezahlt worden sind, die »gewiss missliche Sachlage« zu überwinden ermöglichten, und teilt ihm mit, dass er die monatlichen Zahlungen einstellt. B bittet um eine Revision dieses Standpunkts. »Schließlich sind Sie keineswegs berechtigt, mit absoluter Sicherheit vorauszusagen, dass meine nächsten Arbeiten nicht aufgeführt werden können.« Er weist auf die Gültigkeit des Vertrags bis 1936 hin. *(28,358.)*

→ **Bücherverbrennung der Nazis in Berlin**

10. 5. Nazis zünden auf dem Opernplatz in Berlin etwa 10 000 Zentner Bücher »undeutschen Geistes« an.

16. 5. Lion Feuchtwanger ist in die Nähe von Sanary-sur-Mer in Südfrankreich übergesiedelt und lädt B ein.

Ende Mai. B fragt bei Felix Bloch Erben an, ob der Verlag seine Stücke *Die heilige Johanna der Schlachthöfe* und *Die Spitzköpfe und die Rundköpfe* weiterhin in Deutschland und im Ausland vertreiben und propagieren will, und bittet um baldige Antwort.

»Es geht mir finanziell nicht zum besten und ich muss über meine Produktion verfügen können.« *(28,361.)*

1.6. Margarete Steffins Behandlung wird in Agra abgeschlossen. Sie trifft sich mit B in Lugano und folgt ihm über Basel nach Paris.

3.6. B hält sich vom 1. bis 20.6. in Paris auf und nimmt an den Proben des Balletts *Die sieben Todsünden der Kleinbürger* teil.

7.6. Uraufführung des Balletts *Die sieben Todsünden* im Théâtre des Champs-Élysées in Paris; Regie: Edward James, mit Lotte Lenja (Anna I) und Tilly Losch (Anna II), Bühnenbild: Caspar Neher.

10.6. Helene Weigel ist inzwischen von Carona durch Frankreich nach Thurø in Dänemark gereist und mit ihren Kindern in einem der Häuser der Dichterin Karin Michaëlis untergekommen. – B berichtet seiner Frau von der Uraufführung.

19.6. Durch Bs Entscheidung, zu seiner Familie nach Thurø zu gehen, ist Margarete Steffin von B enttäuscht und erwägt eine Trennung von ihm. Er kann sie aber überreden, weiter mit ihm zusammenzuarbeiten: Sie gründen den »Deutschen Autorendienst« (DAD), eine Agentur, die kleinere Arbeiten emigrierter Schriftsteller an Zeitungen und Zeitschriften zu vermitteln sucht.

Théâtre des Champs-Élysées Paris: Uraufführung Die sieben Todsünden

SVENDBORG (DÄNEMARK) 1933–1939

20.6. B reist aus Paris ab. Am Abend findet in Paris in der Salle Gaveau eine Aufführung des Song-Spieles *Mahagonny* statt (mit Lotte Lenja und Otto Pasetti).

26.6. Der holländische Verlag Allert de Lange bekundet Interesse an einem *Dreigroschenroman*.

28.6. B fordert Johannes R. Becher auf, eine Konferenz von einigen emigrierten Schriftstellern einzuberufen und die zukünftige Arbeit festzulegen.

Ende Juni. Margarete Steffin hat in Paris für den DAD Kontakt zu zahlreichen Schriftstellern aufgenommen. In ihrem Kalender nummeriert sie jeden Tag der Trennung von B mit einer Ziffer (bis zu seiner Rückkehr am 10. 9.).

13. 7. Margarete Steffin meldet sich aus Paris und gesteht B, sie habe Angst vor den Nächten, weil sie ständig das Gleiche träumt: Sie sähe ihn immerfort mit anderen Frauen.

20. 7. Einem amtlichen Bericht zufolge meldet sich B, begleitet von Karin Michaëlis, bei der Svendborger Fremdenpolizei und teilt den Wunsch mit, ein Haus zu kaufen, falls er seine Aufenthaltserlaubnis in Dänemark nach Ablauf der üblichen 6 Monate verlängert bekommt.

3. 8. B kündigt für die nächste Woche Margarete Steffin »ein Drittel des *Dreigroschenromans*« zur Durchsicht an.

5. 8. Die dänische Schauspielerin Lulu Ziegler, Frau des Regisseurs Per Knutzon, informiert B von einem Abend, an dem sie u. a. Gedichte von ihm vortragen will, und bittet um Hilfe; es kommt zu einer Zusammenarbeit.

9. 8. B und Weigel haben (mit finanzieller Hilfe von Karin Michaëlis) das Haus Skovsbostrand Nr. 8 in Svendborg erworben. Es wird von dem dänischen Architekten Mogens Voltelen, einem Freund der Schauspielerin Ruth Berlau, nach den Wünschen Bs und Weigels umgebaut.

— Kauf eines Hauses in Svendborg

Mitte August. Im Sommer kommt Elisabeth Hauptmann nach Svendborg. Sie bringt B zurückgelassene Manuskripte mit und bespricht das weitere taktische Vorgehen den Nazibehörden in Berlin gegenüber.

28. 8. B kündigt Margarete Steffin eine bevorstehende Reise nach Paris an. »Ich bleibe mindestens drei Monate und wir können dann überlegen, was weiter.« Sie soll »alle Dinge mit dem Verein« (der KPD) aufschieben und sich nicht beunruhigen lassen.

August. Im August macht B bei Karin Michaëlis Bekanntschaft mit der 27-jährigen dänischen Schauspielerin Ruth Berlau, welche die Dichterin zu einer Rede vor Studenten gewinnen will.

Anfang September. In einer größeren Arbeit mit dem Titel *Die Reisen um Deutschland* beschreibt B die aktuelle politische Situation in Europa.

10. 9. B fährt nach Paris (und bleibt bis 17. 9.).

Reise nach Paris und nach Südfrankreich **11. 9.** Die Fahrt sei »gut (und lang)« gewesen, schreibt B an seine Frau; er wolle bald weiter zu Lion Feuchtwanger. In der folgenden Woche sehen B und Hanns Eisler mit Margarete Steffin die von ihr vorgeschlagene Anordnung der Gedichtsammlung *Lieder Gedichte Chöre* durch.

17. 9. B reist am Abend mit Margarete Steffin (über Marseille) nach Sanary-sur-Mer zu Lion Feuchtwanger (bis 18. 10.).

30. 9. In Berlin zieht Elisabeth Hauptmann um. Sie steht (als Mitglied der KPD) unter Beobachtung der Polizei.

Ende September. B und Margarete Steffin überarbeiten den *Dreigroschenroman*. Sie treffen sich mit zahlreichen emigrierten deutschen Schriftstellern, die sich in Sanary angesiedelt haben. – Helene Weigel ist für einen Rezitationsabend nach Moskau gereist und erkrankt dort.

18./19. 10. B fährt (am 18. 10.) nach Avignon, von dort nach Paris (18. 10. – 18. 12.). Er erfährt von Weigels Erkrankung in Moskau. Am liebsten hätte er, wenn Sergej Tretjakow sie zurückbegleitet und für einige Zeit in Svendborg bleibt. – B arbeitet an einem 2. Braunbuch für den Reichtagsbrandprozess; er lässt sich Verhandlungsprotokolle schicken und entwirft Texte dafür.

Ende Oktober. B ist von dem (im September) nach Moskau gereisten Ernst Ottwalt informiert worden, dass Helene Weigel operiert werden musste. Er schreibt ihr: »Es ist schrecklich, dass Du so gequält wurdest und dass es so weit weg ist!« *(28,390.)*

Lieder Gedichte Chöre fertiggestellt Im 1. Teil der Sammlung sind einige bis 1932 entstandene Gedichte zusammengestellt; der 2. Teil umfasst Lieder und Gedichte aus dem Jahr 1933, die sich mit dem Faschismus in Deutschland auseinandersetzen; im 3. Teil sind Lieder und Chöre aus den Stücken *Die Mutter* und *Die Maßnahme* zusammengestellt.

15./16. 11. In einer Berliner Pension wird ein Koffer mit Manuskripten von B gefunden und Elisabeth Hauptmann verhaftet; Anfang Dezember kommt sie wieder frei, weil man ihren Onkel für einen amerikanischen Senator hält.

23. 11. In Berlin wird eine Verordnung erlassen, die es der Gestapo ermöglicht, die Bankkonten von 44 emigrierten Schriftstellern, darunter auch das von B, in Deutschland zu sperren und ihr Vermögen zu beschlagnahmen.

November. Nach zehnmonatiger Pause veröffentlicht der österreichische Schriftsteller Karl Kraus im Oktober 1933 die Nr. 888 seiner Zeitschrift *Die Fackel*. In der vierseitigen Ausgabe ist (in großer Schrift) ein Nachruf sowie das Gedicht *Man frage nicht, was all die Zeit ich machte*:»Ich bleibe stumm;/und sage nicht, warum.« B reagiert darauf mit seinem Gedicht *Über die Bedeutung des zehnzeiligen Gedichtes in der 888. Nummer der »Fackel« (Oktober 1933).* Er meint, dass trotz des »Siegs der Gewalt« gegen die Nazis gekämpft werden muss.

Anfang Dezember. Helene Weigel ist wieder in Svendborg eingetroffen.

10. 12. Elisabeth Hauptmann ist nach Paris geflohen. B bereitet sich zu diesem Zeitpunkt mit Margarete Steffin gerade zur Abreise nach Dänemark vor. Er beschuldigt Hauptmann, seine Manuskripte in Berlin nicht genügend vor der Gestapo gesichert zu haben. Auf einen (nicht erhaltenen) Brief Bs, in dem er den »Zusammenbruch« der Beziehung zu Hauptmann endgültig bestätigt, schreibt sie:»Unsere Beziehung war etwas karg und unzärtlich und ungeschickt, aber es war die *größte* Arbeitsfreundschaft, die Sie je haben werden und die ich je haben werde.« *(BBA 480/133 f.)*

Arbeits-
freundschaft
Hauptmann –
Brecht

15. 12. B hat mit dem Verlag Allert de Lange verhandelt, einen »Roman unserer Zeit in einem Phantasie-China« zu schreiben. Das Buchprojekt scheitert.

19./20. 12. B und Margarete Steffin fahren über Dünkirchen nach Esbjerg an der dänischen Nordseeküste. Sie reist nach Kopenhagen weiter, und B kehrt nach dreieinhalbmonatiger Abwesenheit nach Svendborg zurück, wo Helene Weigel nach dem Umbau das neuerworbene Haus eingerichtet hat.

22. 12. B fühlt sich am neuen Exilort in Dänemark wohl, er schreibt an Walter Benjamin:»Gar nicht kalt, viel wärmer als in Paris.« *(28,395.)*

Dezember. Die Nationalsozialisten haben den kommunistischen Schauspieler Hans Otto verhaftet und über dessen Schicksal eine Nachrichtensperre verhängt. Als B darüber einen *Offenen Brief an den Schauspieler Heinrich George* schreibt, weiß er nicht, dass Otto bereits (am 4.11.) ermordet worden ist.

1934

10.1. Der Verlag Felix Bloch Erben kündigt das B gezahlte Darlehen zum 15.4. und fordert ihn zur Rückzahlung des vorgeschossenen Geldes auf.

13.1. Margarete Steffin erhält (in Kopenhagen) von B weitere Kapitel des *Dreigroschenromans* mit der Bitte um Durchsicht. B hat seine Frau noch nicht von ihrer Übersiedlung nach Dänemark informiert.

15.1. B schickt an den Verlag Allert de Lange das Einleitungskapitel des *Dreigroschenromans*. Er hat jetzt die 1. Fassung des Romans (mit einem Umfang von 250–280 Seiten) fertiggestellt.

17.1. Der Verlag erhält für die Umschlaggestaltung des *Dreigroschenromans* ein Aquarell Caspar Nehers, das Carola Neher als Polly in der *Dreigroschenoper* darstellt. B bittet um sorgsamen Umgang mit dem Bild, »es ist für mich tatsächlich unersetzlich«.

18.1. B kommt für mehrere Tage nach Kopenhagen; er arbeitet mit Margarete Steffin am *Dreigroschenroman* und an der Sammlung *Lieder Gedichte Chöre*.

Ende Januar. B macht Bernard von Brentano Svendborg schmackhaft. Er plant eine Reise nach Moskau, um mit Stalin »ein ernstes Wort unter 150 000 000 Augen zu sprechen« *(28,41)*.

10.2. B reist (zu seinem 36. Geburtstag) nach Kopenhagen. Als er wieder in Svendborg eingetroffen ist, dankt ihm Margarete Steffin für die Zeit, in der er ihr gegenüber »ungeheuer nett und rücksichtsvoll« gewesen sei *(BBA 388/1 f.)*.

25.2. Hanns Eisler und dessen Freundin Lou Jolesch treffen in Dänemark ein. B bringt sie in einer Pension in Svendborg unter und nutzt die Ankunft auch dazu, Margarete Steffin nach Svendborg zu holen. B, Eisler und Steffin arbeiten von nun an täglich an einer Fassung von *Die Spitzköpfe und die Rundköpfe* für eine Kopenhagener Aufführung.

15. 3. Hanns Eisler fühlt sich bald von B zu stark in die Arbeit am Text einbezogen und vom Komponieren abgehalten. Er reist mit dem Versprechen, bald wieder zurückzukehren, nach Paris ab.

Mitte April. Die Gedichtsammlung *Lieder Gedichte Chöre* erscheint im Verlag Éditions du Carrefour, Paris.

Erstdruck *Lieder Gedichte Chöre*

30. 4. B ist »ziemlich schwer enttäuscht«, dass Hanns Eisler die gemeinsame Arbeit in Dänemark aufgegeben hat und appelliert an seine Verantwortung dem gemeinsamen Werk gegenüber.

Anfang Juni. B leidet an Nierenschmerzen und muss sein Arbeitspensum einschränken.

2. 6. Walter Benjamin kündigt Margarete Steffin seine Ankunft in Dänemark an; er will bis Oktober bleiben und freut sich auf die Lektüre des *Dreigroschenromans*.

Mitte Juni. Wegen seiner zunehmenden Nierenschmerzen muss B in das Krankenhaus nach Svendborg.

20. 6. Walter Benjamin wird in einer Pension nahe von Bs Haus untergebracht. B liest dessen Aufsatz *Der Autor als Produzent* im Krankenhaus.

23. 6. B lässt durch Margarete Steffin die Korrektur vom 1. Buch des *Dreigroschenromans* an den Verlag de Lange schicken und verspricht den Rest »laufend«.

Ende Juni. B schreibt an Karl Korsch, er lese in Ermangelung von Kriminalromanen die »Kriegsdiskussion« in der *Neuen Zeit*; er habe mehrere Jahrgänge dieser Zeitschrift nach Dänemark geschickt bekommen.

30. 6. Hitler lässt den opponierenden Stabschef der SA und weitere SA-Führer verhaften und erschießen (Röhm-Putsch). B verarbeitet den Mord u. a. in der *Ballade vom armen Stabschef* sowie in der Garagenszene von *Der Aufstieg des Arturo Ui*.

4. 7. Walter Benjamin macht sich an diesem Tag Notizen über ein »langes Gespräch« in Bs Krankenzimmer über den Aufsatz *Der Autor als Produzent*. B wolle Benjamins Theorie nur auf den Typus des »großbürgerlichen Schriftstellers« gelten lassen, »dem er sich selber zuzählt« *(Benjamin, VI, 524)*.

5. 7. B erhält von Sergej Tretjakow die von ihm übersetzten Stücke Bs *(Epitscheskije dramy)* mit der Widmung: »Dem großen Ketzer / Der lange Übersetzer«.

7. 7. Zum 50. Geburtstag von Lion Feuchtwanger dankt ihm B dafür, »dass Sie in 15 Jahren von Ihren 50 mir so viel und so gut geholfen haben, wie kaum jemand« *(28,424)*. Bs Text ist unter dem Titel *Lion Feuchtwanger fünfzig Jahre* mit Glückwünschen anderer Schriftsteller im Juli-Heft der Zeitschrift *Sammlung* veröffentlicht.

22. 7. Karin Michaëlis ist von ihrer Reise in die Sowjetunion zurückgekehrt und berichtet über ihre Eindrücke.

24. 7. Walter Benjamin beschreibt Bs Arbeitszimmer in Skovsbostrand: »Auf einen Längsbalken, der die Decke von Brechts Arbeitszimmer stützt, sind die Worte gemalt: ›Die Wahrheit ist konkret.‹ Auf einem Fensterbord steht ein kleiner Holzesel, der mit dem Kopf nicken kann. Brecht hat ihm ein Schildchen umgehängt und darauf geschrieben: ›Auch ich muss es verstehen.‹« *(Benjamin, VI,526.)*

3. 8. B schickt den 3. Teil des *Dreigroschenromans* an den Verlag Allert de Lange. »Es fehlt nun nur noch das Schlusskapitel, das ich Ihnen in den nächsten Tagen senden werde.« *(28,429.)*

19. 8. Nach dem Tod des Reichspräsidenten Paul von Hindenburg (am 2. 8.) wird Hitler (mit 89,9 % Ja-Stimmen) als dessen Nachfolger gewählt.

26. 8. Wegen einer Epidemie fährt Helene Weigel mit den Kindern in den südlich von Kopenhagen gelegenen Badeort Dragør. In dieser Zeit zieht Margarete Steffin ins Haus Skovsbostrand 8 ein und arbeitet mit B an den letzten Korrekturen des *Dreigroschenromans*.

Ende August. B teilt Helene Weigel mit, dass Steffin nach Moskau fahren wird. Da aber von dort noch keine Daten vorliegen, soll die Weigel die Fahrkarte so spät als möglich kaufen.

8. 9. B fährt zu seiner Frau und den Kindern nach Dragør.

Vertrag mit
Malik-Verlag über
Gesammelte Werke

20. 9. B hat mit Wieland Herzfelde, der nach Dänemark gekommen ist, Verhandlungen über das Erscheinen seiner *Gesammelten Werke* im Malik-Verlag geführt und schließt mit ihm einen Vertrag ab. Dem zufolge sind drei Bände geplant:

Band 1 (*Die Rundköpfe und die Spitzköpfe* und *Die Ausnahme und die Regel*), Band 2 (*Die Dreigroschenoper* und *Die heilige Johanna der Schlachthöfe*) und Band 3 (*Der Jasager, Der Neinsager, Die Maßnahme, Die Mutter* und *Das Badener Lehrstück vom Einverständnis*).

27. 9. Walter Benjamin ist (am 25. 9.) in den Badeort Dragør gefahren und berichtet in seinem Tagebuch von dem Gespräch mit B.

Anfang Oktober. Margarete Steffin beginnt ihre Kur in einem Sanatorium im Kaukasus. – B hat von Hanns Eisler und Leo Lania eine Einladung nach London bekommen. Er ist zur Abreise bereit, muss aber noch auf das dafür benötigte Geld des holländischen Verlags warten. Er schickt Helene Weigel nach Dragør das veränderte Exemplar von *Die Rundköpfe und die Spitzköpfe* für Per Knutzon.

3. 10. B reist nach London ab (bleibt bis 20. 12.). ⎯

5. 10. Maria Hold, seit 1923 in Augsburg und ab 1928 Haushälterin Bs in Berlin und in dieser Tätigkeit auch in Dänemark, heiratet in Svendborg einen Fleischermeister und beendet ihre Arbeit bei der Familie. B schreibt ihr das *Dankgedicht an Mari Hold zum 5. Oktober 1934*.

Reise nach London

13. 10. Aus London schreibt B an Helene Weigel: »Ich wohne in einer Pension, ohne Essen, Korsch wohnt über mir. – Die Theater sind vorsintflutlich.« *(28,447.)*

21. 10. B erkundigt sich nach Margarete Steffins Gesundheitszustand. Er möchte den Entwurf für ihr Stück *Wenn er einen Engel hätte... sehen*. In London sei es langweilig. B erhält ein Vorausexemplar des Romans am Folgetag und bedankt sich bei Walter Landauer. »Der Umschlag sieht schön aus.« *(28,451.)* Die Auslieferung des Buches beginnt im November.

Erstdruck
Der Dreigroschen-roman

Anfang November. B fordert Margarete Steffin auf, die Marx-Bände zu lesen. Eine Parabel über das *Leben des Giacomo Ui* (mit Anspielungen auf den Aufstieg Hitlers) mache ihm Schwierigkeiten. Die Geschichte wird nicht zu Ende geschrieben; den Familiennamen der Hauptfigur und Motive der Handlung übernimmt er später in das Stück *Der Aufstieg des Arturo Ui*.

2.11. B diskutiert mit Karl Korsch mehrfach über dessen Projekt einer Marx-Darstellung. Dafür entstehen die *Anmerkungen zu einem Manuskript*, in denen B zum 1. Kapitel des Buches von Korsch Stellung nimmt. Ergebnis der Unterhaltungen sind weitere Texte über philosophische und politische Themen. In dem Aufsatz *Über meinen Lehrer* bekennt sich B zu dem marxistischen Philosophen und beschreibt ihn als einen enttäuschten Mann.

7.11. B rät der Weigel, die sich wegen eines Engagements an den Theatern in Zürich und Wien umsehen will, erst nach Weihnachten zu reisen.

— **Mitte November.** Entgegen dem Rat Bs ist Helene Weigel in die Schweiz gereist. B beauftragt sie, die Kläbers und die Brentanos für einen Besuch in Svendborg zu überreden. Bei ihrer Weiterreise nach Wien solle sie »nett« zu Karl Kraus sein.

Helene Weigel reist nach Zürich und Wien

27.11. B schickt seinem Sohn eine Postkarte mit einem chinesischen Bild aus der Ming-Dynastie (Britisches Museum) und fordert ihn auf, das Bild genau anzusehen, es sei »gut für die Wand«. Als Stefan später die Postkarte aufgehängt hat, schreibt B dafür das Gedicht *Wehe!* und klebt es an die Karte.

2.12. B schickt Bernhard Reich ein Gedicht zur Weitergabe an Carola Neher, die sich ebenfalls in Moskau aufhält.

9.12. Der *Dreigroschenroman* sei »hymnisch« rezensiert worden, schreibt B an Margarete Steffin.

12.12. In der Jubiläumsausgabe des *Pariser Tageblatts* wird das Ergebnis einer Rundfrage über die *Mission des Dichters 1934* abgedruckt, an der sich B mit seinem Artikel *Dichter sollen die Wahrheit schreiben* beteiligt hat.

16.12. Aus Augsburg berichtet Bs Vater Helene Weigel über Schwierigkeiten, die eine Übersiedlung von Bs Sohn Frank Banholzer aus Österreich nach Deutschland bereiten.

20.12. B reist aus London zurück nach Dänemark.

21.12. Johannes R. Becher informiert B (aus Paris) vom Plan einer internationalen Schriftstellerkonferenz und bittet ihn um eine Meinungsäußerung dazu; er hält Bs Text *Dichter sollen die Wahrheit schreiben* für »eine der besten ›theoretischen

Arbeiten‹‹, die er in der letzten Zeit gelesen habe. – Bernhard Reich übermittelt im Auftrag Erwin Piscators (aus Moskau) an B die Bitte des Internationalen Musik-Bureaus, ein Lied für die Propagierung der Einheitsfront zu schreiben. Bs *Einheitsfrontlied* entsteht noch in diesem Jahr (mit einer Musik von Hanns Eisler) und wird bei der Internationalen Arbeitermusik-Olympiade Pfingsten 1935 in Straßburg uraufgeführt.

28.12. B schreibt an Margarete Steffin, er plane eine Reise nach Moskau, und habe Piscator um eine Einladung gebeten.

Ende Dezember. B teilt Johannes R. Becher mit, er bevorzuge einen Kongress aus Anlass einer gemeinsamen Arbeit. Ihn interessiere »die Herausgabe einer neuen Enzyklopädie«, ein »Nachschlagewerk der Ansichten der Antifaschisten«. Seinem Brief legt B eine erweiterte und überarbeitete Fassung des Artikels *Dichter sollen die Wahrheit schreiben* bei, dem er nun den Titel *Fünf Schwierigkeiten beim Schreiben der Wahrheit* gegeben hat. Die Schwierigkeiten beim Schreiben der Wahrheit für den Schriftsteller formuliert er jetzt so:»Er muss den *Mut* haben, die Wahrheit zu schreiben, obwohl sie allenthalben unterdrückt wird; die *Klugheit*, sie zu erkennen, obwohl sie allenthalben verhüllt wird; die *Kunst*, sie handhabbar zu machen als eine Waffe; das *Urteil*, jene auszuwählen, in deren Händen sie wirksam wird; die *List*, sie unter diesen zu verbreiten.« *(22,74.)*

Fünf Schwierigkeiten beim Schreiben der Wahrheit

1935

9.1. Johannes R. Becher hat den Text *Fünf Schwierigkeiten beim Schreiben der Wahrheit* erhalten und schlägt seine Verbreitung in einem Sonderdruck des Schutzverbands Deutscher Schriftsteller vor.

Januar. B freut sich, dass George Grosz die Zeichnungen zu den Stücken für die Malik-Ausgabe machen will. Er legt ihm dazu Notizen bei und einen kleinen »Exkurs über das epische Theater (pat. gesch.)«.

Februar. Bs Text *Vergnügungstheater oder Lehrtheater?* entsteht. In diesem grundlegenden Aufsatz gibt er eine Übersicht über das epische Theater und die nichtaristotelische Dramatik. Er verwendet darin die schematische Gegenüberstellung der epischen und der dramatischen Form des Theaters, die er bereits in seinen *Anmerkungen zur Oper »Aufstieg und Fall der Stadt Mahagonny«* veröffentlicht hatte, arbeitet sie aber an einigen Stellen um.

Anfang März. B teilt Margarete Steffin den Zeitpunkt seiner Abfahrt in Kopenhagen mit und fragt sie, ob sie ihn in Leningrad abholen kann.

10. 3. B fährt nach Kopenhagen und trifft letzte Vorbereitungen für seine Reise in die Sowjetunion.

14. 3. Obwohl sie an einer Grippe erkrankt ist, kommt Margarete Steffin nach Leningrad und begleitet B nach Moskau (B bleibt bis zum 17. 5.).

20. 3. Der chinesische Schauspieler Mei Lan-fang gastiert mit seiner Truppe in Moskau. B und Margarete Steffin gehen zu allen Vorstellungen und Diskussionen.

Ende März. B kündigt Helene Weigel mehrere Buchsendungen an; er führe gerade einen »wilden Kampf um eine Filmrolle« für sie (Weigel). Die Besetzung mit ihr kommt nicht zustande.

13. 4. B rezitiert über einen Unionssender für deutsche Arbeiter und Spezialisten das Gedicht *An die Gleichgeschalteten*, das er später in die Sammlung *Svendborger Gedichte* aufnimmt, sowie weitere revolutionäre Texte.

14. 4. Nach Beendigung des Moskauer Gastspiels findet mit Mei Lan-fang eine abschließende Diskussionsrunde statt. Die Aufführungen und die Gespräche machen auf B einen nachhaltigen Eindruck. Eine erste Zusammenfassung seiner Gedanken bilden die noch während des Aufenthalts in Moskau und kurz danach geschriebenen *Bemerkungen über die chinesische Schauspielkunst*.

Mitte April. B liegt mit Fieber im Bett: »dumme Grippe, hauptsächlich Kopfweh« *(28,497)*.

Ende April. In dem *Radiovortrag Bertolt Brecht* geht B auf die »Entwicklung des revolutionären deutschen Theaters und der deutschen revolutionären Dramatik« nach dem ersten Weltkrieg ein.

Reise nach Moskau

Nachhaltiger Eindruck der chinesischen Schauspielkunst

1. 5. B und seine Mitarbeiterin sehen sich vom Roten Platz die Maidemonstration an.

Anfang Mai. B kündigt Tochter Barbara seine Ankunft in »ungefähr zwei Wochen« an. Sie solle auch »Helli« ermutigen, richtig zu essen und nicht zuviel zu rauchen.

9. 5. Hanns Eisler schreibt B (auf der Überfahrt von New York nach London) von seiner Berufung zum Visiting Professor for Music an der New School for Social Research.

12. 5. Die Verlagsgenossenschaft Ausländischer Arbeiter veranstaltet in Moskau einen Brecht-Abend. Wieland Herzfelde spricht über Bs Werk, B rezitiert einige Gedichte und emigrierte Schauspieler rezitieren aus Bs Werken.

Mitte Mai. Vor seiner Abreise gibt B ein Interview für die *Deutsche Zentralzeitung (DZZ)*, in dem er u. a. meint, die Sowjetunion sei »ein wunderbares Land für Lyriker«. In dem Text *Über die Verbindung der Lyrik mit der Architektur* lobt B den »einzigartigen Formensinn« der Arbeiter »mit ihren Emblemen«. Erstdruck des *Hammer- und Sichel-Liedes* in der *Deutschen Zentralzeitung (DZZ)*, Moskau.

15. 5. Die ersten Linien der Moskauer Metro sind fertiggestellt und werden in Betrieb genommen. B ist von dem kurzfristigen Bau und der aufwendigen Gestaltung der Stationen beeindruckt und schreibt das Gedicht *Inbesitznahme der großen Metro durch die Moskauer Arbeiterschaft am 27. April 1935.*

17. 5. B macht auf der Rückreise ein paar Tage Station in Leningrad. Bei einem Brecht-Abend im Haus der Sowjetschriftsteller halten Konstantin Fedin und Theodor Plievier Reden, B liest aus seinen Werken, von einer Schallplattenaufnahme sind Lieder Bs, gesungen von Carola Neher, zu hören; Margarete Steffin trägt die *Wiegenlieder* vor.

20./21. 5. B reist mit seiner Mitarbeiterin von Leningrad nach Kopenhagen. B kehrt (am 21. 5. nach einer Abwesenheit von reichlich zwei Monaten) nach Svendborg zurück.

29. 5. Helene Weigel hat sich bei den Pflegeeltern in Wien für die Fürsorge bedankt, die sie Bs Sohn Frank (Banholzer) zuteil werden ließen. B wendet sich wegen Frank an dessen Mutter Paula (verheiratete Groß). Er findet schlimm, dass Frank, den sie aus Wien nach Augsburg geholt hat, weder bei ihr noch bei ihrer Mutter untergebracht werden kann, und er stellt ihr für ein Jahr eine monatliche Zahlung von 50 RM in Aussicht.

30. 5. Margarete Steffin hält sich noch in Kopenhagen auf; B teilt ihr mit, sie könne bei Karin Michaëlis auf Thurø wohnen.

7. 6. Ruth Berlau ist nach Svendborg gekommen. Sie hat bereits ein Jahr zuvor mit der Übersetzung von Bs Stück *Die Mutter* für das RT (Revolutionäres Theater) begonnen. Es kommt zu einer intensiven Zusammenarbeit mit B, bei der sich auch eine Liebesbeziehung entwickelt.

— **8. 6.** In Deutschland gibt der Reichsminister des Innern die
Ausbürgerung Liste 4 mit deutschen Reichsangehörigen bekannt, die »durch
Brechts aus ein Verhalten, das gegen die Pflicht zur Treue gegen Reich und
Deutschland Volk verstößt, die deutschen Belange geschädigt haben« und deshalb ausgebürgert werden. Bei B heißt es in der Begründung u. a.: »Seine Machwerke, in denen er unter anderem den deutschen Frontsoldaten beschimpft, zeugen von niedrigster Gesinnung.«

15. 6. B reist mit Karin Michaëlis per Schiff von Kopenhagen nach Dünkirchen und fährt (am 16. 6.) von dort mit dem Zug nach Paris.

→ **I. Internationaler Schriftstellerkongress zur Verteidigung der Kultur**

21.–25. 6. Am I. Internationalen Schriftstellerkongress zur Verteidigung der Kultur nehmen 250 Schriftsteller aus 27 Ländern teil. 89 Reden sind vorbereitet worden mit den Themen: Faschismus, Weltwirtschaftskrise und Fünfjahrplan in der Sowjetunion. Ein Ergebnis des Kongresses ist u. a. die Gründung der *Internationalen Schriftstellervereinigung zur Verteidigung der Kultur.*

23. 6. B trägt seine Rede *Eine notwendige Feststellung zum Kampf gegen die Barbarei* vor.

25. 6. So wichtig der Kongress für B ist, so stark sind auch die Zweifel an seiner politischen Wirksamkeit. Er studiert das

Verhalten der Teilnehmer und sammelt dabei Material für einen *Tuiroman.*

26. 6. B kehrt nach Svendborg zurück.

27. 6. Bs Rede erscheint mit dem Untertitel *Entwurf der Rede, gehalten auf dem »Internationalen Schriftsteller-Kongress«, Paris* in einer mehrsprachigen (hektographierten) Sonderausgabe der *Mitteilungen der Deutschen Freiheitsbibliothek,* Paris.

7. 7. Wahrscheinlich aus Anlass des 51. Geburtstags von Lion Feuchtwanger schreibt B das Gedicht *Und in eurem Lande?*

Mitte Juli. Karl Korsch wird im Zusammenhang mit dem Selbstmord zweier deutscher Emigrantinnen aus London ausgewiesen und kommt in Svendborg unter.

18. 8. Auf Wunsch von Elisabeth Hauptmann schreibt B ihr für eine Bewerbung als Dozentin in Minsk ein Zeugnis; darin heißt es: »Sie ist einer der verlässlichsten und tüchtigsten Menschen, die ich kenne.« *(22,149.)*

29. 8. Gegenüber Hanns Eisler stellt B klar: Er habe die Arbeit an dem Schulstück *Die Horatier und die Kuriatier* auf Eislers Initiative begonnen, obwohl er gerade mitten in anderen Arbeiten steckte. B hält Eisler vor, nicht die Zeit für die Fertigstellung des Schulstücks aufgebracht zu haben.

Ende August. Durch Hanns Eislers Vermittlung hat die Theatre Union in New York Bs Stück *Die Mutter* auf den Spielplan gesetzt und eine Übersetzung und Bearbeitung herstellen und B zuschicken lassen.

Anfang September. B schreibt an Victor J. Jerome von der KP Amerikas, er habe mit Hanns Eisler das *Mutter*-Aufführungsprojekt an der Theatre Union durchgesprochen und sehe keine Möglichkeit für eine Aufführung; man könne es nur retten, wenn man ihm die Regie übertrage. – B kündigt Eisler an, dass er mit dem Schulstück *Die Horatier und die Kuriatier* »im Rohen« fertig ist und mit ihm dringend die Musik besprechen möchte.

11. 9. In Sachen Theatre Union hält Hanns Eisler Bs Standpunkt für berechtigt. Er erklärt sich bereit, die Hälfte seiner

> Lehrstück
> Die Horatier
> und die Kuriatier
> fertiggestellt

Tantiemen als Garantiesumme für die Reise Bs in die USA zur Verfügung zu stellen.

13. 9. In einer Odenseer Zeitung veröffentlicht der Journalist Fredrik Martner unter dem Titel *Ein Dichter in der Verbannung* ein Interview mit B, das durch die Vermittlung von Karin Michaëlis zustande gekommen war. Der Kontakt Martners zu B vertieft sich; er wird zu einem Helfer und Wegbereiter Bs in Dänemark.

Ende September. In Kopenhagen beginnen am Amateurtheater RT die Proben für *Die Mutter.* B unterstützt, solange er noch in Dänemark ist, Ruth Berlau bei der Regie. Er schreibt das Gedicht *Rede an dänische Arbeiterschauspieler über die Kunst der Beobachtung.*

3. 10. Manuel Gomez von der Leitung der New Yorker Theatre Union fährt (Ende September) für einige Tage nach Svendborg und trifft mit B Absprachen über die geplante Aufführung der *Mutter.* B schreibt den Text *Empfehlungen für die Theatre Union.*

7. 10. Abreise Bs nach New York. Margarete Steffin schreibt für ihn das Gedicht *Als der Klassiker am Montag/Dem siebenten Oktober 1935/Es verließ, weinte Dänemark,* einem Akrostichon. Die Anfangsbuchstaben jeder Verszeile ergeben:»ADE GRUESS GOTT BIDI«.

15. 10. B kommt mit dem Schiff »SS Aquitania« in New York an und wird von Mitarbeitern der Theatre Union abgeholt. Er hält sich bis zum 16. 2. 1936 in New York auf.

17. 10. Beginn der Proben zu *Die Mutter* an der Theatre Union, an denen B, Hanns Eisler und (ab Ende Oktober) auch Elisabeth Hauptmann täglich teilnehmen; B hat Schwierigkeiten mit dem Regisseur Victor Wolfson.

29. 10. B legt dem Theatre-Board des Theaters die Grundzüge seiner Theorie des epischen Theaters dar, stößt aber dort auf keine Zustimmung.

Anfang November. B schreibt seiner Frau, die Schauspieler seien sehr schwach und rät ihr, Englisch zu lernen.

9. 11. In der Phase der Endproben kommt es zu weiteren Schwierigkeiten in der Zusammenarbeit der Autoren mit dem Theater. Falls B keine Möglichkeit erhält, »einige letzte ungestörte Proben« zu bekommen, fühle er sich »verpflichtet, gegen eine Aufführung zu protestieren« *(28,531)*. Auch Hanns Eisler droht in einem gesonderten Brief, seine Musik zurückzuziehen.

15.11. Die 1. Probeaufführung der *Mutter* vor Arbeitern sei »eine üble, technisch unzulängliche, ja, in vielen Teilen dilettantische gewesen« *(28,533)*.

19.11. Abends Premiere von *Die Mutter* mit der Theatre Union am Civic Repertory Theatre; Regie: Martin Wolfson; mit Helen Henry als Pelagea Wlassowa. B und Eisler sind zur Premiere unerwünscht.

New Yorker Premiere der *Mutter*

22.11. B und Hanns Eisler schreiben an die Leitung der Theatre Union ein *Memorandum über die Verstümmelung und Entstellung des Textes*, in dem sie die Unzulänglichkeit der Proben kritisieren und den dadurch verursachten politischen und artistischen Misserfolg der Aufführung begründen. Sie bieten nochmals ihre Hilfe an.

24.11. B lernt die Schriftstellerin und Journalistin Eva Goldbeck kennen. Sie übersetzt mit Unterstützung Bs den Artikel *Das deutsche Drama vor Hitler*, der unter dem Titel *The German Drama: Pre-Hitler* in der Theaterbeilage der *New York Times* erscheint.

15.12. Nach 36 Aufführungen nimmt die Theatre Union *Die Mutter* aus dem Repertoire.

21.12. Zwei Kriminalbeamte begleiten Margarete Steffin zum Kopenhagener Hafen und bezeugen ihre Abreise nach Leningrad (zu einer weiteren Kur in der Sowjetunion).

Ende Dezember. Weihnachten sei »scheußlich« gewesen, schreibt B an Helene Weigel. »Ich hätte Dich gern zu Bett gebracht, Helli, wie jedes Jahr.« *(28,540 f.)*

Dezember. B sieht im Madison Square Garden einige Szenen aus *Waiting for Lefty* von Clifford Odets und ist davon stark beeindruckt. Er besucht auch eine Aufführung von *Paradise Lost* in einer Inszenierung des Group Theatre.

1936

28. 1. Obgleich B die deutsche Staatsbürgerschaft aberkannt worden ist, bekommt er vom Deutschen Generalkonsulat in New York seinen deutschen Reisepass bis zum 26.1.1941 verlängert.

Januar. Aus Tageszeitungen schneiden B und Elisabeth Hauptmann Berichte über Gangsterbanden und Morde aus, die er mit nach Dänemark nimmt.

1. 2. B, Hanns Eisler und Elisabeth Hauptmann besuchen ein Abschiedskonzert für den Komponisten in der Steinway Hall, bei dem Lieder aus der *Mutter* vorgetragen werden.

5. 2. B fährt mit der »SS Majestic« von New York nach Southampton ab. Er dankt Elisabeth Hauptmann (am 6. 2.) sehr dafür, dass sie ihn »in USA geführt« hat; er werde nichts vergessen. Auf einen Briefbogen des Schiffes schreibt B die Gedichte *Einst dachte ich: in fernen Zeiten* und (für Hauptmann) *Die nicht zu vergessende Nacht.*

16. 2. B trifft nach einer Abwesenheit von viereinhalb Monaten in Svendborg ein.

Mitte Februar. B schreibt Margarete Steffin, er habe gehört, dass Hermann Borchardt (aus Moskau) ausgewiesen wurde; sie solle sich im Augenblick nicht um die Anstellung von Elisabeth Hauptmann ins Minsk kümmern.

26. 2. B lässt sich von Margarete Steffin das Wichtigste aus dem Buch Konstantin Stanislawskis über sein System der Schauspielkunst *(Mein Leben in der Kunst)* übersetzen.

5. 3. B hat von Fritz Kortner eine Einladung für eine weitere

Reise nach London Filmarbeit bekommen. Er reist nach London, um dort das Drehbuch für den Richard-Tauber-Film *Der Bajazzo* (nach Leoncavallos Oper) zu überarbeiten.

10. 3. Maria Osten, deutsche Emigrantin in Moskau und Lebensgefährtin des sowjetischen Kulturfunktionärs Michail Kolzow, bittet B um Mitarbeit in der Redaktion der in Moskau neu herauskommenden Exilzeitschrift *Das Wort.* Nach seiner Zusage wird er nunmehr offiziell als einer der drei Herausgeber (mit Willi Bredel und Lion Feuchtwanger) genannt.

27. 3. Unter Verletzung des Versailler Vertrags ist die deutsche Wehrmacht am 7. 3. in das entmilitarisierte Rheinland einmarschiert. Auf eine Rede Hitlers bezogen schreibt B (später) *Über die Frage, ob es Hitler ehrlich meint.* In einem zweiten satirischen Text, dem er den Untertitel *Auslassungen des Chauffeurs Schicklgruber* gibt, geht B auf Hitlers Bemerkung kritisch ein, er sei der einzige Staatsmann der Welt, der »kein Rittergut und kein Bankkonto besitzt«. Das Thema benutzt B (1939/40) auch in den *Flüchtlingsgesprächen* sowie in *Mies und Meck.*

April. An Walter Benjamin schreibt B über seine Arbeit: »Ich glätte Filmdialoge und hoffe, dadurch den Svendborger Schornstein wieder etwas rauchen zu machen.« *(28,551.)* Er schreibt über die Erfahrungen, die er beim Filmeschreiben macht, eine größere Notiz *(Die Erfahrungen, die ich im Augenblick mache ...).*

Erfahrungen beim Schreiben von Filmen

16. 5. Da B eine geplante Reise nach Moskau aufgegeben hat, entschließt sich Margarete Steffin, zu ihm zu fahren. Sie trifft am 21. 5. in London ein.

18. 6. Maxim Gorki stirbt. B schreibt aus diesem Anlass das Gedicht *Grabschrift für Gorki.*

25. 6. In Moskau wird (nach der Festnahme ihres Mannes am 12. 5.) Carola Neher verhaftet. Als B im Frühjahr 1937 davon erfährt, bittet er Lion Feuchtwanger um Auskunft und Hilfe.

Ende Juni. Die Art von Bs Umarbeitung des *Bajazzo*-Drehbuchs entspricht nicht den Vorstellungen der Produzenten. – An Piscator schreibt B, er habe Stanislawksis *My Life in Art* »mit Neid und Unruhe« gelesen.

9. 7. In Deutschland wird die Freigabe von 340 km Autobahn gemeldet; 1882 km seien im Bau. B schreibt darauf die Gedichte *Wir brauchen keine Autostraßen* und *Auf einen Meilenstein der Autostraßen.*

14. 7. B kündigt Helene Weigel seine wiederum verschobene Rückreise an. Für Margarete Steffin brauche sie noch nicht in Svendborg zu mieten, da sie erst nach Kopenhagen fahre.

18. 7. Nach einem Militärputsch faschistischer Kreise in Spanisch-Nordafrika unter General Franco beginnt in Spanien der

Bürgerkrieg. Abgesandte des Generals vereinbaren (am 22.7.) mit Hitler militärische Hilfeleistungen. Die republikanischen Kräfte werden von internationalen Brigaden unterstützt. Für sie schreibt B das Gedicht *Mit Schiff, im Plan.*

21.7. Im Moskauer Jourgaz-Verlag erscheint die erste Ausgabe der deutschsprachigen Monatsschrift *Das Wort.* Von B wird in dem Heft das (im April 1934 entstandene) *Lied von der belebenden Wirkung des Geldes* aus dem Stück *Die Rundköpfe und die Spitzköpfe* zum ersten Mal gedruckt. Die praktische Redaktionsarbeit in Moskau leisten Willi Bredel und nach seinem Weggang nach Spanien der deutsche Schauspieler und Publizist Fritz Erpenbeck. In seinen *Richtlinien für die Literaturbriefe der Zeitschrift »Das Wort«,* versucht B, die Diskussion über die Literatur und über das literarische Leben zu fördern.

28./29.7. B und Margarete Steffin fahren aus London ab. Nach viereinhalb Monaten Abwesenheit kehrt B nach Svendborg zurück.

4.8. Walter Benjamin trifft in Svendborg ein.

19.8. Per Knutzon informiert Hanns Eisler von einem geplanten Vertrag über eine Aufführung von Bs *Die Rundköpfe und die Spitzköpfe* am Theater Riddersalen in Kopenhagen.

24.8. In Moskau geht der (seit 19.8. geführte) erste Schauprozess gegen das »antisowjetische vereinigte trotzkistisch-sinowjewsche Zentrum« mit Todesurteilen und sofortiger Hinrichtung aller 16 Angeklagten zu Ende.

29.8. Margarete Steffin heiratet in Kopenhagen den Journalisten Svend Jensen Juul und erwirbt dadurch die dänische Staatsbürgerschaft (Scheinehe).

August. In der Moskauer Zeitschrift *Internationalnaja Literatura,* Heft 8, erscheint Bs Stück *Die Rundköpfe und die Spitzköpfe.*

Anfang September. B quartiert sich mit Margarete Steffin in Kopenhagen bei Per Knutzon und Lulu Ziegler ein und nimmt an den Proben von *Die Rundköpfe und die Spitzköpfe* im Theater Riddersalen teil. Steffin hilft B, den Schauspielern seine Vorschläge zu übersetzen. Im Zusammenhang mit der

Vorbereitung der Kopenhagener Theaterinszenierung entstehen im Sommer und Herbst mehrere Texte, in denen B seine theoretischen Überlegungen zusammenfasst und dabei erstmals den Begriff »Verfremdungseffekt« (abgekürzt: »V-Effekt«) verwendet. In einer nochmaligen Beschreibung der chinesischen Schauspielkunst, wie er sie im Theater des Mei Lan-fang in Moskau kennengelernt hat, entsteht der Aufsatz *Verfremdungseffekte in der chinesischen Schauspielkunst.*

8. 9. Im Rahmen der Säuberungsmaßnahmen nach dem Moskauer Schauprozess diskutiert die deutsche Kommission des sowjetischen Schriftstellerverbandes in einer geschlossenen Parteiversammlung über abweichendes Verhalten einzelner Mitglieder von der Parteilinie. Der ungarische Schriftsteller Julius Hay denunziert die Haltung des »Brecht-Kreises« aufgrund einer Begegnung vom Februar / März 1933 in Wien als »miesesten Defaitismus und Liquidatorentum [...].« *(Säuberung, 431 f.)*

Denunziation Brechts in Moskau

10. 10. Wegen Ohrenbeschwerden muss sich Margarete Steffin in stationäre Behandlung begeben. Nach Untersuchungen stellt sich Tuberkulose im rechten Zwischenohr heraus. B besucht sie allabendlich.

Ende Oktober. Kurz vor der Premiere schickt Hanns Eisler die Noten für zwei Lieder, die B während der letzten Probenphase in *Die Rundköpfe und die Spitzköpfe* eingefügt hat: *Nannas Lied* und das *Kuppellied.* – Karl Korsch beendet seinen Aufenthalt in Svendborg. Nach der Erinnerung von seiner Frau haben B und ihr Mann häufig »fast jeden Morgen [...] mehrere Stunden« zusammengearbeitet.

Oktober. In der Zeitschrift *Das Wort* beginnt Georg Lukács eine Diskussion über Naturalismus und Formalismus, deren erster Teil in Heft 4 unter dem Titel *Die intellektuelle Physiognomie der künstlerischen Gestalten* veröffentlicht wird.

4. 11. Uraufführung von *Rundhoder og Spidshoder (Die Rundköpfe und die Spitzköpfe)* im Theater Riddersalen; Regie: Per Knutzon. B schreibt für das Programmheft den Text *Die Rundköpfe und die Spitzköpfe.* Die Aufführung wird vom Premierenpublikum mit viel Applaus bedacht. Zwei Tage nach der

Theater Riddersalen Kopenhagen: Uraufführung *Die Rundköpfe und die Spitzköpfe*

Premiere demonstriert eine kleine Gruppe dänischer Faschisten mit antisemitischen Plakaten vor dem Theater. Wegen der politischen Auseinandersetzungen wird das Stück nach elf Aufführungen abgesetzt.

24. 11. Nach der letzten Aufführung von *Die Rundköpfe und die Spitzköpfe* schreiben die Schauspieler der Aufführung ein Grußschreiben an B und an Helene Weigel und danken für das Stück.

27. 11. In Deutschland ordnet Goebbels das Verbot der Kunstkritik an, dafür solle der »Kunstbericht« stehen. Mit dem Thema setzt sich B in dem Gedicht *Verbot der Theaterkritik* auseinander.

30. 11. B hat Margarete Steffin das Nachwort *Anmerkung zu* »*Die Rundköpfe und die Spitzköpfe*« zur Lektüre gegeben. Sie stört vor allem, dass B das neu eingeführte Wort »Verfremdungseffekt« nicht ausreichend erläutert.

Anfang Dezember. B hat der Zeitschrift *Das Wort* Walter Benjamins Aufsatz *Das Kunstwerk im Zeitalter seiner technischen Reproduzierbarkeit* zum Druck empfohlen, aber noch keine Nachricht erhalten, wann es erscheint. Der Artikel wird am 28. 3. 1937 abgewiesen.

Dezember. In Heft 6 von *Das Wort* setzt Georg Lukács seine Diskussion über Naturalismus und Formalismus mit dem Essay *Niedergang des bürgerlichen Realismus* fort.

1937

13. 1. Margarete Steffin wird aus dem Krankenhaus mit der Auflage entlassen, sich auf dem Land zu erholen; sie zieht nach Svendborg. Da es zum entlegenen Skovsbostrand ein weiter Fußweg ist, lernt sie Auto fahren und benutzt Bs alten Ford.

27. 1. Hanns Eisler und seine Frau sind nach Svendborg gekommen. Mit kleinen Unterbrechungen halten sie sich (bis September) ein Dreivierteljahr in Dänemark auf.

Januar. In Heft 3 von *Das Wort* werden zwei Aufsätze von Bernhard Reich veröffentlicht. Er beschäftigt sich darin u. a. mit Bs *Die Rundköpfe und die Spitzköpfe*: In seiner Beurteilung einiger Stücke von Julius Hay kritisiert Reich dessen taktische Unsicherheiten. Die Lobpreisung Bs und die Kritik an Hay führt zu einer Kampfansage des ungarischen Dramatikers an B.

17. 2. Hanns Eisler arbeitet an einer *Deutschen Symphonie*, für die B Texte untergelegt hat. Außerdem hat B dafür einige Kriegsgedichte geschrieben.

28. 2. Eine Ausgabe von *Breughels Gemälden* ist es B wert, sie ins Exil mitzunehmen; sie geben ihm viele Anregungen für das Arrangieren von Szenen auf dem Theater. Er schreibt dazu die Texte *Verfremdungstechnik in den erzählenden Bildern des älteren Breughel*, *V-Effekte in einigen Bildern des älteren Breughel* sowie weitere Notizen zum Thema.

Februar. B berichtet Erwin Piscator von einem »netten kleinen dreckigen Aufsatz von Julius Hay über antifaschistisches Theater mit klotzigen Attacken auf Reich, mich und, getarnt, Dich«, den er im voraus von der Redaktion des *Wort* zugeschickt bekommen hat. B hofft, er kann »das Geschmier« verhindern *(29,13)*.

11. 3. Auf Julius Hays Beschwerde über Bs Intervention gegen seinen Artikel legt ihm B seine Prinzipien der Redaktionsarbeit dar. Er rät Hay von der Veröffentlichung seines Artikels ab, »er nützt unserer gemeinsamen Sache nicht und Sie machen besser keine Renommeesache daraus« *(29,22)*. Zugleich wird Johannes R. Becher von B um »Vermittlung« in der »ärgerlichen Sache« mit Julius Hay gebeten. »Kurz, wir können keinen Hayschnupfen brauchen.« *(29,21.)*

14. 3. B schickt Walter Benjamin einen »Aufruf zur Gründung einer Diderot-Gesellschaft« mit der Bitte, sein Urteil darüber abzugeben. In dem Text *Die Diderot-Gesellschaft* legt B die Notwendigkeit einer internationalen Theatergesellschaft auf der Basis der gegenwärtigen Theaterentwicklung dar.

Plan einer Diderot-Gesellschaft

Mitte März. B stellt zahlreiche Notizen (aus den zurückliegenden Monaten) über den Bühnenbau aufgrund seiner Erfahrungen zusammen; er will sie in einer größeren Arbeit (vgl. *Über den Bühnenbau der nichtaristotelischen Dramatik*) für die geplante Zeitschrift der *Diderot-Gesellschaft* ausarbeiten.

23.3. B arbeitet am *Tuiroman* und an einem weiteren Aufsatz über den Verfremdungseffekt.

26.3. In den Texten *Kraft und Schwäche der Utopie, Die ungleichen Einkommen* und *Zweierlei Versprechungen* zeichnet B seine Gedanken über die Sowjetunion-Kritik André Gides auf. Er sei wie jemand losgefahren, »der ein neues Land sucht, müde des alten, zweifellos begierig, seinen eigenen Glücksschrei zu hören« *(22,286)*. In diesem Zusammenhang entstehen auch die Texte *Über meine Stellung zur Sowjetunion* und *Sollen die Menschen unter eine neue Diktatur kommen?*, in denen B sich besonders mit Freiheit und Diktatur in der Sowjetunion beschäftigt.

Ausbürgerung Helene Weigels und ihrer Kinder

3.4. Helene Weigel und ihre und Bs Kinder Stefan und Barbara werden vom deutschen Innenminister ausgebürgert.

15.4. Hanns Eisler vertont das bereits 1934 entstandene Gedicht *In die Städte kam ich zu der Zeit der Unordnung* sowie das aus dieser Zeit stammende *An die Überlebenden* und regt B an, noch eine Elegie als Einleitung zu schreiben. Auf diesen Rat erweitert B die Gedichtfolge zu einem neuen lyrischen Werk mit der Überschrift *An die Nachgeborenen*.

26.4. Deutsche Bomber der Legion Condor zerstören die spanische Stadt Guernica, um den Vormarsch der Franco-Truppen auf Bilbao zu unterstützen. B wandelt ein ursprüngliches Filmprojekt in einen Plan zu einem Spanien-Stück um. B nennt es in der 1. Fassung *Generäle über Bilbao* (später: *Die Gewehre der Frau Carrar*), an dem er nun mit Margarete Steffin zu arbeiten beginnt. Als Ausgangspunkt für das Stück werden Details der Fabelführung und Motive des Einakters von John Millington Synge *Reiter ans Meer* (dt. Basel 1935) benutzt.

April. In Heft 4–5 (April/Mai) der Zeitschrift *Das Wort* wird erstmals eine Gedichtfolge von Bs Sammlung *Deutsche Kriegsfibel 1937* veröffentlicht. B kritisiert in den kleinen Gedichten die Unterdrückungsmaßnahmen in Deutschland und die intensive Kriegsvorbereitung der Nazis.

3.5. Nach längerer Schreibpause (durch eine Krankheit) bittet der Übersetzer Sergej Tretjakow seinen Freund B um dessen neuesten Werke. B schreibt das Gedicht *Rat an Tretjakow, gesund zu werden.* (Im Juli wird Tretjakow verhaftet, wegen Spionage angeklagt und 1939 hingerichtet.)

15.5. Fredrik Martner macht B auf ein Stück über die Pariser Commune, *Nederlaget (Die Niederlage)* des norwegischen Autors Nordahl Grieg, aufmerksam, das in Oslo mit großem Erfolg aufgeführt wird. Margarete Steffin verschafft sich einen Übersetzungsauftrag für das Stück.

Mitte Mai. B fragt Lion Feuchtwanger, ob er in Moskau etwas über Carola Neher erfahren habe. Der antwortet (am 30.5.), die Schauspielerin sei inhaftiert, weil sie »in ein verräterisches Komplott ihres Mannes mit verwickelt« sein soll. B schreibt in dieser Zeit für Carola Neher das Gedicht *Rat an die Schauspielerin C. N.*

Juni. *Das Wort* veröffentlicht den letzten Teil von Percy Bysshe Shelleys *Der Maskenzug der Anarchie.* B benutzt Verse des Poems sowohl für seinen Aufsatz *Weite und Vielfalt der realistischen Schreibweise* als auch (1947) für das Gedicht *Freiheit und Democracy.*

5.7. B bedauert gegenüber Martin Andersen Nexö, dass er eine Einladung zum II. Internationalen Schriftstellerkongress zur Verteidigung der Kultur (der am 4.7. in Valencia begann) zu spät erhalten hat; er schickt an seiner Stelle Ruth Berlau nach Spanien.

7.7. B reist (am 12.7.) mit dem Schiff von Esbjerg nach Dünkirchen und weiter nach Paris (bis 20.7.).

Reise nach Paris

→ **Abschluss des II. Internationalen Schriftstellerkongresses zur Verteidigung der Kultur**

16./17.7. B nimmt an der Abschlussveranstaltung des II. Internationalen Schriftstellerkongresses teil, die in Paris stattfindet und liest seine *Rede zum II. Internationalen Schriftstellerkongress zur Verteidigung der Kultur.* Angesichts des Krieges in Spanien vertritt B den Standpunkt, dass die Kultur »allzu lange nur mit geistigen Waffen verteidigt« worden sei; durch den Angriff mit materiellen Waffen sei sie selbst eine »materielle Sache« geworden und müsse »mit materiellen Waffen verteidigt werden«. Die Rede wird, zusammen mit anderen Reden, im *Wort*, Heft 10, veröffentlicht.

19.7. Auf einer Pariser Buchausstellung hält Heinrich Mann ein Referat, B liest bei einem Autorenabend aus seinen Werken.

22.7. B schreibt Karin Michaëlis eine Bestätigung, dass er ihr 52000 Kronen schuldet. »Ich habe diese Summe von ihr in den letzten vier Jahren für den Erwerb eines Hauses, eine Amerikareise und für den Unterhalt meiner Familie erhalten.« *(Erg.,28.)* Die Schulden werden am 16.5.1940 getilgt.

Juli. In der Zeitschrift *Das Wort* wird Lion Feuchtwangers Rezension über Julius Hays Stück *Haben* veröffentlicht. In dem Text *Hays »Haben«* widerlegt B die These seines Freundes Feuchtwanger, das Stück sei marxistisch. Hays »Reißer« zeige nicht einmal »einzelne Züge, die einen Marxisten interessieren könnten«. Feuchtwangers Irrtum über den Kapitalismus, »wie ihn die Marxisten sehen«, ginge auf Hays Konto. – Ruth Berlau hatte B versprochen, unmittelbar nach dem Schriftstellerkongress nach Dänemark zurückzukehren; sie bleibt aber noch in Spanien. Wegen ihrer verspäteten Rückkehr ist B verstimmt und schreibt mehrere Gedichte: *Kin-jeh sagte von seiner Schwester; Unser unaufhörliches Gespräch, Zweites Gedicht Kin-jehs über seine Schwester*, die er in das *Buch der Wendungen* aufnimmt.

Anfang August. B dankt Lion Feuchtwanger für die Zusendung des Romans *Der falsche Nero*, den er »eben mit großem Vergnügen« gelesen hat.

5.8. B hat Hanns Eisler in dem Text *Über gestische Musik* Hinweise für die Vertonung der Lenin-Kantate gegeben; Eisler stellt seine schon seit langer Zeit in Arbeit befindliche Komposition für die *Kantate zu Lenins Todestag* fertig.

11.8. Bs Unruhe wegen Ruth Berlaus andauernden Aufenthalts in Spanien verrät seine intensivierten Beziehungen zu ihr und macht Margarete Steffin sehr betroffen. Sie schreibt in ihren Kalender, dass sie den Ring, das Symbol ihrer Zugehörigkeit zu B, nicht mehr trägt.

18.8. Die Szene *Der Spitzel* ist fertiggestellt, am 20.8. *Das Krei-*

dekreuz. Zusammen mit *Die jüdische Frau, Rechtsfindung* und *Medizin* (später: *Die Berufskrankheit*) werden die Einakter zu einer Szenenfolge unter dem Titel *Die Angst. Seelischer Aufschwung des deutschen Volkes unter der Naziherrschaft* zusammengestellt (späterer Titel: *Furcht und Elend des III. Reiches*).

24. 8. Eine Textüberarbeitung von *Die Gewehre der Frau Carrar* liegt fertig vor. Das Stück wird in dieser Fassung für die Uraufführung freigegeben.

Die Gewehre der Frau Carrar fertiggestellt

Anfang September. Ruth Berlau kehrt aus Spanien zurück. Nach ihrer Erinnerungen hat B sie nicht freundlich empfangen und sogar zum ersten Mal angeschrien, als sie ihm nicht alles über den Bürgerkrieg sagen konnte, was er wissen wollte. In der Geschichte *Kien-leh und der Schüler, der wegging* nennt er sie »Tu« (Kurzform von: Lai-tu) und meint, nach der Rückkehr sei Tu wieder aufgenommen worden, »aber das Verhältnis wurde nie mehr dasselbe«.

11. 9. B und Helene Weigel reisen nach Paris ab. – Margarete Steffin kümmert sich um Stefan und Barbara. – Wieland Herzfelde kündigt der Presse die beiden *Stücke*-Bände als die ersten Bücher von Bs *Gesammelten Werken* an.

Reise nach Paris und nach Südfrankreich

12. 9. In Paris beginnen die Proben von *Die Gewehre der Frau Carrar*, die Slatan Dudow leitet und B besucht. B greift auch in die gleichzeitig in Paris inszenierte *Dreigroschenoper* ein. In dem Text *Ein alter Hut* schildert B, wie sich ein junger Schauspieler in einem Kostümhaus für seine Rolle einen Hut aussucht; in *Aufbau der »Dreigroschenopern«-Bühne* beschreibt er neben Dekorationslösungen in Berlin und in Moskau auch den Bühnenaufbau in Paris.

28. 9. Premiere von *Dreigroschenoper* im Théâtre de l'Étoile; Regie: Francesco von Mendelssohn. B schreibt an Margarete Steffin: »Hier ist ein wenig Chaos. Aber gute Besetzung (so gut wie in Berlin). Und das Stück ist enorm lebendig.« *(29,48.)* B fährt Anfang Oktober nach Sanary-sur-Mer weiter.

September. Im September-Heft von *Das Wort* eröffnet Alfred Kurella mit dem Essay »*Nun ist dies Erbe zuende …*« eine Auseinandersetzung mit dem »Formalismus«. Unter Bezug auf den im selben Heft abgedruckten Aufsatz von Klaus Mann über *Gottfried Benn* meint Kurella, es sei heute klar zu erkennen, »wes Geistes Kind der Expressionismus war, und wohin dieser Geist, ganz befolgt, führt: in den Faschismus«. Es kommt zur »Expressionismus-Debatte«.

9.10. B kehrt nach Paris zurück und nimmt an den Endproben von *Die Gewehre der Frau Carrar* teil.

— Salle Adyar Paris: Uraufführung Die Gewehre der Frau Carrar

16.10. Uraufführung von *Die Gewehre der Frau Carrar* in der Salle Adyar unter dem Protektorat des Schutzverbandes Deutscher Schriftsteller (SDS); künstlerische Gesamtleitung: Slatan Dudow; mit Helene Weigel als Carrar. B schreibt (Anfang November) an Karl Korsch: »Helli war besser als je, sie hat nichts eingebüßt durch die Pause und war froh drüber. Ihr Spiel war das Beste und Reinste, was bisher an epischem Theater irgendwo gesehen werden konnte.« *(29,57.)* Unter den Besuchern der Aufführung ist auch der schwedische Rechtsanwalt Georg Branting, der als Vorsitzender des Schwedischen Hilfskomitees für Spanien Interesse für eine schwedische Aufführung des Stückes bekundet. – Helene Weigel fährt danach nach Wien und Prag. Wegen der Beziehungen Bs zu Margarete Steffin und Ruth Berlau erwägt sie erneut eine Trennung von ihrem Mann und will sich in Österreich, der Schweiz und in der Tschechoslowakei nach Arbeits- und Lebensmöglichkeiten umsehen. – B kehrt (am 20.10.) nach Dänemark zurück.

30.10. Da sie viel reisen muss, schreibt B, soll sich Helene Weigel bemühen, nicht *zu* dünn zu werden, »Ich denke sehr gern an Paris und bin Dir sehr gewogen.« *(29,55.)*

— Bemühungen um Helene Weigels Rückkehr

Anfang November. Wegen der von Helene Weigel bewusst verzögerten Rückkehr nach Dänemark macht B mehrere Versuche, seine Frau wieder nach Hause zu locken. So schreibt er eine von ihm und Stefan unterzeichnete Resolution; der »Gatten- und Söhnerat« habe beschlossen, »Dich aufzufordern, nach Erledigung Deiner Obliegenheiten *ohne Verzug* zurückzukehren und Deine Tätigkeit hier wieder aufzunehmen« *(29,56)*. In einem späteren Brief schickt er seiner Frau »als kleines Angebinde« das Gedicht *Die Schauspielerin im Exil*. Er berichtet Karl Korsch, dass er an einem Stückprojekt *Die Geschäfte des Herrn Julius Caesar* arbeite, dabei fehle er ihm für die Beratung. Seit der Verhaftung Sergej Tretjakows seien für B die »literarischen Verbindungen mit der Union sehr dünn geworden« *(29,58)*.

17.11. Rückkehr von Helene Weigel nach Dänemark.

Ende November. B fragt Lion Feuchtwanger erneut, was man »für die arme Carola Neher« machen kann.

19.12. Vor Emigranten findet eine interne dänische Amateuraufführung von *Die Gewehre der Frau Carrar* mit Mitgliedern des Arbejdernes Teater Kopenhagen statt; Regie: Ruth Berlau (unter Mitarbeit Bs); mit Dagmar Andreasen als Carrar.

30.12. In der *Neuen Weltbühne*, Paris/Prag, wird erstmals das Gedicht *Über die Bezeichnung Emigranten* gedruckt.

Dezember. Im Dezember-Heft von *Das Wort* werden von den in diesem Jahr geschriebenen *Deutschen Satiren* die Gedichte *Dauer des Dritten Reiches*, *Verbot der Theaterkritik* sowie *Die Jugend und das Dritte Reich* zum ersten Mal gedruckt. – B schreibt für Margarete Steffin das Gedicht *Die gute Genossin M.S.* In diesem Zusammenhang entstehen auch die Gedichte *Reglement für den Soldaten GGGGGGG*, *Vom Glück des Soldaten der Revolution*, *Zweites Lied vom Soldaten der Revolution*. Über die Art der Arbeit mit Gleichgesinnten im Kollektiv schreibt B in diesem Jahr das Gedicht *Der Zweifler*.

1938

2.1. B bringt Margarete Steffin wegen der Verschlechterung ihres Gesundheitszustandes nach Kopenhagen ins Krankenhaus. Sie wird am 20.1. entlassen. In dieser Zeit schreibt er die drei Gedichte *Appell an einen kranken Kommunisten*, *Antwort des kranken Kommunisten an seine Genossen* und *Appell an die Ärzte und Krankenpfleger*, die unter dem Titel *Appell* in die *Svendborger Gedichte* eingehen.

Mitte Januar. B benutzt das Stückprojekt *Die Geschäfte des Herrn Julius Caesar* für einen Roman gleichen Titels.

17.–23.1. Niederschrift des ersten Buches von *Die Geschäfte des Herrn Julius Caesar*.

14. 2. Als Wohltätigkeitsveranstaltung findet die deutschsprachige Premiere von *Gewehre der Frau Carrar* in der Borups Højskole Kopenhagen statt; Regie: Ruth Berlau unter Mitarbeit Bs; mit Helene Weigel, die als einzige auf dem Programmheft mit Namen genannt ist. B schreibt die Gedichte *Beschreibung des Spiels der H.W.* und den Text *Weigel und Andreasen als Frau Carrar. Unterschiede der Spielweise.*

Anfang März. Auf Initiative des schwedischen linksdemokratischen Senators Georg Branting wird der Einakter *Die Gewehre der Frau Carrar* im Stockholmer Odeonteatern von dem emigrierten Schauspieler und Regisseur Hermann Greid inszeniert (Premiere: 5.3.). Nach dem Bericht Greids habe man eine Aufenthaltserlaubnis für B von drei Tagen erwirken können: B lernt die Darstellerin der Carrar, die schwedische Schauspielerin Naima Wifstrand, kennen.

18. 3. B hat den Artikel *Über reimlose Lyrik mit unregelmäßigen Rhythmen* fertiggestellt. Er schickt den Text an die Redaktion des *Wort* mit einer Vorbemerkung, in der er Bezug auf Beiträge zur Expressionismus-Debatte nimmt und die »Diskussion zum großen Teil etwas allgemein geführt« findet.

März. Einzelausgabe von *Die Gewehre der Frau Carrar* im Malik-Verlag, London, als Sonderdruck aus den *Gesammelten Werken*. – B hat inzwischen die Szenenfolge *Furcht und Elend des III. Reiches* um weitere 12 Szenen ergänzt.

3. 4. Martin Andersen Nexö hat den Wunsch, B sollte bei der Übersetzung seiner *Erinnerungen* unbedingt beteiligt sein. B erklärt sich dazu gern bereit, es müsse aber Margarete Steffin an erster Stelle genannt werden, da er nicht Dänisch versteht und die Hauptarbeit von ihr gemacht werden muss.

Anfang April. B schlägt Slatan Dudow, der seine Szenenfolge in Paris aufführen will, vor, den alle betreffenden Titel *Angst* beizubehalten. »Man muss diese Gesten des *Tuschelns*, des *Entsetzten-Blickes*, des *Den-Mund-Zusammenpressens*, des *Sich-Umschauens*, des *Sich-Verplapperns*, der *Unruhe*, des *Verdachts*, des *Jemand-den-Mund-Zuhaltens* usw. ganz stark herausarbeiten.« *(Erg.,31.)* Dudow wählt schließlich den Titel *99 %*, er sei neutraler.

10. 4. Wenige Wochen nach dem Einmarsch deutscher Truppen in Österreich (12. 3. 1937) stimmen in dem besetzten Land und im »Altreich« mehr als 99 % für die »Wiedervereinigung« und für »die Liste unseres Führers Adolf Hitler«. B verarbeitet diese Wahl in der Szene *Volksbefragung*.

April. B berichtet Karl Korsch von seiner antifaschistischen Szenenfolge, die er endgültig mit dem Titel *Furcht und Elend des III. Reiches* versieht. – Helene Weigel trete mitunter in Kopenhagen auf, »und die Arbeit bekommt ihr, sie hat mindestens zehn Pfund zugenommen«. Stefan erziehe Barbara »zu einer orthodoxen Atheistin, und der Ford zeigt weiter seinen unerschütterlichen Entschluss, uns alle zu überleben« *(29,92 f.)*.

Anfang Mai. Helene Weigel trifft für die Proben zu *Furcht und Elend des III. Reiches* in Paris ein.

2. 5. Der nach Moskau emigrierte Schauspieler und Publizist Fritz Erpenbeck schickt B das Manuskript der Juni-Ausgabe *Das Wort*. B verwahrt sich dagegen, dass eine zusammenfassende Bemerkung zum Abschluss der Expressionismusdebatte mit »Die Redaktion« gezeichnet ist. Erpenbeck muss einige Formulierungen ändern.

6. 5. B schreibt das Gedicht *In den Weiden am Sund* und stellt es mit *Heute, Ostersonntag früh* und *Über dem Sund hängt Regengewölke* zu dem Gedicht *Frühling 1938* zusammen.

7. 5. B schreibt die *Legende von der Entstehung des Buches Taoteking auf dem Weg des Laotse in die Emigration*. – Helene Weigel berichtet B vom Stand der Proben in Paris. Sie ist weder mit der geringen Qualität einzelner Schauspieler noch mit der Arbeit Slatan Dudows einverstanden.

14. 5. Anlässlich des Todes von Carl von Ossietzky (am 4. 5.) hat B das Gedicht *Auf den Tod eines Kämpfers für den Frieden* geschrieben und rezitiert es bei einer Gedenkfeier im Kopenhagener Emigrantenheim.

21. 5. Unter dem Protektorat des SDS findet in Paris in der Salle d'Iéna mit dem Titel *99 %. Bilder aus dem Dritten Reich* die deutschsprachige Uraufführung von acht Szenen aus *Furcht und Elend des III. Reiches (Das Kreidekreuz, Winterhilfe, Die*

Salle d'Iéna Paris: Uraufführung *Furcht und Elend des III. Reiches jüdische Frau, Zwei Bäcker, Der Bauer füttert die Sau, Der Spitzel, Rechtsfindung* und *Arbeitsbeschaffung*) statt; Regie: Slatan Dudow, Musik: Paul Dessau; mit Helene Weigel. Walter Benjamin besucht die Aufführung und berichtet in der *Neuen Weltbühne* darüber.

26.5. Nach einem Text in der Berliner Zeitung werden in der Düsseldorfer Ausstellung *Entartete Musik* u.a. das von Paul Hindemith vertonte *Lehrstück* sowie die von Kurt Weill komponierte *Dreigroschenoper,* das Lehrstück *Der Jasager* und die Oper *Aufstieg und Fall der Stadt Mahagonny,* außerdem Hanns Eislers *Solidaritätslied* aus dem Film *Kuhle Wampe oder Wem gehört die Welt?* als »entartet« vorgestellt. Die beiden (in Prag gedruckten) Bände erscheinen mit der Angabe»Malik-Verlag London« in einer Auflage von je 2000 Exemplaren. Die in Band 2 angekündigten Bände 3 und 4 werden in den Korrekturfahnen an B geschickt, können aber nicht mehr erscheinen, weil der Einmarsch der deutschen Truppen in Prag die Fertigstellung und Auslieferung der Bände verhindert.

Mitte Juni. Die Expressionismus-Debatte wird in *Das Wort* abgeschlossen. – B hat den Aufsatz *Die Straßenszene* geschrieben. Er betrachtet alltägliche Vorgänge auf der Straße, wie sie sich z.B. nach einem Verkehrsunfall abspielen, als geeignetes Grundmodell seines Theaters.

17.6. B bedankt sich bei Ernestine Evans für die Zusendung der Zeitschrift *Theatre Workshop* mit dem Abdruck von *Die Gewehre der Frau Carrar.* Für eine eventuelle Aufführung gibt B ihr einige Hinweise zur Übersetzung. – B übermittelt Alfred Kurella für den Glossenteil im *Wort* seine *Kleine Berichtigung,* in der er polemisch auf eine Passage von Georg Lukács eingeht. Darin war abwertend im Plural von »den Eislers« die Rede. Lukács solle »es unbedingt unterlassen, solch eine Mehrzahl anzuwenden, solange es unter unsern Musikern tatsächlich nur einen Eisler gibt«. Durch den Aufsatz von Lukács wird B zu seinem Text *Volkstümlichkeit und Realismus* angeregt. Weder dieser Text noch *Kleine Berichtigung* werden im *Wort* veröffentlicht.

— Erstdruck Band I und 2 von *Gesammelte Werke*

22.6. Ankunft von Walter Benjamin in Svendborg. Bei den zahlreichen Gesprächen, die er mit B und Margarete Steffin führt, geht es um Kindertheater, um die sowjetische Literatur und um die Moskauer Prozesse und deren Auswirkungen auf gemeinsame Bekannte und Freunde in Moskau. In seinem Text *Über die Moskauer Prozesse* schließt B eine Haltung gegen die Sowjetunion deshalb aus, weil sie sich automatisch »in eine Haltung gegen das heute vom Weltfaschismus mit Krieg bedrohte russische Proletariat und seinen im Aufbau begriffenen Sozialismus verwandeln müsste« *(22,365)*. In einem weiteren Text *Über die Prozesse in der USSR (zur Selbstverständigung)* betrachtet er die Prozesse als »Akt der Kriegsvorbereitung«.

3.7. Benjamin spricht mit B über Charles Baudelaire und notiert dessen Meinung:»Ich bin ja nicht gegen das Asoziale – ich bin gegen das Nichtsoziale.« *(Benjamin,VI,535.)*

Mitte Juli. Wegen einiger Schwierigkeiten bei *Die Geschäfte des Herrn Julius Caesar* beschäftigt sich B intensiv mit dem Essay *Marx und das Problem des ideologischen Verfalls* von Georg Lukács, der in Heft 7 (Juli) 1938 der Zeitschrift *Internationale Literatur. Deutsche Blätter* (Moskau) erschienen war. In seinem *Journal*, das er mit dieser Notiz beginnt, geht er ausführlich auf die Argumente von Lukács ein. »Die Rede ist wieder vom Realismus, den sie jetzt glücklich so heruntergebracht haben wie die Nazis den Sozialismus.« *(26,313 f.)*. – Die *Journale* Brechts werden bis Juli 1954 (Unterbrechung oder Verlust zwischen 5.1.1946 und 20.2.1947) kontinuierlich geführt; häufig klebt B Zeitungsausschnitte und Fotografien ein.

Journale
1938–1954

21.7. Nach Walter Benjamins Aufzeichnungen meint B, die sozialistische Wirtschaft benötige keinen Krieg; die Rüstung werfe das russische Proletariat schwer zurück.»In Russland herrscht das persönliche Regiment. Das können natürlich nur die Holzköpfe leugnen.« *(Benjamin,VI,525 f.)*

22.7. B überarbeitet die *Gedichte im Exil* für die Malik-Ausgabe.

24.7. Am Vormittag zeigt B Walter Benjamin sein (»nach einem ägyptischen Bauernlied aus dem Jahre 1400 v.Chr.« geschriebenes) Gedicht *Ansprache des Bauern an seinen Ochsen*, das er ihm als »sein Stalin-Gedicht« offeriert. Bei einem Gespräch am Abend über die russische Literaturpolitik habe Benjamin gemeint, mit Leuten wie Georg Lukács, Andor Gábor, Alfred Kurella sei »eben kein Staat zu machen«. Bs Antwort: »Oder *nur* ein Staat, aber kein Gemeinwesen. Es sind eben Feinde der Produktion.« *(Benjamin, VI, 536–538.)*

25. 7. Durch die Lektüre eines Baudelaire-Aufsatzes von Benjamin angeregt, schreibt B die Texte *Die Schönheit in den Gedichten des Baudelaire, Notizen über Baudelaire* und *Zu: »Les Fleurs du mal«.*

Empörung über die »Moskauer Clique«

27. 7. B empört sich über die »Moskauer Clique« (gemeint sind u. a.: Georg Lukács, Alfred Kurella, Johannes R. Becher, Fritz Erpenbeck), die Julius Hays Stück *Haben* »über den roten Klee« lobt. *(26,316 f.)*

29. 7. B liest Walter Benjamin mehrere seiner polemischen Auseinandersetzungen mit Georg Lukács vor und bittet ihn um Rat. Bei den Texten handelt es sich vor allem um Bs Artikel *Die Expressionismusdebatte, Praktisches zur Expressionismusdebatte, Über den formalistischen Charakter der Realismustheorie* und *Die Essays von Georg Lukács.*

Juli. Die Zeitschrift *Das Wort*, Heft 7, schließt mit dem »*Schlusswort*« von Ziegler (d. i. Alfred Kurella) und dem Artikel *Volkstümlichkeit* von Fritz Erpenbeck die Expressionismus-Debatte endgültig ab. Er schreibt den Aufsatz *Weite und Vielfalt der realistischen Schreibweise* als einen Beitrag zur Realismus-Debatte für das *Wort.* – Bei Willi Bredel, der aus Spanien zurückgekehrt ist, beklagt sich B über die immer problematischer werdende Mitarbeit am *Wort.*

13. 8. B arbeitet mit Ruth Berlau an deren Novellensammlung *Jedes Tier kann es.*

18. 8. Nach Lektüre von Georg Lukács' Aufsatz *Erzählen oder Beschreiben?* in der *Internationalen Literatur*, H. 11 u. 12/1936, urteilt B: »Die Realismusdebatte blockiert die Produktion, wenn sie so weitergeht.« *(26,321.)*

11. 9. Für die Gesamtausgabe seiner Werke hat B den *Baal* »überflogen«. Wegen der zahlreichen Bearbeitungen für

Buchausgaben und Aufführungen sei der Sinn fast verloren gegangen.

12. 9. Nach der Lektüre einiger Texte zum Tod des sowjetischen Theaterpädagogen Konstantin Stanislawski in der Moskauer *DZZ* findet B, dass »sein Orden [...] ein Sammelbecken für alles Pfäffische in der Theaterkunst« sei. Ein paar »Murxisten« versuchten in den Texten »tintetriefend« nachzuweisen, »dass das eben die ewige Kunst sei« *(26,324)*. Der Begriff des »Murxismus« als einer »sehr verbreiteten Ausführung des Marxismus« hatte B schon in dem 1934 geschriebenen Text *Eine deutsche Arztfamilie* verwendet und deshalb als »furchtbar« gekennzeichnet, weil er »Esel in der Debatte unschlagbar macht« *(22,33)*.

— Polemik gegen »Murxismus«

22. 9. In der *Neuen Weltbühne* wird der Artikel *Der größte aller Künstler* gedruckt, in dem B unter Bezugnahme auf den Reichsparteitag der NSDAP (der am 5. 9. in Nürnberg beginnt) satirisch Hitler als angeblichen Kunstverständigen kritisiert.

25. 9. Im Zusammenhang mit der sich zuspitzenden Sudetenkrise droht Hitler mit Krieg. Es entsteht der Prosatext *Der Gallische Krieg oder Die Geschäfte des Herrn J. Caesar*, der möglicherweise auch als Filmexposé dienen soll.

29. 9. Die Regierungschefs Chamberlain, Daladier, Mussolini und Hitler einigen sich im Münchner Abkommen auf die Abtretung des Sudetenlands an Deutschland und die Räumung des Gebiets von Tschechen.

16. 10. Walter Benjamin reist aus Dänemark ab und nimmt einen großen Teil seiner bei B eingelagerten Bibliothek mit. Es ist die letzte Begegnung von B und Benjamin. – Abends verursacht B, der mit Helene Weigel und Margarete Steffin im Auto unterwegs ist, einen Unfall.

20. 10. Margarete Steffin ist mit Unterstützung von Helene Weigel in eine kleine Wohnung in unmittelbarer Nähe Bs gezogen, in der sie über ein eigenes Arbeitszimmer verfügt. B beginnt mit ihr Ende Oktober das Stück *Die Erde bewegt sich* (späterer Titel: *Leben des Galilei*) auszuarbeiten und stellt es (bis 23. 11.) in einer ersten Fassung fertig.

— Arbeit an *Leben des Galilei* (dänische Fassung)

30./31.10. B bringt Margarete Steffin zu Kontrolluntersuchungen nach Kopenhagen. Eine bei ihr einsetzende Schwerhörigkeit beeinträchtigt die Zusammenarbeit.

9.11. In Deutschland beginnt eine Judenverfolgung großen Ausmaßes (»Reichskristallnacht«).

23.11. Im *Journal* vermerkt B den Abschluss von *Leben des Galilei.* »Brauchte dazu drei Wochen. Die einzigen Schwierigkeiten bereitete die letzte Szene.« *(26,326.)*

Anfang Dezember. Fredrik Martner ist häufig bei B zu Gast und diskutiert mit ihm über neue Arbeiten; mit Margarete Steffin geht er Übersetzungen durch.

7.12. Wieland Herzfelde flieht aus Prag auf dem Luftweg nach London. Er kann einen Teil der Unterlagen des Malik-Verlags retten, muss aber den »Prager Satz« von Band 3 der *Gesammelten Werke* Bs zurücklassen.

Dezember. B hat die Geschichte *Der verwundete Sokrates* abgeschlossen.

Ende Dezember. Der Leiter des Jourgaz-Verlags Michail Kolzow ist (am 12.12.) in Moskau verhaftet und der Spionage verdächtigt worden. B erhält die Mitteilung von dessen Lebensgefährtin Maria Osten aus Paris und ist darüber »sehr erschreckt«.

1939

11.1. B hat mit einer Überarbeitung von *Leben des Galilei* begonnen.

Januar. Margarete Steffin schickt an Fredrik Martner die Geschichte *Der Mantel des Nolaners*, die B eben geschrieben hat, und fragt, ob er Lust hätte, sie zu übersetzen. – Im *Journal* gibt B seiner Besorgnis über die Ereignisse in der Sowjetunion Ausdruck: Nach der Meldung über die Verhaftungen Michail Kolzows und Sergej Tretjakows hat er von der Festnahme Carola Nehers und Béla Kuns gehört. »Literatur und Kunst scheinen beschissen, die politische Theorie auf dem Hund, es gibt so etwas wie einen beamtenmäßig propagierten dünnen blutlosen proletarischen Humanismus.« *(26,326 f.)* – In Auseinanderset-

Besorgnis über Verhaftungen in der Sowjetunion

zung mit dem literarischen Erbe stellt B mehrere Gedichte zu der Gedichtsammlung *Studien* zusammen.

12. 2. B resümiert im *Journal* die in der letzten Zeit fertiggestellten Arbeiten: »Mit Grete die Übersetzung der drei Bände Nexösche Erinnerungen abgeschlossen. Drei Novellen geschrieben *(Mantel des Nolaners, Der verwundete Sokrates, Die Trophäe des Lukullus)*. Viel Theorie in Dialogform *Der Messingkauf* (angestiftet zu dieser Form von Galileis *Dialogen*).« *(26,327.)* In dem Dialog *Der Messingkauf* streiten ein Schauspieler, eine Schauspielerin und ein Dramaturg des Theaters mit einem Philosophen, der als Besucher mit ihnen nach einer Vorstellung auf der Bühne zusammentrifft, über eine neue Spielweise. Das Ganze ist »einstudierbar gedacht, mit Experiment und Exerzitium« *(26,327f.)*. B arbeitet daran (bis 1955) in mehreren Arbeitsphasen (1939–1941; 1942/43; 1945; 1948–1955) verändert die Konzeption und gibt schließlich die Arbeit an dem Projekt auf.

Der Messingkauf
Viergespräch über eine neue Art, Theater zu spielen

Mitte Februar. B schreibt an Karl Korsch, der 1936 in die USA emigriert ist, in Dänemark werde es »sehr ungemütlich«. Wenn er Einwanderungspapiere bekommen könnte, käme er mit Helene Weigel auch in die Staaten.

3. 3. In einem ausführlichen Brief berichtet Erwin Piscator, der in die USA übergesiedelt ist, von seinen ersten Eindrücken in dem Land. Er, Hanns Eisler und Fritz Kortner halten für notwendig, dass B ebenfalls in die USA übersiedelt. Piscator will dabei helfen, eine befürwortende Interessengemeinschaft auf die Beine zu stellen.

4. 3. Bs schwedische Freunde sehen die beste Chance, für ihn eine Einreiseerlaubnis nach Schweden zu bekommen, wenn der Reisegrund mit einer gesellschaftlich nützlichen Tätigkeit verbunden wird. Sie arrangieren für B eine Vortragsreise über den Verband der schwedischen Laienspielgruppen; Helene Weigel könne ihn dabei »ausgezeichnet unterstützen«.

15. 3. Hitler erzwingt eine Unterwerfungserklärung des tschechischen Präsidenten Emil Hácha und ordnet die Okkupation der Tschechei an; um 9 Uhr ist bereits die Hauptstadt Prag besetzt. B kommentiert im *Journal:* »Das *Reich* vergrößert sich. Der Anstreicher sitzt im Hradschin.« *(26,332.)* – B nimmt sich einen »alten Entwurf«, den er in Berlin als *Die Ware Liebe* begonnen hat, vor und beginnt die Arbeit an dem Stück *Der gute Mensch von Sezuan*.

23. 3. Kurt Weill (der 1935 in die USA emigriert ist) hat B ein gemeinsames Vorgehen gegen den deutschen Verlag Felix Bloch Erben vorgeschlagen. B ist »mit jeder Aktion einverstanden, die uns von Bloch Erben und Universal-Edition befreit« *(29,133)*.

27.–29. 3. Margarete Steffin verschickt Exemplare von *Leben des Galilei* an zahlreiche Freunde, Mitarbeiter und Bekannte.

— März. B beantragt im Konsulat der USA für sich, für Helene Weigel und für die beiden Kinder ein Einwanderungsvisum und die Aufnahme in die Einreisequote. – Aus Moskau hat B die Mitteilung erhalten, dass die Zeitschrift *Das Wort* nicht mehr rentabel sei und deshalb eingestellt wird. Im letzten Heft erscheinen weitere zwei Szenen aus *Furcht und Elend des III. Reiches* sowie der Aufsatz *Über reimlose Lyrik mit unregelmäßigen Rhythmen*.

11. 4. Wegen der Zusammenziehung deutscher Truppen an der dänischen Grenze drängt B den schwedischen Schriftsteller und Publizisten Henry Peter Matthis um Beschleunigung der Einreise nach Schweden. In diesem Jahr sei »jede Woche ohne Weltkrieg für die Menschheit ein bloßer unbegreiflicher Glückstreffer« *(29,137)*. – Die Expansion Deutschlands bringt B auf die Idee, diese Problematik in dem Einakter *Dansen* zu behandeln. Er verspricht sich für das Zweipersonenstück eine Aufführungschance in einem schwedischen Arbeitertheater.

19. 4. Margarete Steffin fährt wegen des Drucks der *Svendborger Gedichte* nach Kopenhagen und vertritt B (nach dessen Abreise am 23. 4.) als seine dänische Bevollmächtigte. Sie verkauft die Möbel, die nicht mitgenommen werden. Außerdem kümmert sie sich um die Kinder.

Antrag auf Einreisevisum in die USA

23. 4. B und Helene Weigel fahren am Abend des 22. 4. per Schiff nach Malmö und mit dem Nachtzug weiter nach Stockholm. Durch Absprachen von Freunden können sie bald das Atelier der Bildhauerin Ninnan Santesson auf der Insel Lidingö mieten. »Das Haus ist ideal. Es liegt auf Lidingö, von zwei Seiten geht Tannenwald heran. Das Arbeitszimmer, bisher ein Bildhaueratelier, ist sieben Meter lang, fünf Meter breit. Ich habe also viele Tische.« *(26,339.)*

4. 5. B hält seinen Vortrag *Über experimentelles Theater* in der Studentenbühne Stockholm. »Die Arbeit scheint ganz brauchbar.« – Albert Einstein, der auch das Stück *Leben des Galilei* erhalten hat, antwortet in einem Brief u. a.: »Nicht nur scheinen Sie mir die Persönlichkeit Galileis tief erfasst zu haben, sondern auch die Bedeutung seiner Erscheinung in der Entwicklung der Geistesgeschichte und damit in der Geschichte überhaupt.« *(Erg.,34.)*

7. 5. Margarete Steffin kommt mit Bs Kindern Stefan und Barbara in Stockholm an.

11. 5. B nimmt an einer Abendveranstaltung im Filmstudio der Stockholmer Studenten teil, u. a. gibt er Auskünfte über seine Probleme mit der Filmindustrie anhand des Films *Dreigroschenoper*.

20. 5. Bs Vater ist (am 19. 4.) zu seinem Sohn Walter nach Darmstadt gefahren und muss dort wegen Gallenkoliken mehrfach ins Krankenhaus gebracht und schließlich operiert werden. Er stirbt am 20. 5. im Alter von 69 Jahren. In seinem Testament hat der Vater Marie Roecker, die mit ihm lebte und für ihn als »Hausdame« tätig war, mit einer größeren Abfindung bedacht und seinen Sohn Walter als Alleinerben eingesetzt. B kann als Ausgebürgerter in Nazideutschland keine rechtlichen Ansprüche geltend machen und ist von der Erbfolge ausgeschlossen.

25. 5. Auf Lidingö wohnt auch der Regisseur Hermann Greid (der *Die Gewehre der Frau Carrar* am Stockholmer Odonteatern inszeniert hat); B trifft sich häufig mit ihm.

Tod von Brechts Vater

Anfang Juni. Fredrik Martner schickt B das Buch *The Analects of Confucius* als Geschenk. B bedankt sich bei ihm dafür und lädt ihn für den Sommer nach Lidingø ein.

2.6. Auf der skandinavischen Außenministerkonferenz in Stockholm (am 9.5.) ist die Entscheidung über ein von Deutschland ergangenes Gewaltverzichtsangebot den Regierungen überlassen worden. Schweden lehnt den Vorschlag ab und bekennt sich zur Neutralität. Diese Ereignisse sind Grundlage für Bs Einakter *Was kostet das Eisen?*, der (unter dem Pseudonym John Kent) in einer ersten Niederschrift vorliegt.

7.6. Wieland Herzfelde teilt B seine Ankunft in New York mit; er erkundigt sich nach dem Vertrieb der *Svendborger Gedichte* und nach der Verwirklichung von Bs Plan, auch in die USA zu kommen.

Erstdruck Svendborger Gedichte

— Juni. B hat die Sammlung, die Gedichte aus den Jahren 1934–1938 enthält, im August 1938 für den Druck der *Gesammelten Werke* und für den Einzeldruck im Malik-Verlag bearbeitet und zusammengestellt. In der nun vorliegenden Ausgabe ist vermerkt: »Vordruck aus Brecht, *Gesammelte Werke*, Band IV«; sie erscheint in einer Auflage von 1000 Exemplaren.

4.7. In einer Veranstaltung der skandinavischen Sektion des SDS findet eine Feier zum 70. Geburtstag Andersen Nexös statt, bei der B sein Gedicht *Wie künftige Zeiten unsere Schriftsteller beurteilen werden* vorträgt.

15.7. B und Helene Weigel sind bei Hans Tombrock zu Gast, der darüber schreibt: »Ich freue mich, dass Brecht mich mag, mit meinen Fehlern, die er sofort sah.« *(BBA E 22/221.)*

6.8. B, Helene Weigel und Margarete Steffin sehen sich in Eskilstuna eine Aufführung von *Die Gewehre der Frau Carrar* an, die der emigrierte deutsche Schauspieler Kurt Trepte mit seinen Aros-Amateuren aus Värsterås einstudiert hat.

13.8. Martin Andersen Nexö und seine Frau machen bei ihrer Rückreise aus Moskau in Stockholm Zwischenstation und treffen mit B zusammen.

14.8. In der Volkshochschule von Tollare bei Stockholm wird mehrfach der Einakter *Vad kostar järnet? (Was kostet das Ei-*

sen?) aufgeführt, Regie: Ruth Berlau. Nach ihrer Auskunft sei
durch Bs Mitarbeit bei den Proben das »Agitpropstück eine
eher lustige Sache in Knockaboutstil« geworden.
Mitte August. B geht mit Hans Tombrock konform, Kunst
für das Volk zu machen, und diskutiert mit ihm häufig darüber. In einem von B geschriebenen Dialog zwischen einem
Maler und einem Lyriker (mit dem Titel *Konst för Folket*, Die
Kunst dem Volke) werden einige der Gespräche zusammengefasst. – Gedanken über dasselbe Thema legt B nochmals in
dem Artikel *Lyrik und Malerei für Volkshäuser* nieder. – Ruth
Berlau, die in Kopenhagen Theater spielt, besucht B mehrfach
an spielfreien Tagen.

Volkshochschule
Tollare:
Uraufführung des
Einakters
*Was kostet das
Eisen?*

21. 8. Henry Peter Matthis hat mit B ein Filmexposé *Vi vill
flyga* (Wir wollen fliegen) geschrieben (das in schwedischer
Sprache überliefert ist).

August. B schreibt einen Aufsatz *Notizen zu einer Plastik von
Ninnan Santesson*, zu dem ihn Fotos von der Arbeit seiner
Gastgeberin an einer Kopfplastik der Weigel anregen. Später
überarbeitet er den Text und nennt ihn nun *Betrachtung der
Kunst und Kunst der Betrachtung. Reflexionen über die Por-
trätkunst in der Bildhauerei.* – Für Ruth Berlau schreibt B das
Gedicht *Ardens sed virens.*

→ **Beginn des Zweiten Weltkriegs**

1. 9. Deutschland und die Sowjetunion haben (am 23. 8.) in Moskau einen Nichtangriffspakt abgeschlossen und eine Aufteilung
Polens festgelegt. Am 1. 9. marschiert die Hitler-Wehrmacht
in Polen ein. – B ist zu einem repräsentativen Mittagessen des
Stockholmer Oberbürgermeisters zu Ehren von Thomas Mann
eingeladen. – Der Baseler Verlag Kurt Reiss und B schließen
eine vertragliche Vereinbarung für *Leben des Galilei* und *Furcht
und Elend des III. Reiches* auf fünf Jahre Laufzeit ab.

3. 9. Nach Nichtbefolgung eines britischen und französischen
Ultimatums an Hitler, bis zum 3. 9. die Kriegshandlungen in
Polen einzustellen, erklären beide Länder Deutschland den
Krieg, ohne Kampfhandlungen zur Entlastung ihres Bündnis-
partners Polen einzuleiten.

9.9. In acht Tagen Feldzug sind die deutschen Truppen bis Warschau vorgedrungen, die Westmächte greifen nicht ein. **11.9.** Mit der Fabel des *Guten Menschen von Sezuan* ist B ins Stocken gekommen. Er schreibt die Handlung (am 15.9.) in Form eines Zeitungsberichts auf. **Mitte September.** B und Helene Weigel sind bei der Schauspielerin Naima Wifstrand eingeladen. Sie erzählt ihnen die Geschichte vom Fähnrich Stahl, die Johan Ludvig Runeberg in einem Gedicht gestaltet hat, und schickt B eine Übersetzung. – Einige Tage später habe er der Schauspielerin die erste Szene von *Mutter Courage und ihre Kinder* vorgelesen. **17.9.** In Verbindung mit dem 100. Geburtstag seiner Großmutter Karoline Brecht entsteht die Geschichte *Die unwürdige Greisin.*

19.9. Nach Bs Ansicht ist der Einmarsch der Roten Armee nach Polen in »einer eigentümlich napoleonischen Form« vor sich gegangen, ohne »Räte, die etwas beschlossen oder genehmigten«. Die Regierung habe einfach verfügt und argumentiert nun nationalistisch. *(26,345.)* **27.9.** B beginnt die Arbeit an *Mutter Courage und ihre Kinder.* Margarete Steffin informiert Fredrik Martner: »Darin ist die Hauptrolle für Naima Wifstrand, aber auch für die Weigel ist eine sehr schöne Rolle drinnen: ein stummes Mädchen. Brecht ist ungeheuer fleißig, fast jeden Tag macht er eine Szene fertig.« *(BBA E 10/15.)*

— **3.10.** *Mutter Courage und ihre Kinder* wird in einer ersten Fassung abgeschlossen. **23.10.** Als Begründung für die Verlängerung seiner Aufenthaltsgenehmigung in Schweden gibt B in seinem Gesuch an, er habe 1933 Deutschland verlassen und könne, ohne Repressalien befürchten zu müssen, nicht dorthin zurückkehren. **5.11.** B beginnt das Hörspiel *Das Verhör des Lukullus.* Nachdem er einige Szenen des »Radiostücks« ausgearbeitet hat, notiert er (am 7.11.), es erreiche »so ziemlich die Grenze dessen [...], was noch gesagt werden darf« *(26,347).* **8.11.** In München wird im Bürgerbräukeller auf Hitler ein At-

Mutter Courage und ihre Kinder abgeschlossen

tentat verübt; die Bombe explodiert, als er den Saal bereits verlassen hat. B nimmt auf das Attentat in *Schweyk* mehrfach Bezug.

11.11. B schließt das Hörspiel *Das Verhör des Lukullus* ab.

Mitte November. Nach dem Hörspiel hat sich B jetzt wieder den *Guten Menschen von Sezuan* vorgenommen.

Hörspiel *Das Verhör des Lukullus*

1.12. B arbeite noch am *Caesar*-Roman und will Margarete Steffin das 1. Kapitel (von 6 geplanten) schicken, sobald es zusammengestellt ist.

7.12. Unterstützt von einer Hilfsorganisation jüdischer Einwanderer aus Deutschland macht sich Hermann Greid mit einer Jugendgruppe an die Inszenierung von *Das Verhör des Lukullus* als Schattenspiel.

9.12. Als Verhandlungen zwischen der UdSSR und Finnland über sowjetische Militärbasen keinen Erfolg haben, marschiert die Rote Armee (am 30.11.) ohne Kriegserklärung in Finnland ein, stößt aber auf militärischen Widerstand der finnischen Truppen. In Schweden sei man über die Entwicklung sehr aufgestört.

20.12. Margarete Steffin musste sich einer Blinddarmoperation unterziehen und hat sie gut überstanden. B schickt seiner Mitarbeiterin zu Weihnachten das ihr gewidmete *Lied des Glücksgotts.* In diesem Zusammenhang entsteht auch das *Siebente Lied des Glücksgotts.*

Dezember. »Meiner Mutter Courage Naima Wifstrand in Dankbarkeit« lautet die Widmung eines Exemplars von *Mutter Courage und ihre Kinder*, das ihr B schenkt.

Ende Dezember. Als Margarete Steffin ihrer Hoffnung Ausdruck gibt, bald entlassen zu werden, schmiedet B bereits Pläne, Silvester mit ihr und ihrer Schwester, die sie dazu einladen soll, auf Lidingö zu feiern.

1940

Anfang Januar. B hat die Arbeit am *Caesar*-Roman wieder aufgenommen. Das *Confucius*-Buch interessiere ihn sehr: »Wenn man bedenkt, mit wie wenig Moral und mit wie wenig Berufung auf ›höhere Ideale‹ dieser große Sittenlehrer auskam, sieht man den Tiefstand unserer Zeit deutlicher.« *(29,161.)*

Übungsstücke für Schauspieler und Exerzitien

14.1. Naima Wifstrand hat in einem Architektenatelier eine private Schauspielschule eröffnet und Helene Weigel für praktische Lehrstunden engagiert. Bis zu ihrer Abreise nach Finnland leitet sie an einigen Tagen in der Woche Szenenstudien und Exerzitien, an denen B mehrfach teilnimmt. B berichtet darüber im *Journal*: »Sie treibt Shakespearestudien. Es wird eine Szene (*Macbeth* II,2) gespielt, dann eine improvisierte Szene aus dem Alltagsleben mit dem gleichen theatralischen Element, dann wieder die Shakespeareszene.« Die Schüler reagierten »stark auf die Technik des V-Effekts« *(26,354)*. Er schreibt für diesen Zweck u. a. erste *Übungsstücke für Schauspieler*. Ein Teil der Übungen wird in den *Messingkauf* übernommen. Es entstehen Notizen zu den Shakespeareszenen und zahlreiche weitere Texte über schauspielerische Techniken, die in einem Aufsatz zusammengeführt werden, den B *Kurze Beschreibung einer neuen Technik der Schauspielkunst, die einen Verfremdungseffekt hervorbringt* nennt.

Mitte Januar. B plant in Dänemark ein Kreidekreis-Stück, das auf der Insel Fünen angesiedelt sein sollte *(Der Odenseer Kreidekreis)*; es wird wegen anderer Arbeiten zurückgestellt. In Schweden nimmt er das Motiv wieder auf und stellt die Erzählung *Der Augsburger Kreidekreis* fertig.

26.1. B hat »eine kleine Detektivnovelle« *(Esskultur)* geschrieben und dafür »als Milieu ein Abendessen mit Renoir und Koch« (1933 in Paris) benutzt.

28.1. Margarete Steffin, die nach einem Besuch bei Martin Andersen Nexö nochmals einige Tage in Kopenhagen verbracht hat, kehrt nach Lidingö zurück.

29.1. B hat Hans Tombrock gebeten, Blätter zu *Leben des Galilei* in Bleistifttechnik zu gestalten.

Januar. Weil sich Schweden seinem finnischen Nachbarn verbunden fühlt, schenkt man den Berichten über die heroisiert dargestellten militärischen Erfolge der Finnen über sowjetische Truppen nur allzu gern Glauben. B lässt sich zu der satirischen

Darstellung *Det finska undret* (dt.: *Das finnische Wunder*) anregen, die in Heft 2 von *Ungdomens röst* als »Nachdruck« aus einer fingierten Zeitschrift gedruckt wird.

5. 2. Nach dem Ausbruch des Zweiten Weltkriegs überwacht der schwedische Sicherheitsdienst bestimmte Personengruppen. Die deutschen Exilpolitiker Paul Verner und Herbert Warnke, die in Bs Wohnung an den Diskussionen über Spanien teilgenommen hatten, sind bereits seit November 1939 in Haft. B sieht seine Sicherheit und die seiner Familie zunehmend bedroht.

10. 2. B liest in dem Aufsatz *Life and Writings of Addison* von Thomas Babington Macaullay und beneidet die Engländer »um ihre Literatur, die eine wirkliche Geschichte und wirkliche Kontinuität hat« *(26,359 f.).*

19. 3. B hat drei Wochen mit Influenza im Bett gelegen. »Dergleichen fasst mich wie einen Hilflosen, wenn ich ohne größere Arbeit bin.« *(26,360.)*

Ende März. Margarete Steffin leidet, wie sie Fredrik Martner schreibt, unter der Kälte in Stockholm. In ihrer Unterkunft könne sie »nur fest eingepackt in Decke und Shawl drinnen arbeiten«, während glücklicherweise Bs Atelier gut heizbar sei *(BBA E 90/61).*

8. 4. Zur Vorbereitung des Unternehmens »Weserübung« (Landung in Skandinavien) werden deutsche Kriegsschiffe in der Nordsee zusammengezogen; es kommt zu Gefechten mit der britischen Marine. Von dieser Zeit an werden die Passanten auf der Brücke von Stockholm zur Insel Lidingö von der Polizei kontrolliert.

9. 4. Deutsche Truppen marschieren in Dänemark ein und beginnen, Norwegen zu besetzen. Norwegische Truppen leisten eine Zeit lang Widerstand (Kapitulation am 10. 6.). Die schwedische Regierung erklärt erneut die Neutralität des Landes; dennoch nimmt (unter dem Einfluss der Nazis) der Druck auf deutsche Emigranten zu. Schweden geht auf die Forderung ein, »Versorgungstransporte« für die deutschen Truppen in Norwegen durch Schweden zu gestatten. – Im Beisein der

Bildhauerin Ninnan Santesson wird ihr Haus auf Lidingö, in dem B wohnt, von der Polizei nach politischen Publikationen durchsucht. – Hermann Greid gibt B den Rat, sobald als möglich zu fliehen. Um die Übersiedlung nach Finnland zu bewerkstelligen, wendet sich B an die finnische Schriftstellerin Hella Wuolijoki. Er teilt ihr mit, seine Familie und er könnten wahrscheinlich »hier nicht mehr lang« bleiben. »Vielleicht bekämen wir ein finnisches Einreisevisum, wenn wir von Ihnen eine Einladung zeigen könnten.« Die Angelegenheit sei sehr eilig *(29,165)*.

Mitte April. B schreibt an Ruth Berlau nach Kopenhagen, dass er Schweden verlassen muss. Er wolle von jetzt ab ihre Reisen mitorganisieren und rechne mit ihr.

17. 4. B verlässt Schweden mit seinen Angehörigen, mit Margarete Steffin und mit Hermann Greid. »Unter Hinterlassung der Möbel, Bücher usw. nach Finnland mit Schiff.« Henry Peter Matthis hat den finnischen Lyriker Elmer Diktonius auf die Ankunft Bs und seiner Familie in Helsinki vorbereitet und um Hilfe für den Durchreisenden gebeten.

18. 4. Nach der Ankunft in Helsinki kommt B mit seinen Angehörigen zunächst in einer Pension nahe dem Bahnhof unter.

21. 4. In einem Zeitungsinterview meint B, nach konkreten Projekten gefragt, der Krieg habe einige vorgesehene Premieren (*Johanna der Schlachthöfe* in Kopenhagen und *Galilei* in Oslo) vereitelt. Er rechne nun aber mit Aufführungen von *Mutter Courage und ihre Kinder* in Stockholm und Zürich.

22.–28. 4. Da nach dem finnischen Winterkrieg in Helsinki große Wohnungsnot herrscht, bedarf es der Bemühung von Freunden, um B im Stadtteil Töölö eine kleine Wohnung zu beschaffen. Seine Frau sei »mit einem Lastauto« herumgefahren und habe »in zwei Stunden die nötigen Möbel« besorgt. B wohnt mit seiner Frau und den Kindern in der Linnankoskenkatu 20 A. – Die Bemühungen der Freunde Bs in den

USA, für ihn ein Einreisevisum durch Nachweis einer Arbeit zu beschleunigen, haben Erfolg: Er soll in der New School for Social Research in New York von Mai 1940 bis Januar 1941 als Dozent für Literatur arbeiten.

April. B bittet Henry Peter Matthis, Ruth Berlau (durch eine Einladung nach Schweden) aus dem von deutschen Truppen besetzten Kopenhagen herauszuhelfen; auch Hella Wuolijoki bittet er, ihr zu helfen. Die Bemühungen haben Erfolg: Ruth Berlau trifft Mitte Mai in Helsinki ein.

6. 5. B hat sich das Stück *Der gute Mensch von Sezuan* »ernstlich« vorgenommen: »Ich hoffe es hier fertigzubekommen.« Abends sind meist Hermann Greid und der Bibliothekar Arnold Ljungdal bei B zu Besuch. Außerdem trifft B mit Hella Wuolijoki und Elmer Diktonius zusammen.

12. 5. Ursendung des Hörspiels *Das Verhör des Lukullus* durch den schweizerischen Sender Radio Beromünster (Studio Bern); Regie: Ernst Bringolf.

Sender Beromünster: Ursendung *Das Verhör des Lukullus*

17. 5. B berichtet Erwin Piscator (der jetzt als Direktor des 1939 eingerichteten »Dramatic Workshop« an der New Yorker New School for Social Research arbeitet) von seinem Umzug. Den Lehrauftrag der Schule habe er (B) bekommen und dankt Piscator und allen Freunden sehr für die Bemühungen. B hofft, auf dieser Grundlage bald das Touristenvisum in die USA zu bekommen.

Mai. Helene Weigel hat Plätze auf dem Schiff »Mathilda Thordén« (für den 5. 8. ab Petsamo, im Norden der Halbinsel Kola) reservieren lassen.

1. 6. Hella Wuolijoki bietet B und seiner Familie eine Übersiedlung auf ihr Gut in Marlebäck an, das 120 km nordöstlich von Helsinki entfernt in Kausala liegt. Wegen Erledigung der amtlichen Formalitäten für die Übersiedlung in die USA ist jedoch der Aufenthalt in Helsinki erforderlich, und B kommt der Einladung erst später nach.

3. 6. Deutsche Truppen haben (am 10. 5.) mit dem Einmarsch in Belgien und den Niederlanden begonnen, sind in Nordfrankreich bis an die Nordsee vorgedrungen und haben belgische und alliierte Truppen von der französischen Armee abgeschnitten. Am 3. 6. stehen sie vor Dünkirchen. Angesichts des nahezu ungehinderten Vormarschs der Hitler-Truppen meint B: »Der deutsche Blitzkrieg wirft alle Berechnungen über den Haufen, indem die vorhergesehenen Vorgänge so schnell eintreffen, dass ihre Folgen ganz unvorhergesehen sind.« *(26,377.)*

11. 6. B geht »zum x-ten Male den *Guten Menschen von Sezuan* durch, Wort für Wort mit Grete«. Seit die Nachrichten »so schlecht werden«, erwägt er, ob er »das Frühradio abstellen soll« *(26,377)*.

14. 6. Deutsche Truppen besetzen Paris. B notiert: »Es wird vielleicht in späteren Zeiten schwierig sein, die Ohnmacht der Völker in diesen unseren Kriegen zu begreifen.« *(26,377.)*

20. 6. B hat das Stück *Der gute Mensch von Sezuan* in einer neuen Fassung fertiggestellt und reflektiert die »großen Schwierigkeiten« des Stoffes.

24. 6. B beklagt sich bei Arnold Ljungdal darüber, dass die geplante Amerikareise »nicht recht in Schwung« komme. Die schon gebuchte Abreise von Petsamo scheide (durch die Kontrolle deutscher Truppen über das Nordmeer) inzwischen aus.

28. 6. B beschäftigt »Frankreichs Fall, Sturz eines Weltreichs in drei Wochen« und führt die Niederlage auf das Vertrauen in die »Maginotlinie« zurück *(26,393)*.

29. 6. Seit B die letzte Fassung des *Guten Menschen von Sezuan* (am 6. 5.) in Finnland begonnen hat, sei ein Weltreich »zusammengestürzt, und ein zweites wankt in seinen Grundfesten«. Eine Hungersnot ziehe über Europa herauf: »Hier geht der Kaffee nun aus, der Zucker wird knapp, Zigarren (für mich Produktionsmittel) werden unerschwinglich.« *(26,395.)*

30. 6. B wird von Elmer Diktonius, für ihn »der finnische Horaz«, zu einem Gespräch eingeladen.

Juni. Da für die Erteilung der Einreisevisa immer neue Schwierigkeiten auftauchen, rechnen B und seine Familie mit einer längeren Wartezeit in Finnland als gewünscht.

2. 7. B grübelt bei der Arbeit am *Guten Menschen von Sezuan* über die Frage nach, ob er für die Parabel, in der er sonst »alle

Folklore [...] sorgfältig« vermieden hat, »Brot und Milch oder Reis und Tee« verwenden soll. *(26,397.)*

5.7. B und seine Familie fahren auf das Gut von Wuolijoki nach Marlebäck, nahe Iitti (bis zum 6.10.). Sie beziehen dort ein kleines Nebengebäude. Margarete Steffin und Ruth Berlau kommen im Gutshaus unter. B fürchtet, dass das Kochen für seine Frau schwierig wird, »es ist nötig, den Ofen zu heizen, und das Wasser ist nicht im Haus« *(26,399).*

Umzug nach Marlebäck

6.7. B findet Gefallen an den hellen Sommernächten, denkt aber »nie an Arbeit zu solcher Stunde«. *(26,399.)*

8.7. B versteht, dass die Finnen »ihre Landschaft lieben«; sie sei »so sehr reich und zeigt Großes gemischt«. Er lobt »die fischreichen Gewässer und schönbäumigen Wälder mit ihrem Beeren- und Birkengeruch«; die Luft sei kräftig und wohlschmeckend. *(26,400.)*

25.7. Bs Sohn Stefan legt seinem Vater die altgriechische Epigrammsammlung *Kranz des Meleagros von Gadara* vor. B ändert einige der Epigramme und schreibt »neue, als Beispiele« *(Nun, Timon, Menschenfeind; Der krumme Bogen; Du Speer aus Eschenholz; Einst war ich das geschwungene Hörnerpaar).* Dadurch angeregt, schreibt er (am 30.7.), »ganz unfähig, Dramatisches zu arbeiten«, die Gedichte *Die Requisiten der Weigel, Die Pfeifen, Finnische Gutsspeisekammer 1940* sowie weitere »Finnische Epigramme« (zusammengestellt in der *Steffinschen Sammlung).* – B ist häufig mit Hella Wuolijoki zusammen und findet die Geschichten »wunderbar«, die sie »vom Volk auf dem Gut« erzählt. Die von Margarete Steffin mitstenographierten Geschichten Wuolijokis nimmt B zum Teil in *Herr Puntila und sein Knecht Matti*, Szene 8 *(Finnische Erzählungen)* auf.

2./3.8. B beschäftigt sich wieder einmal mit dem *Messingkauf* und schreibt zum Selbstverständnis die konzeptionellen Grundgedanken als Nachträge zur Theorie des *Messingkaufs* ins *Journal.*

5.8. B wehrt sich dagegen, dass er – wie auch Jaroslav Hašek, Ignazio Silone und Sean O'Casey – als proletarischer Dichter angesehen wird. »Wir mögen sogar für eine gewisse Zeitspanne die Dichter des Proletariats sein – dann hat eben das Proletariat in dieser Zeitspanne bürgerliche Dichter, die für seine Sache eintreten. Am sichersten geht man, wenn man uns als die Dialektiker unter den bürgerlichen Dichtern anführt und benutzt.« *(26,408.)*

19.8. B beschreibt die Sauna des Gutes und ihre Benutzung.

21.8. Helene Weigel reist nach Helsinki und sucht nach einer Unterkunft für Stefan, der wieder die Schule besuchen muss.

27.8. B erfährt zu seiner »großen Freude«, dass Feuchtwangers Flucht nach Lissabon gelungen ist. Mit Hella Wuolijoki überarbeitet B deren Volksstück *Die Sägemehlprinzessin* für einen Dramatikerwettbewerb: »Abenteuer eines finnischen Gutsbesitzers und seines Schofförs. Er ist nur menschlich, wenn er betrunken ist, da er dann seine Interessen vergisst.« *(26,419.)*

Arbeit an
*Herr Puntila und
sein Knecht Matti*

2.9. B entwickelt für Hella Wuolijokis Volksstück, das den Charakter einer »Konversationskomödie« aufweist, ein neues Konzept. »Was ich zu tun habe, ist, den zugrunde liegenden Schwank herauszuarbeiten, die psychologisierenden Gespräche niederzureißen und Platz für Erzählungen aus dem finnischen Volksleben oder für Meinungen zu gewinnen, den Gegensatz ›Herr‹ und ›Knecht‹ szenisch zu gestalten und dem Thema seine Poesie und Komik zurückzugeben.« *(26,421f.)*

6.9. B ist »tief« in der Arbeit am *Puntila*. »Das Ganze beruht auf einem Tonfall. Es macht mir viel Vergnügen.« Der Gutsbesitzer Puntila und sein Knecht passten gut in die »Galerie« seiner bisherigen Hauptfiguren *(26,422)*.

15.9. Ruth Berlau ist inzwischen wegen ihres ungehörigen Verhaltens von Hella Wuolijoki aus dem Gutshaus verwiesen worden. Sie erinnert sich: »Ich zog von ihr weg und schlug ein Zelt in dem Birkenwäldchen auf. Es war nur einen Katzensprung von Brechts Haus entfernt. Ich hatte meine Schreibmaschine bei mir. Brecht besuchte mich in dem Zelt, und wir arbeiteten miteinander.« *(Berlau/Bunge,130f.)* Da sie ihn mehr für sich beansprucht, als ihm lieb ist, versucht ihr B zu erklären, dass er inmitten von Arbeiten »ganz und gar unsinnig« sei und ihm »die harmlosesten Bemerkungen erotischer Art fast unerträglich werden« *(29,186)*.

16. 9. B hält es für schwierig, seinen »Gemütszustand auszudrücken«, in dem er »am Radio und in den schlechten finnischschwedischen Zeitungen der Schlacht um England« folgt und den *Puntila* schreibt. »Der Puntila geht mich fast nichts an, der Krieg alles; über den Puntila kann ich fast alles schreiben, über den Krieg nichts.« *(26,423 f.)*

19. 9. B hat *Herr Puntila und sein Knecht Matti* beendet.

23. 9. Ein Abkommen zwischen Finnland und Deutschland gestattet deutschen Divisionen die Durchfahrt durch Finnland nach Nordnorwegen.

26./27. 9. Walter Benjamin nimmt auf der Flucht von Frankreich nach Spanien in Port Bou eine tödliche Dosis Morphium. B erfährt davon erst in den USA.

1. 10. Nach der Lektüre von Diderots Roman *Jakob und sein Herr* sieht B eine neue Möglichkeit, »den alten *Ziffel*-Plan zu verwirklichen«. Auch durch Aleksis Kivis eingeflochtene »Zwiegespräche« sei er angeregt worden. B schreibt zwei Dialoge und nennt sie *Flüchtlingsgespräche*.

—— Arbeit an *Flüchtlingsgespräche*

3. 10. Wegen zunehmender wirtschaftlicher Probleme muss Hella Wuolijoki ihr Landgut Marlebäck verkaufen.

7. 10. B ist wieder in Helsinki; die Familie wohnt Köydenpunojankatu 13 A.

8. 10. Zu einem Zeitungsfoto, das den Empfang des deutschen Außenministers in Rom zeigt, schreibt B, die faschistischen Wochenblätter lieferten Ausbeute für das Theater. »Diese Akteure verstehen die Kunst des epischen Theaters, Vorkommnissen banaler Art den historischen Anstrich zu geben.« *(26,431.)*

15. 10. B montiert zu zwei Hitler-Fotos seine Vierzeiler *Hier seht mich froh bei einem Topfgericht* und *Die alten Weiber lasset zu mir kommen!* Aus dieser Art der Zusammenstellung, die er später »Fotoepigramm« nennt, entwickelt er das Buch *Kriegsfibel*.

16. 10. Der Komponist Simon Parmet, den B gebeten hat, für *Mutter Courage und ihre Kinder* die Musik zu schaffen, hat angefangen zu arbeiten, aber auf den Vorwurf von Kritikern hin, er kopiere Kurt Weill, wieder aufgehört. Vergeblich versucht ihm B zu erklären, dass nur »das Prinzip« beibehalten sei, »ein Prinzip, das nicht Weill gefunden hat« *(26,436).*

28. 10. B klagt über einen leichten Anfall von Ischias.

5. 11. Margarete Steffin berichtet Ninnan Santesson über Bs Erkrankung. Angenehm daran sei, dass keine Operation nötig ist, und unangenehm, dass es lange dauern kann. Helene Weigel, die Kreuzschmerzen hat und stark abgemagert ist, sei aber nach ärztlicher Auskunft gesund.

6. 11. Nach Erhalt eines Briefes von Lion Feuchtwanger, der aus Frankreich in die USA fliehen konnte, drückt ihm B seine »ungeheure Erleichterung« aus. »Ich habe mich selten über einen Brief so gefreut.« *(29,190.)*

11. 11. B liest Berichte über das Leben des Konfutse und erwägt, es in einem Stück darzustellen.

18. 11. Der Buchhändler Eric Olsoni hat B gebeten, vor dem Ensemble des Studententheaters einen Vortrag zu halten. B wählt dafür die Stockholmer Rede *Über experimentelles Theater*, kürzt aber den Text und bearbeitet ihn geringfügig.

20. 11. B dankt Michail Apletin vom Sowjetischen Schriftstellerverband für seine Auskünfte (hinsichtlich eines Transits durch die Sowjetunion nach Wladiwostok für die Schiffsreise in die USA) und bittet, die Fahrtkosten für fünf Personen (B und seine Familie sowie Margarete Steffin) von seinem Moskauer Konto beim Staatsverlag und bei der *Internationalen Literatur* zu begleichen.

29. 11. Für den Fall, dass die Papiere aus den USA nicht rechtzeitig eintreffen, hat die Familie B auch für Mexiko Einreiseanträge beantragt. Das mexikanische Konsulat bestätigt die Erteilung der Visa für B, seine Frau und die beiden Kinder.

Vorsorgliche Beantragung von mexikanischen Visa

4. 12. B ist in Sorge um Margarete Steffin, die in den letzten Wochen sehr abgenommen hat und mit hohem Fieber liegt.

10. 12. Elmer Diktonius hat seine staatliche Pension verloren. B hält staatliche Aufträge (z.B. Übersetzungen klassischer Werke) aber für notwendig, sie gehörten »zum Kulturaufbau jedes Staates«. Wie er in der aus diesem Anlass geschriebenen Geschichte *Über staatliche Renten an Dichter* im *Buch der Wendungen* schreibt, dürfe sich der Dichter dadurch auf keinen Fall in eine »gefährliche Abhängigkeit vom Staat« begeben, der möglicherweise dann von ihm »Gegendienste« erwartet.

11. 12. B sieht sich in Helsinki eine Aufführung von Shakespeares *Hamlet* an (Regie: Gerda Wrede; mit Erik Lindström als Hamlet) und hält sie für provinziell.

25. 12. B will »ein für Kinder spielbares Stück« schreiben und denkt erneut an ein *Leben des Konfutse*. Was das Verständnis der Kinder betrifft, sieht er keine Probleme: Es habe sich immer wieder gezeigt, »dass Kinder das, was zu verstehen sich einigermaßen lohnt, ganz gut verstehen, ebenso wie Erwachsene« *(26,450)*.

31. 12. B und Helene Weigel feiern mit anderen Gästen bei Hella Wuolijoki Silvester.

1941

3. 1. B beschäftigt sich mit estnischen Kriegsliedern, die Hella Wuolijoki ihm vorgesungen und Margarete Steffin ins Deutsche übersetzt hat. Er ist von den darin vorkommenden Doppelversen beeindruckt und verwendet diese Form später im *Kaukasischen Kreidekreis* wie auch in einem Teil des *Estnischen Kriegslieds*.

8. 1. B listet in seinem *Journal* insgesamt 37 Bücher auf, die er auf dem Tisch seines Sohnes findet, darunter auch die Bücher der neueren Physik: *Atome und andere Teilchen* von Christian Møller/Ebbe Rasmussen, Vorwort von Nils Bohr und *Die moderne Physik* von Brenner sowie ein Buch *Über die Kernphysik und ihre Entwicklung*.

13. 1. Lion Feuchtwanger schreibt aus New York an B, sie seien »hier eine ganze kleine Armee«, die sich bemühe, ihm und seiner Familie weiterzuhelfen.

Hilfe von Freunden in den USA zugesichert

14. 1. Trotz eisiger Kälte (–20°) sieht sich B »in einem dicken Ulster und einer Schafsfellmütze« mit Helene Weigel einen Gangsterfilm an.

17. 1. Eine finnische Freundin notiert, Helene Weigel mache sich immer mehr Sorgen um die wirtschaftliche Lage der Familie. »Sie sagte, das Geld hätte sie jetzt völlig ausgegeben, und unsere Zeitungen zahlten so elend wenig für Novellen.« *(2177/34.)*

22.1. B hat den Film *Grapes of Wrath* (nach dem Roman von Steinbeck *Früchte des Zorns*, Regie: John Ford), gesehen und erkennt danach, »dass es sich um ein großes Buch handeln muss«; der Film koche aber »das Thema in Tränen weich« *(26,460)*.

25.1. B beendet die Arbeit an *Der gute Mensch von Sezuan*. Er schreibt dafür *Das Lied vom Rauch*, *Der achte Elefant* sowie *Das Terzett der entschwindenden Götter*. Es ist für ihn »das sechste Stück, das zunächst nicht wird aufgeführt werden können«. *(26,462.)*

Der gute Mensch von Sezuan fertiggestellt

12.2. Die Direktion der Polizei des Kantons Zürich gibt dem Eidgenössischen Justiz- und Polizeidepartment die Empfehlung, eine Aufführung von Bs *Mutter Courage und ihre Kinder* im Züricher Schauspielhaus nicht zu gestatten und »allenfalls ein Verbot für das ganze Gebiet der Schweiz zu erlassen«.

18.2. B notiert, dass norwegische Zeitungen »Kochrezepte neuer Art« veröffentlichen, z.B. »wie man Krähen und Möwen zubereitet« *(26,464)*.

24.2. Der Filmregisseur William Dieterle erklärt sich bereit, B in den USA mit einer Summe von 200 $ monatlich so lange zu unterstützen, bis er sich selbst finanzieren kann.

10.3. Für das amerikanische Theater denkt B an ein Gangsterstück, »das gewisse Vorgänge, die wir alle kennen, in die Erinnerung ruft«, und entwirft den ersten Plan für *Der Aufstieg des Arturo Ui*: »Natürlich muss es in großem Stil geschrieben werden.« *(26,468.)*

12.3. Lion Feuchtwanger hat die vier notwendigen Affidavits für die Einreise in die USA beschafft und (am 23.2.) an den amerikanischen Konsul nach Helsinki abgeschickt. Ebenso stünden die Geldmittel für die Überfahrt von Wladiwostok nach Los Angeles zur Verfügung.

28.3. »Inmitten all des Trubels um die Visa und die Reisemöglichkeit arbeite ich hartnäckig an der neuen *Gangsterhistorie*. Nur noch die letzte Szene fehlt.« Bei der Ausarbeitung seien

ihm Stefans »Kenntnisse über die Verwebungen der Gangster-
welt mit der Verwaltung« zustattengekommen *(26,469).*

29. 3. B schließt eine erste Niederschrift des neuen Stückes
ab unter dem Titel *Der aufhaltsame Aufstieg des Arturo Ui*
(B verwendet diesen Titel später ebenso wie *Der Aufstieg des
Arturo Ui).* Bei dem Stück kam es B darauf an, hinter der eigentlichen Handlung »immerfort die historischen Vorgänge
durchscheinen zu lassen«, ohne dabei die »beiden Handlungen
(*Gangster-* und *Nazihandlung*)« zu sehr zu verknüpfen *(26,469).*

7. 4. Immer noch sitzt B an der Überarbeitung der Jamben des
Arturo Ui, und Margarete Steffin will ihm »immer noch keine
beruhigenden Versicherungen abgeben«, Frank Wedekind
bringe z. B. nach ihrer Meinung »den Sinn immer auf *eine*
Zeile« *(26,470).*

—— Der Aufstieg des Arturo Ui fertiggestellt

9. 4. Als drei Tage nach Beginn des deutschen Balkanfeldzugs
Saloniki von deutschen Truppen besetzt wird, schreibt B:»Die
Welt hält wieder den Atem an.« *(26,471.)*

12. 4. Das gründlich überarbeitete Gangster-Stück (2. Fassung)
trägt jetzt den Titel *Arturo Ui (Dramatisches Gedicht) von
K. Keuner.*

19. 4. Trotz der Vorbehalte der Züricher Polizei findet die Uraufführung von *Mutter Courage und ihre Kinder* im Schauspielhaus Zürich statt; Musik: Paul Burkhard; Regie: Leopold
Lindtberg, Bühnenbild: Teo Otto; mit Therese Giehse (Courage), Wolfgang Langhoff (Eilif), Karl Paryla (Schweizerkas),
Wolfgang Heinz (Feldkoch).

—— Schauspielhaus Zürich: Uraufführung *Mutter Courage und ihre Kinder*

22. 4. B erhält Telegramme aus Zürich mit der Mitteilung, dass
die Premiere von *Mutter Courage und ihre Kinder* erfolgreich
war. Er schreibt ins *Journal:* »Es ist mutig von diesem hauptsächlich von Emigranten gemachten Theater, jetzt etwas von
mir aufzuführen. Keine skandinavische Bühne war mutig genug dazu.« *(26,476.)*

April. B entschuldigt sich bei der finnischen Schriftstellerin
Hagar Olsson, dass er lange nicht bei ihr war. Er habe Ischias
und »auch die dazu passende Laune« gehabt.

3. 5. B und seine Angehörigen erhalten die amerikanischen

Immigrationsvisa. Rückblickend schreibt B im *Journal*: »Ich betrieb also die amerikanischen Visen, für Grete ein Besuchsvisum, da sie die medizinische Untersuchung für ein Einwanderungsvisum nicht passieren konnte. « *(26,484.)*

5.5. Helene Weigel kommt »in völliger Panikstimmung« zu ihrer Freundin, weil deutsche Kriegsschiffe vor Turku gesichtet worden seien.

12.5. Am Abend geben finnische Freunde B und seiner Frau (an deren 41. Geburtstag) ein Abschiedsessen.

15.5. Vor seiner Abreise erklären B und Hella Wuolijoki in einer beiderseitigen Abmachung ihre Zusammenarbeit an dem Stück *Herr Puntila und sein Knecht Matti* und regeln die Aufteilung der Tantiemen zu gleichen Teilen.

— **16.5.** B reist mit seiner Familie, Margarete Steffin und Ruth Berlau nach Leningrad (dort Übernachtung).

Reise über Leningrad nach Moskau

17.–30.5. Zwischenaufenthalt in Moskau. Von hier aus wird die Zugreise nach Wladiwostok und die Schiffsreise über den Ozean arrangiert. Margarete Steffin, die anfangs noch die Gespräche Bs mit russischen Partnern übersetzt, muss sich wegen ihres schlechten Gesundheitszustandes im Hotel aufhalten und ärztlich versorgen lassen. B schreibt ihr das Gedicht *Und läg er auf dem Krankenbett*. – B besucht eine Ausstellung und trifft sich mit verschiedenen Schriftstellern und Redakteuren der Moskauer Exilzeitschriften.

22.5. B nimmt an einer Feier des Schriftstellerklubs teil, die aus Anlass des 50. Geburtstags von Johannes R. Becher stattfindet. An den Folgetagen ist B mehrfach mit dem österreichischen emigrierten Schriftsteller Hugo Huppert in der Stadt unterwegs.

29.5. Vormittags helfen B und Helene Weigel der kraftlosen Margarete Steffin beim Packen. Im Verlauf des Tages bricht sie zusammen. »Die karge Kost in Finnland (fast kein Fleisch, wenig Fette, kein Gemüse, kein Obst), die Aufregungen und Ängste, besonders auch die Furcht, sie könne Schuld daran sein, dass wir alle nicht mehr wegkommen würden, dann auch die Reise hatten sie völlig erschöpft.« *(26,485.)* B begleitet sie in ein Moskauer Sanatorium.

30. 5. Mittags besucht B Margarete Steffin und schenkt ihr einen »kleinen Elefanten, der sie sehr freut«. Sie verspricht ihm, dass sie nachkommt; davon abhalten könne sie nur »Lebensgefahr und der Krieg« *(26,489)*. – Um 17 Uhr fahren B, seine Familie sowie Ruth Berlau mit dem Transsibirischen Express in Moskau ab.

Weiterreise nach Wladiwostok

30. 5.–10. 6. B und Margarete Steffin stehen während der Reise nach Wladiwostok in telegraphischer Verbindung.

3. 6. Nach einem Bericht von Maria Osten, die auf Wunsch Bs häufig ins Sanatorium geht, fühlt sich Steffin »etwas frischer« und bestellt sich Bücher von Majakowski, Becher und Seghers.

4. 6. Maria Osten wird ins Krankenhaus gerufen, weil sich Margarete Steffins Zustand erneut verschlechtert habe. Als sie eintrifft, ist sie bereits gestorben. B erhält aus Moskau ein Telegramm mit der Todesnachricht.

5. 6. B ist von Margarete Steffins Tod sehr stark betroffen und schreibt (während der Überfahrt und in der 2. Hälfte 1941) mehrere Gedichte *(Als es soweit war, Die Trümmer, Eingedenk meiner kleinen Lehrmeisterin, Im neunten Jahre der Flucht, Mein General ist gefallen, Nach dem Tod meiner Mitarbeiterin M.S.).*

10.–13. 6. In Wladiwostok müssen die Reisenden drei Tage bis zur Abfahrt des Schiffes warten.

13.–21. 6. Mit dem schwedischen Frachtschiff »S. S. Annie Johnson«, das über 51 Passagierplätze verfügt, fahren B, Helene Weigel, die Kinder sowie Ruth Berlau nach Amerika ab. Das Schiff ist, einschließlich eines Zwischenaufenthalts in Manila, über fünf Wochen unterwegs nach San Pedro (Los Angeles).

22. 6. B erfährt vom deutschen Angriff auf die Sowjetunion (»Unternehmen Barbarossa«): Ohne Kriegserklärung überschreiten deutsche Truppen in den frühen Morgenstunden auf breiter Front die Grenze.

Ende Juni. In Manila, einer großen Hafenstadt auf der Insel Luzón (Philippinen), wird die Ladung gelöscht. Die Weiterfahrt verzögert sich wegen eines Taifuns (vgl. *Der Taifun*); nach fünf Tagen wird die Reise fortgesetzt. Es entsteht das Gedicht *Fürchtend, ach, für unser Leben.*

Mitte Juli. Bei der Überquerung des Pazifik sei B, wie Ruth Berlau berichtet, ausgeglichen gewesen; er habe jeden Tag gebadet und sich Zeit für Helene Weigel und für die Kinder genommen. **21.7.** Ankunft in San Pedro, dem Hafen von Los Angeles. B wird von Marta Feuchtwanger und Alexander Granach abgeholt. Granach hat sich ebenso wie die mit ihm bekannte Journalistin Dorothy Thompson und Fritz Kortner finanziell für B eingesetzt. B und seine Familie ziehen für kurze Zeit in eine Wohnung in Hollywood ein (Nr. 1954, Argyle Avenue). **22.7.** B besucht Lion Feuchtwanger, der nach Los Angeles übergesiedelt ist. Er sei »im Wesen unverändert, sieht jedoch gealtert aus« *(27,9)*. Feuchtwanger rät B, in Kalifornien zu bleiben, wo es billiger ist als in New York und wo mehr Aussichten bestehen, Geld zu verdienen.

SANTA MONICA (USA) 1941–1947

1.8. B hat ein Haus (Nr. 817, 25. Straße) gemietet und ist mit seinen Angehörigen von Hollywood nach Santa Monica umgezogen. Er notiert seine ersten Eindrücke im *Journal*: »Fast an keinem Ort war mir das Leben schwerer als hier in diesem Schauhaus des easy going.« Der Verlust von Margarete Steffin wird ihm gerade hier schmerzlich bewusst: »Es ist, als hätte man mir den Führer weggenommen gerade beim Eintritt in die Wüste.« *(27,10.)*
9.8. B kommt sich vor »wie aus dem Zeitalter herausgenommen«, Los Angeles sei »ein Tahiti in Großstadtform« *(27,10)*. Er hat William Dieterle besucht und von seinem Haus aus einen Blick auf das Fernando Valley geworfen. Alles Grüne sei »nur durch Bewässerungsanlagen der Wüste« abgerungen. »Kratz ein bisschen, und die Wüste kommt durch: zahl die Wasserrechnung nicht, und nichts blüht mehr.« – B erfährt erst jetzt vom Selbstmord Walter Benjamins. Er liest dessen letzte Arbeit, die dieser für das Institut für Sozialforschung geschrieben hat. Im Zusammenhang mit dem Tod seines Freundes entstehen die Gedichte *An Walter Benjamin, der sich auf der*

Flucht vor Hitler entleibte, Zum Freitod des Flüchtlings W. B. und *Die Verlustliste.* – Auf einer Party trifft B die Soziologen Max Horkheimer und Friedrich Pollock, die er als »zwei Tuis vom Frankfurter Soziologischen Institut« bezeichnet *(27,12 f.).*

August. Erwin Piscator hat B inzwischen sein Interesse an dem Stück *Der gute Mensch von Sezuan* mitgeteilt. Aber B wünscht, dass er erst den *Aufstieg des Arturo Ui* liest. B kann die Arbeit an der New School nur übernehmen, wenn das Existenzminimum in New York gesichert ist.

4. 10. Bei einem ersten Treffen mit dem Schriftsteller Ferdinand Reyher erzählt ihm B den »Plan zu *Jae Fleischhacker in Chikago,* und in ein paar Stunden entwickeln wir eine Filmstory *Der Brotkönig lernt Brot backen« (The King's Bread).*

Arbeit an Filmstorys

20. 10. Abends ist B bei dem Drehbuchautor Hermann Mankiewicz zu Gast und spricht mit ihm über Orson Welles' Film *Citizen Cane.*

21. 10. B besucht eine Party des Regisseurs Fritz Lang, der seit 1934 in den USA lebt und zahlreiche Filme inszeniert hat.

25. 10. B besucht Alfred Döblin. »Kleines möbliertes Haus für 60 $ im Monat, aus dem sie heraus müssen«, weil er und Heinrich Mann ihre »Picturewriterkontrakte« gekündigt bekamen.

26. 10. B besucht am Nachmittag den Physiker Hans Reichenbach, »der hier an der kalifornischen Universität Philosophie liest, Empiriker, Logistiker, Einsteinschüler«, und spricht mit ihm über *Leben des Galilei,* den er ihm zur Lektüre überlassen hatte.

16. 11. B kauft in Chinatown von Los Angeles »für 40 Cts. einen kleinen chinesischen Glücksgott« und macht sich Gedanken zu einem Stück *Die Reisen des Glücksgotts.* »Der Gott derer, die glücklich zu sein wünschen, bereist den Kontinent. Hinter ihm her eine Furche von Exzessen und Totschlag.« *(27,23.)*

18. 11. Fritz Kortner sei »exemplarisch in seiner Fähigkeit, sich nicht anzupassen«; er denunziere »selbst das Klima«, auch den ewigen Sonnenschein, »der die Gehirne so austrocknet, dass die Leute am End nur noch Hollywoodfilme schreiben können« *(27,24).*

2. 12. B arbeitet »mit dem deutschen Schauspieler und Conferencier Robert Thoeren (der für die MGM tätig ist) an einem Filmlustspielstoff.

4.12. B hat Fritz Lang einen Glücksgott geschenkt und ihm das Epigramm *Ich bin der Glücksgott* gewidmet.

8.12. Gemäß einem Bericht des Federal Bureau of Investigation (FBI) erklärt B in Los Angeles seine Absicht, Staatsbürger der USA zu werden. – Bei der Arbeit mit Fritz Kortner an einer »Filmstory für Boyer« *(Days of Fire)* erfährt B von dem japanischen Angriff auf Pearl Harbor. – Die USA und Großbritannien erklären Japan den Krieg (am 11.12. folgen die Kriegserklärungen der mit Japan verbündeten Länder Deutschland und Italien an die USA).

9.12. B bietet dem Schriftsteller Archibald MacLeish an, »zum Kampf gegen die Nazis, die Geißel der Welt, beizutragen«. Er schlägt Rundfunkübertragungen nach Deutschland vor, in denen die Wahrheit vermittelt wird, und stellt sich »für derartige Bemühungen« zur Verfügung.

17.12. B listet einige Filmgeschichten auf, die er fertiggestellt hat oder an denen er arbeitet: »eine Reigenparaphrase *Karussell*, mit Thoeren *Bermuda Troubles*, mit Reyher *Der Brotkönig lernt backen*, mit Ruth *Der Schneemann*«. Er plant »für das Theater eine *Jeanne d'Arc 1940*«. Aus dem *Kinderkreuzzug*, zunächst als Filmstory gedacht, sei eine »Ballade« geworden *(27,35)*.

Arbeit an dem Stück *Die Gesichte der Simone Machard* (Die Stimmen) **19.12.** B hat das Stück über »Jeanne d'Arc 1940« entworfen und nennt es jetzt *Die Stimmen* (später *Die Gesichte der Simone Machard*). »Ich habe neun Szenen, davon vier Träume.« Gemeint seien »die Stimmen des Volkes, Jeanne vertritt, was das Volk sagt« *(27,37)*.

24.12. B kauft bei einem Chinesen als Weihnachtsgeschenk für seine Frau einen Schminkspiegel. Zum Heiligabend sind bei B Elisabeth Bergner und ihr Mann Paul Czinner, Marta und Lion Feuchtwanger, Alexander Granach und später auch Fritz Lang zu Gast.

26.12. Bei B sind William und Charlotte Dieterle sowie Ferdinand Reyher zu Besuch und sprechen über Hitlers Übernahme des militärischen Oberkommandos.

1942

9.1. B schreibt für das Moskauer Radio *An die Hitlersoldaten*, späterer Titel: *An die deutschen Soldaten im Osten.*

14.1. B liest mit Interesse Louis Fischers *Soviets in World Affairs. A History of Relations Between the Soviet Union and the Rest of the World.*

18.1. B trifft mit dem Soziologen Theodor Wiesengrund Adorno zusammen.

19.1. B ist bei Fritz Lang zu Besuch und setzt sich mit dessen Lobpreis von »Atlantis« auseinander.

24.1. B ist bei Lion Feuchtwanger und trifft dort Emil Ludwig, der die Voraussage macht, dass Hitler einem Attentat seiner Generäle zum Opfer fallen wird.

1.2. Elisabeth Hauptmann hat Ruth Berlau das Kapitel über die chinesische Sprache aus einer geplanten Biographie Horst Baerensprungs für B zugesandt. B fertigt daraus einen handschriftlichen »Katalog der Charaktere« (Schriftzeichen) und klebt das Blatt ins *Journal* ein.

9.2. B, Heinrich Mann und Lion Feuchtwanger arbeiten eine Stellungnahme *Zur Erklärung der 26 Vereinigten Nationen* aus; dabei handelt es sich um eine Aufforderung an die Deutschen, »den verderblichsten und sinnlosesten aller Kriege« abzubrechen. »Überwältigt euren Führer, der euch, mit Hass und Unehre beladen, ins Verderben führt.« *(23,423.)* Der Appell wird von den *Intercontinent News*, New York, am 19.3. veröffentlicht.

13.2. B hält Ferdinand Reyher für einen guten »Cicerone für die Staaten, wenn er [...] die komischen Besonderheiten dieses Riesenbabys Amerika erläutert« *(27,55)*.

16.2. Da B noch nicht 45 Jahre alt und deutscher Abstammung ist, muss er sich als Kriegsdienstpflichtiger und als »enemy alien« (feindlicher Ausländer) registrieren lassen.

23.2. Stalin gibt an die Rote Armee einen Tagesbefehl aus, in dem es u.a. heißt, »dass die Hitler kommen und gehen, aber das deutsche Volk, der deutsche Staat bleibt«. B nimmt den Ausspruch zum Anlass für das Gedicht *Deutschland* (»In Sturmesnacht ...«).

28. 2. Beim Abendessen kommen Lion Feuchtwanger und B auf die Frage zu sprechen, ob Hitler ein Hampelmann ist. Durch das Gespräch angeregt, entsteht vermutlich die Geschichte *My most unforgettable Character.*

14. 3. B spricht mit der Schauspielerin Elisabeth Bergner über episches Theater.

17. 3. B hört (wie auch Max Horkheimer und Theodor Wiesengrund Adorno) an der Universität einen Vortrag Hans Reichenbachs über Determinismus und stellt Überlegungen zur neuen Physik an. Er macht sich Gedanken über »die Welt der Physiker«, die ihm gefällt, weil sie durch die Menschen verändert wird.

20. 3. Ein Brief Bs zum 70. Geburtstag von Karin Michaëlis wird von der New Yorker deutschsprachigen Wochenzeitung *Aufbau – Reconstruction* veröffentlicht.

——

Probleme mit der amerikanischen Lebensweise

23. 3. B wird durch »eine alles depravierende billige Hübschheit« daran gehindert, »halbwegs kultiviert, d. h. würdig zu leben«. In Kalifornien komme er sich vor »wie Franz von Assisi im Aquarium, Lenin im Prater (oder Oktoberfest), eine Chrysantheme im Bergwerk oder eine Wurst im Treibhaus« *(27,70 f.)*.

26. 3. An diesem letzten Abend vor der Ausgangssperre für feindliche Ausländer geht B zu Hans Reichenbach, am Folgetag spricht er mit Theodor Wiesengrund Adorno über die Spezifik des Theaters gegenüber dem Film.

8. 4. Bei einem Besuch der Dieterles erfährt B, dass Charlotte Dieterle »leidenschaftlich« die Astrologie betreibt; auch ihr Mann richtet sich nach Voraussagen, wenn er einen großen Film beginnt.

11. 4. Ein Film, den B mit Paul Czinner und Elisabeth Bergner begonnen hat, ist inzwischen »eben von jemand anderem verkauft« worden; B ist der Vorgang Anlass für das Gedicht *Als ich bestohlen wurde.*

12. 4. B notiert: »Und Tag und Nacht tobt auf den Schneefeldern von Smolensk der Kampf um die Würde des Menschen.« *(27,82.)*

15. 4. Kurt Weill hat das Projekt einer Aufführung der *Drei-*

groschenoper durch ein negro theater abgewiesen. Auf einen Vermittlungsversuch Theodor Wiesengrund Adornos, um den B gebeten hatte, antwortet Weill »mit einem bösen Brief voll von Angriffen auf mich und einem Lobgesang auf den Broadway, der alles brächte« *(27,82)*.

20. 4. B trifft nach längerer Zeit wieder mit Hanns Eisler zu- — sammen; er sei »ganz der Alte in Witz und Weisheit« *(27,84 f.)*.   Erneute

21. 4. Durch Hanns Eisler wird B klar, dass er »allerlei seit Juni 41 nicht gut verwunden« hat, »nicht Gretes Ausscheiden, nicht das neue Milieu, nicht einmal das weiche Klima hier« *(27,85)*.   Zusammenarbeit mit Hanns Eisler

23. 4. Der Schauspieler Oskar Homolka ist daran interessiert, den Galilei zu spielen. B wäre ein aktuellerer Stoff lieber; Homolka empfiehlt ihm Henri Dunant, den Gründer des Roten Kreuzes; vgl. Bs Entwürfe zu *Leben des Menschenfreunds Henri Dunant* und die Filmerzählung *Die seltsame Krankheit des Herrn Henri Dunant.*

24. 4. B hört sich bei Theodor Wiesengrund Adorno die »Platten mit der Regenlyrik« von Hanns Eisler an. Danach diskutieren sie über Arnold Schönbergs Musik.

Anfang Mai. Ruth Berlau fährt, für B unerwartet, zu einem Frauenkongress nach Washington. Die dänische Abteilung des Office of War Information bittet sie, im Rundfunk über den Kongress zu berichten, und zahlt ihr die Reisekosten nach New York. Dort kommt sie zu dem Entschluss, vorläufig nicht zu B nach Santa Monica zurückzukehren und sich in New York eine Arbeit zu suchen.

2. 5. Im Kino sieht B den Film *Deputat Baltschiki* (dt.: *Stürmischer Lebensabend*) und schreibt für Hanns Eisler einige Gedanken *Über Filmmusik* auf.

3. 5. Barbara musste wegen einer Hylusdrüsen-Tbc in ein Erholungscamp und kehrt nach einer Kur geheilt zurück.

12. 5. B ist mit Hanns Eisler bei Max Horkheimer zum Lunch. Eisler schlägt für den *Tuiroman* als Handlung die Geschichte des Frankfurter soziologischen Instituts vor.

15. 5. Bei einem Lunch trifft B Max Reinhardt und seine Frau Helene Thimig. – B notiert sich Argumente gegen die These des englischen Diplomaten Lord Vansittart, dass Hitler und die Deutschen gleichzusetzen seien. Tatsächlich sei die Unterscheidung zwischen Hitlerdeutschland und Deutschland immer »schwerer einleuchtend vorzutragen« *(27,95 f.)*.

20.5. Max Reinhardt plant eine Inszenierung der Szenenfolge *Furcht und Elend des III. Reiches* in New York. B will dafür »einen theatralischen Rahmen« schaffen.

23.5. B schreibt auf Ruth Berlaus wiederholte Aufforderung, nach New York zu kommen, er wolle das machen, sobald er sich in Kalifornien etwas finanzielle Sicherheit geschaffen habe.

27.5. Tschechische Patrioten verüben in Prag auf den Stellvertretenden Reichsprotektor von Böhmen und Mähren Reinhard Heydrich ein Attentat, an dessen Folgen er (am 4.6.) stirbt. Am nächsten Tag denkt B mit Fritz Lang in Zusammenhang mit dem Attentat über einen »Geisel-Film« nach.

— Aufführung der Szenen *Rechtsfindung, Das Kreidekreuz, Die jüdische Frau, Der Spitzel* aus dem Stück *Furcht und Elend des III. Reiches* durch die »Tribüne für Freie Deutsche Literatur und Kunst in Amerika« im New Yorker Fraternal Clubhouse (Regie: Berthold Viertel). Mit diesem als »Amerikanische Uraufführung« angekündigten Abend wird B erstmals nach seiner Ankunft in den USA als Dramatiker vorgestellt.

30.5. Hanns Eisler kommt zu B in Begleitung des Dramatikers Clifford Odets. B teilt ihm mit, dass *Waiting for Lefty* einen »großen Eindruck« auf ihn gemacht hat.

Mai. B bittet Ruth Berlau in einem Brief, mit Max Reinhardt in New York die zweite Aufführung der Szenen von *Furcht und Elend des III. Reiches* anzusehen.

Anfang Juni. B dankt Berthold Viertel für die Inszenierung der Szenen aus *Furcht und Elend des III. Reiches* in New York und den Bericht über die Aufführung.

5.6. B ist mit Hanns Eisler und Clifford Odets bei Fritz Lang zum Lunch und spricht mit ihnen über einen Filmrahmen für *Furcht und Elend des III. Reiches*. Abends diskutiert er mit Eisler, Kortner, Thoeren, H. Viertel und Winge über Praktiken der Filmbranche in Hollywood.

6.6. B teilt Ruth Berlau mit, womit er beschäftigt ist: An diesen Tagen arbeitet er mit Fritz Lang an einer Filmstory:»gewöhnlich von früh neun bis abends acht. Ob was daraus wird, weiß ich nicht« *(29,242)*.

9.6. Der 25-jährige Eric Bentley, ein Englischlehrer an der University of California, Los Angeles (UCLA), besucht B und berichtet ihm von einer Arbeit, die er über Stefan George schreibt. B ist mit seinem Angebot einverstanden, einige seiner Dramen zu übersetzen.

Mitte Juni. Ruth Berlau wirft B vor, dass er immer noch nicht nach New York gekommen ist. Er schreibt ihr, sie wolle aus »dem Exil nichts anderes machen als nur eine unendliche Lovestory mit Auf und Ab, Vorwürfen, Zweifeln, Verzweiflungen, Drohungen usw. usw.« *(29,241)*.

27.6. B schreibt mit Fritz Lang weiter an der Geisel-Filmstory, die nach Meinung des Regisseurs und eines Produzenten in Hollywood Chancen hat. Sie lassen die Outline des Films bei der Screen Writers Guild registrieren.

Arbeit an einem Geisel-Film *(Hangmen Also Die)*

30.6. B ist beunruhigt über das Ausbleiben einer zweiten Front. »Dumpfe Ahnung überall, dass die Zweitefrontpolitik die militärische Fortführung der diplomatischen Münchenpolitik ist.« *(27,110.)*

2.7. B liest im *Information Bulletin* der sowjetischen Botschaft eine Mitteilung, der zufolge demnächst der Film *The Face of Fascism* nach Kurzgeschichten Bs zu sehen sein wird. Die Meldung bezieht sich auf den (1941/42 gedrehten) Film *Ubizy wychodjat na dorogu* (Die Mörder machen sich auf den Weg) mit den Szenen *Volksgemeinschaft, Winterhilfe, Das Kreidekreuz, Der Spitzel, Arbeitsbeschaffung* (aus Bs Szenenfolge *Furcht und Elend des III. Reiches*) sowie einer neu hinzu geschriebenen Szene (Regie: Wsewolod Pudowkin/Juri Taritsch). Der Film ist in dem nach Alma-Ata evakuierten Filmstudio gedreht worden, kommt aber nicht in die Kinos.

16.7. B freut sich darüber, dass er seine »schreckliche Kleinbürgervilla mit Gärtchen« (in Santa Monica, Nr. 817, 25th Street) bald loswerden kann.

29.7. Zusammen mit Hanns Eisler besucht B eine Vorlesung Arnold Schönbergs in der UCLA. Im Anschluss sind sie in Schönbergs Villa am Sunset eingeladen.

8.8. B setzt die Arbeit an der Geisel-Filmstory in einem Büro der United Artists mit dem Drehbuchautor John Wexley fort (der erst seit 5.8. einbezogen ist).

12.8. B zieht innerhalb von Santa Monica um: in die Nr. 1063, 26th Street. »Das Haus ist sehr schön. In diesem Garten ist der Lukrez wieder lesbar.« *(27,120.)*

Umzug in ein
anderes Haus

19.8. B arbeitet immer noch täglich im Filmbüro. Er staunt »über die Primitivität des Filmbaus«, die »mit einem erstaunlichen Minimum an Erfindung, Intelligenz, Humor und Interesse« auskommt. »Es wird damit gerechnet, dass die Schauspieler nicht spielen und die Zuschauer nicht denken können.« *(27,121.)*

21.8. B spricht mit der Schriftstellerin Gina Kaus und Hanns Eisler über das »Tachinieren« im Ersten Weltkrieg, die Schlauheit der Gemusterten, sich als Irre auszuweisen, um sich dem Kriegsdienst zu entziehen.

22.8. Seit der Ausgangssperre spricht Lion Feuchtwanger abends oft mit B telefonisch. Er berichtet, dass das Zürcher Schauspielhaus nach dem Erfolg von *Mutter Courage und ihre Kinder* nun auch den *Guten Menschen von Sezuan* aufführen will.

24.8. In einem Schreiben erläutert Fritz Lang (wahrscheinlich im Auftrag des Produzenten Arnold Pressburger) die Bedingungen ihres Arbeitsabkommens und bestätigt, dass er die Geisel-Story mit B zusammen geschrieben, dieser aber sämtliche Eigentumsrechte an ihn abgegeben hat.

14.9. Die Arbeit am Drehbuch des Geisel-Films (den er gern *Trust the People*, Vertraut dem Volke, nennen möchte) gehe mit John Wexley »besser vorwärts«. B schreibt mit ihm noch »ein völlig neues Idealscript« *(27,124)*.

28.9. B schickt Ruth Berlau das Gedicht *Die Maske des Bösen*.

1.10. B trifft (erstmals seit 1935) wieder mit Kurt Weill zusammen.

3.10. Hanns Eisler spielt B, Hans Winge und Ludwig Marcuse einige der *Hollywoodelegien* sowie die *Finnischen Epigramme* vor.

5.10. Da sich John Wexley für die abendliche Arbeit mit B am Idealscript des Geisel-Films eine finanzielle Entschädigung ausbedungen hat, fordert sie B auch ein. Fritz Lang erwartet aber das »Hauptscript«, woraufhin sich Wexley weigert, weiter am Idealscript mitzuarbeiten.

17.10. Fritz Kortner ist »gekränkt«, weil ihm B in dem Lang-Film keine Rolle verschafft hat.

22.10. B findet, die Arbeit am Film habe ihn »fast krank gemacht«, insbesondere die Änderungen, die bei der Realisierung vom »Besteller« noch »hineingeschmiert« werden. Er schreibt an den Filmregisseur Fritz Lang abschließend einen Brief über die Schwierigkeiten, die sich bei der Arbeit an dem Geisel-Film ergeben haben. Lang habe nicht die Geschichte für die Darstellung des unglücklichen und rebellischen tschechischen Volkes benutzt, sondern als »Prospekt für eine Räuber- und Schandgeschichte« *(Erg.,40).*

30.10. B spricht mit Lion Feuchtwanger über ein geplantes Stück mit dem ursprünglichen Titel *Die heilige Johanna von Vitry (»Die Stimmen«),* das er später *Die Gesichte der Simone Machard* nennt. Außerdem diskutieren sie über *Die Reisen des Glücksgotts* und die von B vorgesehene Version von Thomas Heywoods *A Woman killed with Kindness.*

Oktober. Nach längerer Zeit schreibt B wieder an Karl Korsch: »Die heutige Isolierung hier ist ungeheuer, im Vergleich zu Hollywood war Svendborg ein Weltzentrum.« *(29,254.)*

4.11. B geht zu den Dreharbeiten Fritz Langs und muss feststellen: »Wexley hat für zwei Wochenschecks (3000 $) alles wieder eingerissen, was er in zehn Wochen aufgebaut hat. Ich hatte beinahe fertiggebracht, die Hauptdummheiten aus der Story zu entfernen, jetzt sind alle wieder drinnen.« *(27,133.)*

15.11. B arbeitet mit Lion Feuchtwanger an dem Projekt *Die Gesichte der Simone Machard.*

19.11. B und Weigel essen bei dem Schauspieler und Regisseur Paul Henreid und seiner Frau, »die Tochter des Kunsthistorikers Glück, dessen Breughelausgabe ich um die ganze Welt mitschleppte« *(27,139)*.

24. 11. B hat die Rolle einer Gemüsefrau im Geisel-Film »nahezu« stumm angelegt, damit sie von Helene Weigel gespielt werden kann. Fritz Lang hat ihr aber viel Text hinzugefügt und bricht »die strikte Abmachung« auf »besonders rüde Art« *(27,139 f.)*. Die Rolle wird mit einer amerikanischen Schauspielerin besetzt.

November. B bedankt sich bei Karl Korsch für die Übersendung seiner Monographie *Karl Marx* (London 1938).

8. 12. B beginnt mit der zweiten Realszene zu *Die Gesichte der Simone Machard*.

10. 12. B liest Leo Trotzkis »kleines, 24 herausgegebenes Buch über *Lenin* mit großem Vergnügen« und beschreibt im *Journal* Beispiele verschiedener Haltungen von Lenin *(27,144)*.

31. 12. Silvester verbringen B und Helene Weigel bei Kortners, außerdem sind Eislers sowie andere Filmleute und Schauspieler anwesend.

1943

3. 1. B arbeitet mit Lion Feuchtwanger »jeden Vormittag« an *Die Gesichte der Simone Machard*.

20. 1. Der Produzent von *Hangmen Also Die*, Arnold Pressburger, plant, im Vorspann John Wexley als alleinigen Drehbuchverfasser zu nennen, und bringt dadurch B um den »screen credit«, durch den er weitere Aufträge bekommen könnte. B wendet sich aus diesem Grund an das Schiedsgericht der Screen Writers Guild. Obgleich Fritz Lang und Hanns Eisler für die Mitautorschaft Bs plädieren, entscheidet sich die Vereinigung dagegen.

30. 1. Das FBI registriert, dass B mit William Dieterle im Filmarte Theater beobachtet wurde, einem Kino, das früher russische Filme bevorzugte.

Die Gesichte der Simone Machard fertiggestellt

Anfang Februar. B und Feuchtwanger schließen die 1. Fassung des Stückes *Die Gesichte der Simone Machard* ab.

4. 2. Uraufführung des Stückes *Der gute Mensch von Sezuan* im

Schauspielhaus Zürich; Musik: Huldreich Georg Früh; Regie: Leonard Steckel; Bühnenbild: Teo Otto; mit Maria Becker (Shen Te/Shui Ta), Karl Paryla (Yang Sun), Therese Giehse (Mi Tsü). **8. 2.** B reist von Santa Monica nach New York ab (Ankunft: 12. 2.; er bleibt bis 26. 5.). Sowohl die Abreise in Santa Monica wie Ankunft und Aufenthalt (in der Wohnung von Ruth Berlau) in New York werden vom FBI registriert.

14. 2. B trifft sich mit Karl Korsch, der dicker geworden sei und »noch etwas mehr Fußnoten« mitspreche *(27,148)*.

16. 2. Am Abend unterhält sich B mit dem Politiker und Sinologen Karl August Wittfogel und mit dem Soziologen Karl Langerhans.

21. 2. Der Publizist Maximilian Scheer berichtet von einer Begegnung mit B bei Hermann Budzislawski.

6. 3. Abends findet in New York ein Vortragsabend mit Brecht-Gedichten im Studio Theatre der New School for Social Research statt, den die »Tribune for Free German Literature and Art in America« veranstaltet. Wieland Herzfelde hält einen einführenden Vortrag, Peter Lorre, Elisabeth Bergner, Paul Dessau u.a rezitieren und singen aus Brechts Werken. Nach der Veranstaltung findet bei Erwin Piscator eine Cocktailparty statt.

26. 3. Uraufführung des Films *Hangmem Also Die* in Hollywood. Drehbuch: John Wexley (B wird nicht genannt), Regie: Fritz Lang, Kamera: James Wong Howe, Szenenbild: William Darlin.

→ **Gezielte Observation durch das FBI**

März. In einem umfangreichen Bericht werden im FBI Angaben über B gesammelt, darunter u. a. folgende zur Person (dt.): »Alter 45, Größe 5' 9", Gewicht 130, Augen braun, Haar dunkelbraun, Aussehen dunkel, […] Narbe auf der linken Backe.«

3. 4. Im Rahmen der antifaschistischen Massenveranstaltung *We Fight Back* (Wir schlagen zurück), die Ernst Josef Aufricht und Manfred Georg auf der Bühne des Hunter Collage in Manhattan organisieren, rezitieren auch Peter Lorre und Elisabeth Bergner, über die B urteilt: »Beide haben nichts verlernt, die Technik hat sie völlig frisch gehalten.« *(27,150.)*

16.4. Der Leiter der FBI-Filiale in Los Angeles schickt an FBI-Direktor John Edgar Hoover ein Memorandum und empfiehlt, über den »United States Attorney« ein Internierungsverfahren gegen B einzuleiten.

24.4. Die Tribüne bringt als geschlossene »Sonderveranstaltung« unter dem Protektorat der Landeszentrale der Arbeiter-Krankenkasse von Amerika und des Washington Height Centers sowie anderer Organisationen im New Yorker Heckscher Theater (als geschlossene Veranstaltung) den zweiten *Brecht-Abend* heraus.

April. B beginnt mit Hoffman R. Hays (und Elisabeth Hauptmann) eine Bearbeitung von John Websters *Duchess of Malfi* für Elisabeth Bergner. Seine Überlegungen zur Lesart der Fabel sind in *Brechts Version von Websters »Duchess of Malfi«* aufgelistet.

Anfang Mai. Auf Einladung Kurt Weills wohnt B eine Woche in dessen »Brook House« in New City und arbeitet an einer Musical-Variante von *Der gute Mensch von Sezuan.* – Durch eine *Schwejk*-Szene tschechischer Schauspieler sind Ernst Josef Aufricht, B und Kurt Weill zu einem *Schweyk*-Stück inspiriert worden. In New City schreibt B dafür eine ausführliche Fabelerzählung *»Schweyk«.*

15.5. Nach der Aussage eines FBI-Informanten reist B »etwa am 15. Mai« (tatsächlich eine Woche später) von New York nach Santa Monica ab.

26.5. B schreibt aus El Paso in Texas, dass der Zug auch auf der Rückreise voller Soldaten gewesen sei. In der Nacht kommt B (nach dreieinhalb Monaten Abwesenheit) wieder in Santa Monica an. Er hat sich während der Reise mit dem Roman *Die Abenteuer des braven Soldaten Schwejk während des Weltkriegs* beschäftigt und ist »wieder überwältigt von diesem riesigen Panorama Hašeks« *(27,151).*

Mai. Obwohl der Leiter der FBI-Filiale die notwendige Genehmigung für eine telefonische Überwachung Bs erst viel später erhält, lässt er bei B in Santa Monica bereits zu dieser Zeit eine technische Abhöreinrichtung installieren.

9.6. B beendet den 1. Akt von *Schweyk*. Abends sind Fritz Kortner, Hanns Eisler und Berthold Viertel bei ihm. Eisler habe *Deutschland, Deutsches Miserere* und den (1934 geschriebenen) *Kälbermarsch* »sehr schön« vertont. Die letzten beiden Gedichte übernimmt B in *Schweyk*.

16.6. Zwei der drei Akte von *Schweyk* sind fertiggestellt.

22.6. Um seinen Vorschlag für die Benennung eines neuen Verlags zu bekräftigen, hat B an Wieland Herzfelde das zu diesem Zweck geschriebene Gedicht *Aurora* mitgeschickt. Herzfelde schreibt B, »alle hier« seien mit dem Namen einverstanden. (Der Aurora-Verlag wird Anfang 1944 gegründet.)

23.6. B verspricht Kurt Weill für das kommende Wochenende ein vollständiges Typoskript von *Schweyk*, »wenn es auch noch ein bisschen roh ist« *(29,270)*.

24.6. B notiert, als »Gegenstück zur *Mutter Courage*« habe er »im großen den *Schweyk* beendet«. Der Film *Hangmen Also Die* habe ihm »Luft für drei Stücke verschafft. (*Die Gesichte der Simone Machard, Die Herzogin von Malfi, Schweyk*).«

3.–6.7. B wird von Peter Lorre eingeladen, in dessen Haus in der Ferienkolonie Lake Arrowhead zusammen mit dem Drehbuchautor und Filmproduzenten Ernest Pascal an einem Film zu arbeiten. Es entsteht *The Crouching Venus* (Die kauernde Venus; nicht überliefert).

9.7. B schickt Kurt Weill den *Schweyk* in Abschnitten (wie auch dem Übersetzer Alfred Kreymborg).

Schweyk fertiggestellt

15.7. William Dieterle feiert seinen 50. Geburtstag im kleinen Kreis; B und Lion Feuchtwanger halten auf ihn Reden.

20.7. B erwägt »einen Zyklus *Lieder des Glücksgotts*, ein ganz und gar materialistisches Werk, preisend ›das gute Leben‹ (in doppelter Bedeutung). Essen, Trinken, Wohnen, Schlafen, Lieben, Arbeiten, Denken, die großen Genüsse« *(27,159)*.

25.7. Bei B sind Fritz Kortner, Hanns Eisler u. a. zu Gast und hören im Radio Kommentare zum Rücktritt Mussolinis; er sei »nunmehr in die Gosse (gutter) zurückgefallen, aus der er aufstieg« *(27,160)*.

26.7. B kommentiert die seit drei Tagen alle 12 Stunden erfolgenden Bombenangriffe der englischen und amerikanischen Flugzeuge (Operation »Gomorrha«).

1.8. Bei Berthold Viertel treffen sich B, Thomas Mann, Heinrich Mann, Lion Feuchtwanger, Bruno Frank, Ludwig Marcuse, Hans Reichenbach und entwerfen eine öffentliche Erklärung, in der sie »eine Kundgebung der deutschen Kriegsgefangenen und Emigranten in der Sowjetunion« begrüßen, »die das deutsche Volk aufrufen, seine Bedrücker zu bedingungsloser Kapitulation zu zwingen und eine starke Demokratie in Deutschland zu erkämpfen«. Außerdem legen sie Wert darauf, »scharf zu unterscheiden zwischen dem Hitlerregime und den ihm verbundenen Schichten einerseits und dem deutschen Volke andrerseits«. Thomas Mann habe der Erklärung, die alle unterzeichneten, zugestimmt und »befriedigt [...] vor den Frauen« verlesen *(27,161 f.)*.

2.8. Thomas Mann informiert Lion Feuchtwanger davon, dass er seine am Vortag gegebene Unterschrift zurückzieht. Die Stellungnahme »sei eine ›patriotische Erklärung‹, mit der man den Alliierten ›in den Rücken falle‹, und er könne es nicht unbillig finden, wenn ›die Alliierten Deutschland zehn oder zwanzig Jahre lang züchtigen‹«. B ist durch »die entschlossene Jämmerlichkeit dieser ›Kulturträger‹« gelähmt. *(27,163.)*

7.8. Durch die Kriegsverluste der Deutschen im Osten, den Zusammenbruch des faschistischen Italiens und die alliierten Luftangriffe auf deutsche Städte hält B einen baldigen Sturz Hitlers für möglich.

— **9.8.** B beschäftigt nochmals das Verhalten Thomas Manns, über das er ein Gedicht schreibt: *Als der Nobelpreisträger Thomas Mann den Amerikanern und Engländern das Recht zusprach, das deutsche Volk für die Verbrechen des Hitlerregimes zehn Jahre lang zu züchtigen.* – Da ihn Ruth Berlau beschuldigt, er wolle sie nicht zurück in Santa Monica haben, schreibt ihr B, ihr Aufenthalt in New York wäre wichtig »für das Zustandekommen von N.Y.er Unternehmungen, ob Du daran arbeitest oder nicht« *(29,291)*.

12.8. B drückt in einem Brief an Ruth Berlau seine Freude dar-

Enttäuschung über
das Verhalten
Thomas Manns

über aus, dass Alfred Kreymborg die Übersetzung des *Schweyk* machen will.

14. 8. Aus Anlass des 65. Geburtstags von Alfred Döblin findet eine Feier statt, bei der Helene Weigel eine Rede Bs liest und sich Heinrich Mann, Fritz Kortner, Peter Lorre, Alexander Granach und Ludwig Hardt ebenfalls mit Reden oder Lesungen beteiligen;»am Schluss hielt Döblin eine Rede gegen moralischen Relativismus und für feste Maße religiöser Art, womit er die irreligiösen Gefühle der meisten Feiernden verletzte« *(27,165 f.)*. B nimmt das Ereignis zum Anlass für das Gedicht *Peinlicher Vorfall.*

29. 8. Aufgrund der zunehmenden Bombenangriffe auf Berlin schreibt B:»Das Herz bleibt einem stehen, wenn man von den Luftbombardements Berlins liest.« *(27,168.)*

31. 8. B beschreibt Ruth Berlau seine kalifornische Umgebung: »Selbst die Feigenbäume sehen zuweilen aus, als hätten sie eben sehr niedrige Lügen erzählt und verkauft.« Er könne »fast nur in den frühen Morgenstunden bessere Dinge schreiben« *(29,299)*.

6. 9. Auf eine telegraphische Bitte von Georg Branting machen B, Helene Weigel und der Rechtsanwalt Eduard Frischauer beim schwedischen Konsul »Zeugenaussagen« zugunsten der verhafteten Hella Wuolijoki, gegen die ein Hochverratsprozess läuft.

9. 9. Uraufführung von *Leben des Galilei* (unter dem Titel *Galileo Galilei*) im Zürcher Schauspielhaus; Musik: Hanns Eisler; Regie: Leonard Steckel, der auch die Titelrolle spielt; Bühnenbild: Teo Otto.

Schauspielhaus Zürich: Uraufführung von *Galileo Galilei*

14. 9. B hat jetzt Alfred Kreymborgs *Schweyk*-Übersetzung erhalten und gelesen.»Natürlich sind so viele Fehler vorhanden wie bei einem Hund Flöhe, aber das ist natürlich, es ist Dialekt, nicht einfaches Deutsch.« Er beginnt mit einer Korrektur.

15. 9. B schickt Ruth Berlau für Alfred Kreymborg die Korrekturen der 1. Szenen des *Schweyk* sowie Lotte Lenya zwei neue Szenen,»damit sie sieht, wie leicht man die Figur [der Kopecka] ein wenig ausbauen kann« *(29,303)*.

18. 9. Bei intensiverer Beschäftigung mit der *Schweyk*-Übersetzung, die B in diesen Wochen mit Peter Lorre, Hans Viertel, Mordecai Gorelik und mit seinem Sohn Stefan durchgeht, ist er zunehmend »verzweifelt«; sie scheint ihm »kaum eine repräsentierbare Rohübersetzung« zu sein *(29,307)*.

20. 9. Der Dramatiker Christopher Isherwood ist bei B zum Abendessen. Er macht ihm zum *Guten Menschen von Sezuan* »einige höfliche Komplimente und zeigt Unbehagen wegen der Götter« *(27,173)*.

25. 9. B hält die an diesem Tag erfolgte Einnahme von Smolensk durch die russischen Truppen für entscheidend. Sie verändere die Weltlage vollständig.

26. 9. B stellt »die hier geschriebenen Gedichte zusammen« und schickt an Ruth Berlau einen weiteren »Packen« seiner Überarbeitung der *Schweyk*-Übersetzung *(29,309)*.

— **12. 10.** Für Erfolge im Filmschreiben in Hollywood empfiehlt B das Rezept: »Man muss so gut schreiben, als man kann, und das muss eben schlecht genug sein.« *(27,177.)*

Rezept für das Schreiben von Filmen in Hollywood

20. 10. B hat von Paul Czinner für die *Malfi*-Bearbeitung 225 $ erhalten und beabsichtigt zur Fertigstellung des Stücks eine Reise nach New York.

7. 11. Einem Bericht des FBI zufolge nehmen B und Helene Weigel an einem Empfang (aus Anlass der Oktoberrevolution) im Sowjetischen Konsulat in Los Angeles teil.

11. 11. B beschäftigt sich mit dem erfolglosen Dasein von großen Schriftstellern in Hollywood wie Alfred Döblin und Heinrich Mann. Letzterer habe »nicht das Geld, einen Arzt zu rufen, und sein Herz ist verbraucht« *(27,182)*. Sein Bruder kümmere sich nicht um ihn.

— **13. 11.** Bs Sohn Frank Banholzer ist (am 6.10.1939) zu einer Fliegerausbildung eingezogen und danach im Luftkrieg gegen England eingesetzt worden. Nach Genesung von einer Verletzung wird er (am 2.9.1943) in einem Luftwaffenjägerregiment an der Ostfront eingesetzt und kommt (am 13.11.) bei einem Sprengstoffanschlag ums Leben. Er wird im russischen Parchow beerdigt.

Tod von Brechts Sohn Frank

15. 11. B fährt nach New York ab und kommt am 19.11. an (bleibt bis 22.3.1944). Er wohnt wiederum bei Ruth Berlau in der 57. Straße, Nr. 124.

29.11. In einem (durch das FBI abgefangenen und überlieferten) Brief Helene Weigels an B informiert sie ihn über die familiären Ereignisse in Santa Monica sowie ihre Teilnahme an der Trauerfeier (mit Karin Michaëlis) für den verstorbenen Max Reinhardt.

1.12. B schreibt an Thomas Mann einen längeren Brief, um ihn »von dem schmerzlichsten Erstaunen zu unterrichten«, das sein »so betonter Zweifel an einem starken Gegensatz zwischen dem Hitlerregime und seinem Gefolge und den demokratischen Kräften in Deutschland allen erregt hat« *(29,317)*. In seiner Antwort (vom 10.12.) bedauert Mann, dass bei einem politischen Vortrag, den er Mitte November an der Columbia Universität New York gehalten hat, keiner von Bs »Leuten« anwesend war. B und seine Freunde sollten abwarten, bis die militärische Niederlage Deutschlands vollzogen ist.

Anfang Dezember. B lernt den Theologen Paul Tillich kennen und nimmt an dem Treffen von Exilpolitikern in dessen Wohnung teil, bei dem ein Council for a Democratic Germany gegründet wird. Vom FBI wird das Council von Anfang an in Verbindung zum »Nationalkomitee Freies Deutschland« gebracht und kommunistischer Tendenzen bezichtigt. Mit Bs zunehmenden Aktivitäten in politischen Fragen verstärkt der Geheimdienst seine Observationen.

Beitritt zum Council for a Democratic Germany

5.12. B fragt Wystan Hugh Auden, ob er dessen in englischer Sprache vorliegende Bearbeitung von *The Duchess of Malfi* für Elisabeth Bergner überarbeiten könnte. »Ich bin sehr vorsichtig mit dem Websterschen Text verfahren, musste jedoch einige neue Szenen und Verse einfügen.« *(29,319.)*

1944

Mitte Januar. B sieht eine Aufführung von Thornton Wilders *Our Town (Unsere kleine Stadt)* in der Inszenierung von Jed Harris, die er als fortschrittlich beurteilt.

17.1. Ein FBI-Informant registriert den Besuch des »vermeintlichen Comintern-Agenten« Gerhart Eisler bei B in der Wohnung von Ruth Berlau und Ida Bachmann.

Januar. B arbeitet (seit November 1943) mit Hoffman R. Hays und Elisabeth Bergner und (ab Dezember 1943) mit Wystan Hugh Auden an *The Duchess of Malfi*.

4./5. 2. Durch die österreichische Schauspielerin Luise Rainer ist B angeregt worden, ein *Kreidekreis*-Stück mit einer Rolle für sie zu schreiben, und schließt darüber einen Vertrag ab.

24. 2. Lion Feuchtwanger verhandelt mit der Filmgesellschaft Metro Goldwyn Mayer über die Filmrechte an seinem *Simone*-Roman und teilt B mit, dass ihm aus dem Vertrag »etwas über 22 000 $« zur Verfügung stehen, von denen er bereits Helene Weigel, »die Geld dringend benötigte«, 2000 gegeben habe.

13. 3. B schreibt im Auftrag des Council for a Democratic Germany an Heinrich Mann und bittet ihn darum, dem Council beizutreten; nach seiner Meinung handelt es sich um einen ernsthaften Versuch, »die deutschen demokratischen Kräfte im Exil zu einigen« (29,323). Als Sekretärin des Council ist Elisabeth Hauptmann tätig.

22. 3. B fährt aus New York ab. Er kommt nach viermonatiger Abwesenheit (am 27. 3.) wieder in Santa Monica an.

Ende März. B lernt bei Salka Viertel den englischen Schauspieler Charles Laughton kennen. – Luise Rainer hat sich enttäuscht über das *Kreidekreis*-Projekt geäußert. B versucht erneut, ihr Interesse zu wecken.

10. 4. B arbeitet hauptsächlich an *Der kaukasische Kreidekreis*.

Arbeit an
*Der kaukasische
Kreidekreis*

18. 4. Informanten des FBI registrieren den Besuch von Verleger Felix Guggenheim sowie von Charles Laughton bei B. Auch die eingehende Post wird kontrolliert.

27. 4. Ruth Berlaus Wunsch, das Fotografieren zu erlernen, wird von B unterstützt. Vom *Kaukasischen Kreidekreis* schickt er ihr die restlichen Szenen.

30. 4. Die dänische Dichterin Karin Michaëlis, die bei Bs zu Besuch weilt, ist angenehm, aber arbeitet zu viel. Obwohl ihr B anbietet, sie könne »jahrelang hier wohnen«, schreibe sie unentwegt Filme.

3.5. Der Council for a Democratic Germany gibt in einer offiziellen Erklärung seine Gründung bekannt. Im Council seien »Persönlichkeiten vertreten, die in Deutschland den verschiedensten politischen Richtungen angehört haben und die sich zur Verhinderung des Nazismus leider nie zu einigen vermochten: Katholiken, Demokraten, Sozialisten verschiedener Gruppen, unabhängige Schriftsteller, Künstler, Professoren« (*The German America*, *15.5.*).

9.5. B ist unzufrieden mit dem 4. Akt des *Kaukasischen Kreidekreises*.

23.5. Ruth Berlau ist von B schwanger. Er erkundigt sich, ob sie sich hat »untersuchen lassen«; sie müsse jetzt »doppelt vorsichtig sein« (*29,337*).

5.6. B schließt das Stück *Der kaukasische Kreidekreis* (1. Fassung) ab und schickt es an Luise Rainer.

— Der kaukasische Kreidekreis fertiggestellt

6.6. B hat sich mit Oskar Homolka und Karin Michaëlis den Dokumentarfilm *Memphis Belle, the Fighting Lady* angesehen. – Er erfährt, dass englisch-amerikanische Truppen in Frankreich gelandet sind.

12.6. B kann Mordecai Goreliks falsche Ansichten über Dramen nicht korrigieren und schreibt für ihn elf Thesen *Kleines Privatissimum für meinen Freund Max Gorelik* auf. In einem Brief betont er aber die Notwendigkeit der Prüfung seiner Thesen in der Praxis.

15.6. B ist »plötzlich« unzufrieden mit der Figur der Grusche im *Kaukasischen Kreidekreis*. »Sie sollte einfältig sein, aussehen wie die *Tolle Grete* beim Breughel, ein Tragtier.« (*27,191 f.*)

20.6. B arbeitet (seit Anfang des Jahres) an »neuer Serie der Fotoepigramme« (*Kriegsfibel*), die nun über 60 Vierzeiler umfasst.

— Fotoepigramme Kriegsfibel

7.7. Zu dessen 60. Geburtstag schenkt B Lion Feuchtwanger das Gedicht *Und in eurem Lande?*, in einer handgeschriebenen Reinschrift mit einer Widmung.

20.7. Oberst Graf von Stauffenberg verübt bei der Lagebesprechung im Führerhauptquartier »Wolfsschanze« einen Bombenanschlag auf Hitler, bei dem dieser nur leicht verletzt wird.

26.7. Ruth Berlau ist im Juni aus New York nach Kalifornien gekommen und wohnt zunächst im Haus von Peter Lorre in Pacific Palisades.

31.7. Lion Feuchtwanger ist Bs Grusche im *Kaukasischen Kreidekreis* »zu heilig«. B bearbeitet das Stück erneut.

14.8. B hat, »wie seit Jahren«, vor seinem Schreibmaschinentisch »die Karte Europas, auf der die Eroberungen der Nazis in einem krebsigen Rot prangen«, angebracht. »Jetzt reißt diese Armee wie Zunder.« *(27,200.)*

24.8. B vermerkt im *Journal* das Vorrücken der Roten Armee in Rumänien und der Alliierten in Frankreich.

28.8. B (der oft in Charles Laughtons Haus zu Gast ist) hat über den sehenswerten Garten des Schauspielers ein Gedicht begonnen *(Garden in progress)*.

1.9. B stellt die Überarbeitung von *Der kaukasische Kreidekreis* mit einer Neufassung des Vorspiels und des Nachspiels fertig.

—

Operation
Ruth Berlaus

3.9. Ruth Berlau, die im siebenten Monat schwanger ist, muss wegen eines Tumors in Los Angeles operiert werden. Dabei wird ihr und Bs Sohn (Michel) vorzeitig zur Welt gebracht und stirbt wenige Tage danach. Ruth Berlau ist von ihrem persönlichen Unglück tief betroffen; sie wird bei Salka Viertel untergebracht.

25.9. B diskutiert mit Helene Weigel, Hanns Eisler und Stefan über einen »brillanten und reaktionären Preston-Sturges-Film« sowie über das Vorspiel zum *Kaukasischen Kreidekreis*. – In Moskau findet unter Leitung von Wilhelm Pieck eine Diskussion emigrierter deutscher Kommunisten über eine Kulturpolitik in einem neuen Deutschland statt, an der sich Johannes R. Becher, Friedrich Wolf, Hans Rodenberg, Maxim Vallentin, Gustav von Wangenheim, Fritz Erpenbeck und Sepp Schwab beteiligen.

26.9. Stefan wird eingezogen. B bringt ihn zur Bahn.

30.9. Im Gespräch mit einem FBI-Mitarbeiter antwortet B (nach dessen Bericht) auf die Frage, ob er in Deutschland eine Regierungsfunktion übernehmen würde: Alles, was er wünschte, sei, zu seiner Arbeit nach Deutschland zurückzukehren.

September. In der erst seit 2004 zugänglichen Brecht-Samm- ——
lung Victor N. Cohens liegt ein von Helene Weigel verfass- Helene Weigel
ter Brief an B vor (der auch später geschrieben sein könnte): über ihre Ehe
»jetzt muss ich Dir schon einen Brief schreiben, weil es mir
selber närrisch vorkommt, dass ich nein sage, wenn Du mit
mir schlafen willst, und außerdem erstaunt mich Dein sofort
auftretendes neubelebtes Interesse, wieso, nur wegen dem
nein?« Er könne und wolle keine »deklarierte mit Stempel
versehene Ehe führen, dafür war sie auch nie«. Sie habe aber
den Eindruck, dass er »solche Ansprüche einer anderen Frau«
einräumte. *(Erg.,47.)*

16.10. B diskutiert an diesem und dem folgenden Tag mit
Vladimir Pozner und Salka Viertel über ein Filmskript *Silent
Witness.*

22.10. Bei Mordecai Gorelik kommt B mit »einigen jüdischen
Linken« ins Gespräch über die jüdische Kultur.

Ende Oktober. B ist mit Hanns Eisler und Paul Dessau bei Arnold Schönberg. »Der erstaunlich temperamentvolle, gandhi-
gleiche Schönberg in seiner blauen kalifornischen Seidenjacke,
ein Gemisch von Genie und Verdrehtheit.« *(27,208 f.).*

Oktober. Helene Weigel klagt gegenüber Karin Michaëlis über
ihre Arbeits- und Lebenssituation: »Mein bescheidener Le-
benszweck schrumpft mehr und mehr zusammen. Und ich
bringe es nicht mehr fertig, mich wichtig zu nehmen.«

7.11. Am Abend der (4.) Wiederwahl Franklin Roosevelts zum
Präsidenten der USA geht B mit seiner Frau, Barbara (»in
schwarzem Abendkleid«) und Charles Laughton zu Ernest
Pascal und trifft dort Charles Chaplin und Groucho Marx.
»Helli, ich und Chaplin die einzigen am Radio.« *(27,209 f.)*

13.11. In einem Brief an Stefan setzt sich B mit einer Frage
auseinander, welche die amerikanischen Konservativen und die
Liberalen beschäftigt: »Was mit den Deutschen machen?« In
diesem Zusammenhang entsteht auch der (nicht datierte) Text
Was machen mit Deutschland?, in dem es heißt: »Die Klärung
Europas von Faschisten wird zur Klärung der Geister über die
ganze Welt beitragen.« *(Erg.,48.)*

29./30. 11. B hat »nichts Rechtes zu tun und die alten russischen Kopfschmerzen«. Deshalb übersetzt er »ein wenig« aus einer chinesischen Gedichtausgabe. Ins *Journal* schreibt er eine Nachdichtung des Gedichts *Resignation* von Po Chü-i und im Anschluss eine Übersetzung in unregelmäßigen Rhythmen ohne Reim.

Arbeit an *Galileo* (amerikanische Fassung)

10. 12. B beginnt mit Charles Laughton »nun systematisch« mit der Übersetzung und Erarbeitung der amerikanischen Bühnenfassung von *Leben des Galilei.*

13. 12. B hat die »Blitzübertragung« des *Kaukasischen Kreidekreises* (von James und Tania Stern) erhalten und findet sie »recht gelungen«.

18. 12. Im Hause Bs finden »gigantische Vorbereitungen der Weihnachtsfeier statt«, und alle hoffen sehr, dass er (B) dabei sein kann.

27. 12. B schickt Heinrich Mann seine *Gedichte im Exil* und bedauert, sie ihm nicht als Druck überreichen zu können. Mann, dessen Frau in den Freitod gegangen war, schreibt an B: »Sie haben mir in meinen schweren Stunden einen Trost geben wollen. Ich danke Ihnen.« *(Erg.,48.)*

Dezember. Über die ständige Arbeit Charles Laughtons an der amerikanischen Fassung von *Leben des Galilei* notiert B: »Er überträgt Satz für Satz, zunächst mit der Hand meine schwerfällige Übersetzung niederschreibend, dann die seine, vielmehr die seinen. Zugleich nehmen wir Änderungen vor.« *(27,214.)* – Außerdem macht B »fotografische Experimente mit Ruth, bestimmt, ein Archiv von Filmen meiner Arbeiten anzulegen«. Die Archivierung beginnt mit den *Gedichten im Exil,* deren Kontaktabzüge er in das *Journal* einklebt.

Foto-Archivierung der Arbeiten Brecht

1945

12. 1. An der deutschen Ostfront beginnt die sowjetische Großoffensive.

19. 1. B trifft bei William Dieterle den amerikanischen Gewerkschaftsführer Sidney Hillman und diskutiert mit ihm über die Rolle der deutschen SPD. Mit Paul Tillich bespricht er Pläne, für deutsche Kriegsgefangene Dokumentarfilme herzustellen und über den Council zu vertreiben.

23.1. Beginn der Arbeit an der Oper *Die Reisen des Glücksgotts*.

24.1. Stefan ist für drei Tage auf Urlaub und gibt eine Party für Freunde. Ein Mädchen abholend, fährt er einen alten Mann an. Den Vorfall beschreibt B ausführlich in *Porträt eines jungen Mannes*.

Anfang Februar. Berthold Viertel hat (Ende Januar) eine Regiekonzeption von *Furcht und Elend des III. Reiches* mit einem Rahmen ausgearbeitet. B gefällt die »Rahmenidee« für das Stück, er fragt sich aber, »ob eine Aufführung jetzt wirklich richtig ist« *(29,345)*.

11.2. Charles Laughton ist für zwei Monate durch die Dreharbeiten für einen Abenteuerfilm unabkömmlich. Die Überarbeitung von *Leben des Galilei* wird deshalb unterbrochen. – B beginnt das *Kommunistische Manifest* »zu versifizieren, in der Art des Lukrezischen Lehrgedichts, als Fleißarbeit«. Das *Manifest* sei »als Pamphlet selbst ein Kunstwerk«; jedoch scheint es ihm möglich, »die propagandistische Wirkung heute, hundert Jahre später, und mit neuer, bewaffneter Autorität versehen, durch ein Aufheben des pamphletischen Charakters, zu erneuern« *(27,219 f.)*.

Arbeit am *Manifest*

Mitte Februar. B schickt Karl Korsch nach New Orleans Fotoepigramme aus der *Kriegsfibel* sowie einige der *Studien* als »ein kleines Angebinde« und wünscht »scharfe Kritik«. Korsch hält in seiner Antwort die *Kriegsfibel* für »das beste, was es über diesen Krieg gibt« *(1185/57–64)*.

20.2. Allmorgendlich schreibt B am *Manifest*. Nachmittags hilft er Ruth Berlau bei der Herstellung des Archivs.

3.3. Lion Feuchtwanger, dem B das *Manifest* zur Lektüre gegeben hat, findet die Hexameter schlecht. »Das bedeutet viel Polierarbeit. Tatsächlich weiß ich zuwenig davon.« *(27,220.)* – Nach einem Memorandum des FBI ergibt die Überwachung Bs, dass er mit Personen zusammentrifft, die der Spionage für die UdSSR verdächtigt werden, ebenso mit kommunistisch aktiven Personen in der Hollywooder Filmindustrie. Das Memorandum fordert eine weitere Überwachung Bs.

4.3. Auf einer Party bei Hanns Eisler, an der auch B teilnimmt, imitiert Charles Chaplin »meisterhaft« einen Schauspieler in dem Film *A Song to remember*.

Endphase des Krieges — **10.3.** Der Krieg ist in seine Endphase getreten. Die Alliierten kämpfen im Westen, die Rote Armee im Osten bereits auf deutschem Reichsgebiet. Amerikanische Einheiten erreichen (am 7.3.) Köln und (am 9.3.) Bonn.

27.3. Nach Einschätzung des FBI-Direktors Hoover wird B (erneut) als Spion verdächtigt; er ordnet deshalb eine technische Überwachung Bs an, die (unter »symbol BB-L.«) registriert wird. Tatsächlich praktiziert aber das FBI die Telefonüberwachung bereits seit Mai 1943.

30.3. B entschuldigt sich bei Anna Seghers für seine Schreibfaulheit. Helene Weigel und den Kindern ginge es gut, von dem Umstand abgesehen, dass allen ein kälteres Klima besser bekommen würde. B hofft, Seghers wiederzusehen.

31.3. Auf Wunsch Bs fährt Ruth Berlau von Los Angeles wieder nach New York.

März. B schickt Karl Korsch den 2. Gesang des *Manifests*, den er zuerst geschrieben hat. Er wolle sich jetzt an das 2. Kapitel des *Manifests* machen, in dem »die Klassiker Fragen beantworten«. B hofft, dass Korsch wegen der vielen Fragen nicht »zu sehr« stöhnt, »aber Sie wissen, Lehrer sind Sie lebenslänglich« *(29,349)*.

3.4. B spricht mit William Dieterle über Filme für die deutschen Kriegsgefangenen in USA.

7.4. Auf einer Dinner-Party mit amerikanischen und deutschen Gästen trifft Thomas Mann u.a. mit B, Lion Feuchtwanger und Maxwell Anderson zusammen. »Viel über Deutschland, dessentwegen Brecht optimistisch. Gegenteilige Neigung meinerseits [...].« *(Tagebücher 1944–1946,185.)*

9.4. Nachdem Ruth Berlau ihm die überarbeitete Übersetzung des *Kaukasischen Kreidekreises* (von Wystan Hugh Auden) schnell zugeschickt hat, teilt B ihr sein negatives Urteil darüber mit.

12.4. Der amerikanische Präsident Roosevelt stirbt. Sein Nachfolger wird Harry S. Truman. Nach Bs Meinung geht mit dem Tod »des aufgeklärten Demokraten […] die Führung der Demokratien an Churchill über« *(27,223)*.

15. 4. Karl Korsch schreibt B zahlreiche Anmerkungen zum *Manifest*. Auch von seinem Sohn Stefan erhält B Hinweise zu den einzelnen Versen.

16. 4. Beginn der sowjetischen Offensive auf Berlin.

21. 4. Einem FBI-Bericht zufolge nehmen B und Helene Weigel an einem Dinner des Lyrikers Archibald MacLeish teil.

29. 4. Bei Berlin trifft die »Gruppe [Walter] Ulbricht« ein, das sind in Moskau ausgewählte deutsche Kommunisten, die politische und administrative Aufgaben in der sowjetischen Besatzungszone (SBZ) übernehmen sollen.

Anfang Mai. B hat *Tree Grows in Brooklyn* gesehen und empfiehlt Ruth Berlau den Film.

3. 5. B hilft Charles Laughton, »für eine Platte die Schöpfungsgeschichte einzustudieren«; er rät ihm »zu einigen Exerzitien«. Sie nehmen die Schöpfungsgeschichte in sechs verschiedenen Haltungen auf, gesprochen wie Renoir, wie ein Yorkshire-Mann, ein Londoner, ein Pflanzer, ein Butler und ein Soldat.

→ **Kapitulation Deutschlands**

8. 5. B notiert ins *Journal*: »*Nazideutschland kapituliert bedingungslos. Früh sechs Uhr im Radio hält der Präsident eine Ansprache. Zuhörend betrachte ich den blühenden kalifornischen Garten.*« *(27,224.)*

12. 5. B spricht über zwei Filme, »die man für Deutschland machen könnte: *Dr. Ley* und die Geschichte einer Bauernfrau, die einem Gefangenen Brot zusteckt und »ihren Sohn, den Soldaten, gefesselt mit Ochsenstricken auf einem Leiterwagen zu den Alliierten (in Sicherheit)« bringt *(27,225)*. Während das erste Projekt nicht realisiert wird, arbeitet B das zweite später (1946) als »Kalendergeschichte« aus *(Die zwei Söhne)*.

Filme für Deutschland

14. 5. B setzt die Arbeit mit Charles Laughton an der amerikanischen Fassung von *Leben des Galilei (Galileo)* fort.

19. 5. B und Hanns Eisler fahren von Los Angeles nach New York zu den Proben von Erwin Piscator für die Szenenfolge

The Private Life of the Master Race. Eisler will eine Musik dazu schreiben. B bleibt bis zum 11.7.

23.5. Bei der Ankunft in New York erhält Hanns Eisler ein Telegramm, dem zufolge er »sofort zum Filmstudio zurückmüsse«. B schreibt: »In Anbetracht, dass er Urlaub bekommen hatte, fuhr er in etwas unziemlicher Hast zurück; die Musik schrieb er wartend auf die Fahrkarte. Sie war Filmkitsch, und auf mein Drängen schrieb er sie noch einmal. Dann war sie glänzende Theatermusik.« *(27,226.)*

29.5. Bei der Vorbereitung der Proben zu *The Private Life of the Master Race* kommt es zwischen B und Erwin Piscator zu Differenzen über dessen Konzeption und die Besetzung der Szenenfolge. Piscator tritt von der Regie zurück.

2.6. Für die Inszenierung ist inzwischen Berthold Viertel eingesprungen. B berichtet seiner Frau, dass die Proben ein »großer Sauhaufen« seien. »Bin natürlich von früh neun bis nachts zwei Uhr mitten drin.« *(Erg.,50.)*

7.6. In Berkeley bei San Francisco findet unter der Schirmherrschaft des Instituts für Theaterwissenschaft und des Little Theatre die amerikanische Erstaufführung (17 Szenen) der Bühnenbearbeitung von *The Private Life of the Master Race* (englischer Titel von *Furcht und Elend des III. Reiches*) im Saal der UCLA statt (Regie: Henry Schnitzler, mit Studenten des Instituts).

Theatre of all Nations New York: Premiere von *The Private Life of the Master Race*

11.6. Weitere Premiere von *The Private Life of the Master Race* im City Collage Auditorium, gespielt vom Theatre of All Nations (9 Szenen). Regie: Berthold Viertel (unter Mitwirkung von B), Musik: Hanns Eisler. Die Aufführung wird en suite bis 17.6. gespielt. B schreibt Helene Weigel seinen Eindruck von der Premiere: »Viertel hat ausgezeichnet gearbeitet. Ich bin froh gewesen, dass ich Dich nicht in diesem Mischmasch drin hatte.« *(Erg.,51.)*

Mitte Juni. Die verbleibende Zeit in New York (bis zu seiner Abreise am 11.7.) nutzt B u.a., um mit zwei Verlagen über eine englische Gesamtausgabe der Dramen zu verhandeln. – Wieland Herzfelde will in seinem Aurora-Verlag eine Einzelausgabe von *Furcht und Elend* drucken. – Mit Elisabeth Bergner stellt B in New York und in Vermont die Bearbeitung von Websters *The Duchess of Malfi* »im rohen« fertig.

16. 6. B nimmt an einer Sitzung des Council for a Democratic Germany teil.

25. 6. B besucht mit anderen Emigranten den Schriftsteller Hans Marchwitza zu dessen 55. Geburtstag.

Juni. Am Broadway sieht B im Playhouse »in einem idiotischen Stück« (*Die Glasmenagerie* von Tennessee Williams) die »völlig moderne Schauspielerin« Laurette Taylor (als Mutter): »sie spielt episch« *(27,226)*.

1. 7. Die amerikanischen und britischen Verbände räumen die von ihnen besetzten Gebiete in Sachsen, Thüringen und Mecklenburg, sowjetische Truppen rücken nach. In Berlin, das in vier Sektoren aufgeteilt wird, richten die Alliierten eine Militärkommandantur (am 11. 7.) ein.

11. 7. Vermutlich reist B an diesem Tage aus New York ab.

14. 7. B trifft in Chicago seinen Sohn Stefan, der auf seine Entlassung vom Militär wartet.

16. 7. B trifft wieder in Santa Monica ein (laut FBI). Er nimmt mit Charles Laughton sofort die Überarbeitung von *Leben des Galilei (Galileo)* wieder auf.

17. 7. Beginn der Potsdamer Konferenz, in der über das Schicksal Deutschlands entschieden wird.

— Potsdamer Konferenz

20. 7. B dankt Ruth Berlau für die Fotos von der New Yorker Aufführung *The Private Life of the Master Race.*

30. 7. Nach der Lektüre von *The Duchess of Malfi* greift Hans Winge »die Introduktion des Inzestmotivs an«, aber B verteidigt »die poetische Idee«, Malfis Anerkennung der »Liebe des Bruders als Naturrecht« *(27,227)*. – B und Laughton stellen die 1. Fassung der Übersetzung und Charles Laughtons Überarbeitung von *Leben des Galilei* ins Amerikanische unter dem Titel *Galileo* fertig.

Juli. Vor der Abreise Berthold Viertels nach Österreich betont B die Wichtigkeit der Salzburger Festspiele. Er solle auf Fritz Kortner, Helene Weigel, Hanna Hofer, Elisabeth Neumann und Oskar Homolka hinweisen, außerdem auf Peter Lorre als Schweyk *(29,357)*.

2.8. Abschluss der Potsdamer Konferenz. B billigt das Abkommen *(Potsdamer Beschlüsse)*. Er schreibt seinem Sohn, dass er das Abkommen »ganz fruchtbar« halte. »Schließlich ist D. immer noch ein niedergehender kapitalistischer Staat.« *(Erg.,52.)* – Am 3. 8. schreibt B an Paul Tillich; er vermutet, dass das Potsdamer Abkommen »das Komitee wohl in so etwas wie eine Krise bringen« wird *(29,361 f.)*. Tatsächlich spalten die Meinungen über das Abkommen die Mitglieder des Council for a Democratic Germany und führen zu dessen Auflösung.

Atombomben-abwürfe auf Hiroshima und Nagasaki **6.8.** Ein amerikanisches Flugzeug wirft über Hiroshima die erste amerikanische Atombombe ab und macht die japanische Stadt dem Erdboden gleich. Das Gleiche wiederholt sich (am 9.8.) in Nagasaki. – B und Charles Laughton erhalten durch den Einsatz der Massenvernichtungswaffen einen neuen Blick auf die Gestalt Galileis.

15.8. Im Berliner Hebbel-Theater hat *Die Dreigroschenoper* Premiere (zugleich Eröffnung der ersten Spielzeit nach dem Kriege in Berlin). Regie: Karl Heinz Martin; mit Hubert von Meyerinck als Macheath. Der Regisseur spricht von der Bühne aus über B und Kurt Weill, die nunmehr in Deutschland wieder Anerkennung finden werden. Während die Aufführung beim Publikum gut aufgenommen wird, beginnt der aus Moskau zurückgekehrte Kritiker Fritz Erpenbeck wegen der Stückwahl eine Attacke gegen B und das Hebbel-Theater.

10.9. Durch den Abwurf der Atombomben liest B die Galilei-Biographie anders. »Der infernalische Effekt der Großen Bombe stellte den Konflikt des Galilei mit der Obrigkeit seiner Zeit in ein neues, schärferes Licht. Wir hatten nur wenige Änderungen zu machen, keine einzige in der Struktur.« *(24,241.)*

15.9. B auf die Frage, ob er Berlin wiedersehen will: »Ich antwortete, es werde wohl noch einige Zeit dauern, dann freilich möchte ich das.« Er hofft, vorher »noch den *Galilei* in N.Y. auf die Beine zu bringen, das wäre wichtig in mancher Hinsicht« *(29,363)*.

16. 9. Dem FBI zufolge ist Ferdinand Reyher in der Zeit vom 16. 9. bis 15. 10 mehrfach in Bs Wohnung beobachtet worden.

20. 9. Neben der *Galilei*-Übersetzung schreibt B mit Peter Lorre und Ferdinand Reyher eine Macbeth-Kopie für den Film *Lady Macbeth of the Yards.*

September. B teilt dem sowjetischen Kulturfunktionär Michail Apletin mit, dass er nach Deutschland zurückkehren will, dass das aber noch einige Zeit dauern wird. Er bittet ihn, es mögen keine »Aufführungen seiner Stücke stattfinden, ehe er da ist: Alle diese Stücke möchte er sorgfältig durchstudieren und Änderungen machen können, bevor sie auf dem Theater in dieser neuen Situation erscheinen« *(Erg.,52).*

24. 10. Herbert Jhering, Chefdramaturg des Deutschen Theaters in Berlin (DT), lädt B ein, bald zurückzukehren. An seinem Theater bestünde großes Interesse an *Mutter Courage und ihre Kinder* und an *Leben des Galilei.*

DT lädt Brecht ein, nach Berlin zurückzukehren

25. 10. B und Helene Weigel sprechen (laut FBI) mit Peter Lorre und einem anderen Schauspieler über mögliche Hilfeleistungen (durch ein »Austrian Committee«) für österreichische Freunde.

Oktober. Auf einen Brief Peter Suhrkamps antwortet B: »Sie waren einer der letzten, die ich in Deutschland sah – ging ich doch von Ihrer Wohnung an die Bahn am Tag nach dem Reichstagsbrand; ich habe Ihnen Ihre Hilfe bei meiner Flucht nicht vergessen.« *(29,365.)*

14. 11. In Nürnberg beginnt der Prozess gegen 24 deutsche Hauptkriegsverbrecher vor einem internationalen Gericht, in dem vier Richter aus den USA, aus der Sowjetunion, aus Großbritannien und aus Frankreich Anklage erheben. B notiert dazu (am 5. 1. 1946): »Die Konterrevolution frisst ihre eigenen Kinder. Die Russen tun, was die europäischen Bourgeoisien versäumt haben, sie bringen die Agrarreform.« *(27,239.)*

22. 11. In der *Täglichen Rundschau*, der Zeitung der SMAD (der Sowjetischen Militäradministration in Deutschland) in Berlin, wird von Johannes R. Becher, dem Präsidenten des neugegründeten Kulturbunds, ein Ruf an die Emigranten veröf-

fentlicht, in dem es heißt:»Lasst Euch sagen, dass Deutschland Eurer bedarf; so wie Ihr in brennender Ungeduld den Tag der Heimkehr kaum erwarten könnt, so rast- und ruhelos sind wir am Werk, um Euren Werken eine Heimstätte zu bereiten.«
25. 11. Alfred Döblin ist nach Deutschland zurückgekehrt. Er arbeitet in Baden-Baden als literarischer und kulturpolitischer Mitarbeiter der französischen Militärregierung und gibt die Zeitschrift *Das Goldene Tor* heraus. Döblin wendet sich an B und bittet ihn um Mitarbeit.

Galileo (amerikanische Fassung) fertiggestellt

1. 12. Charles Laugthon liest die fertige umgearbeitete amerikanische Fassung des *Galileo* B und seinen Gästen vor. In der neuen Version des Stückes wird die Figur des Galilei der Kritik preisgegeben In mehreren Texten wie *Preis oder Verdammung des Galilei?* sowie in weiteren Anmerkungen geht B auf die Veränderungen nach dem Abwurf der Atombombe ein.»Die Atombombe ist sowohl als technisches als auch als soziales Phänomen das klassische Endprodukt seiner wissenschaftlichen Leistung und seines sozialen Versagens.« *(24,240.)*

2. 12. B erfährt durch einen Anruf von Ruth Berlau, dass sie sich»frei« von B fühlt und eine intime Beziehung zu einem dänischen Seemann aufgenommen hat. Am 15. 12. reflektiert er seine Enttäuschung:»Schlechtes Benehmen verschlechtert, gutes verbessert. Die Strafe für den Enttäuscher besteht darin, dass die Erwartungen gestrichen werden. Der Zorn verwandelt sich in die Gleichgültigkeit.« *(27,237.)* In diesem Zusammenhang entsteht das Gedicht *Der Schreiber fühlt sich verraten durch einen Freund.*

10. 12. B resümiert seine Zusammenarbeit mit Charles Laughton am *Galileo*: es sei»die klassische in der Profession, Stückschreiber und Schauspieler« gewesen *(27,236).*

17. 12. Charles Laughton liest den *Galileo* vor mehreren Leuten, um eine Produktion zu initiieren. B schenkt ihm zu Weihnachten eine Sammlung unveröffentlichter Gedichte mit einer Collage und einer Widmung in japanischer und englischer Sprache:»Stückeschreiber Brecht überreicht dem höchst ehrenwerten Laughton einige seiner subversiven Gedanken.«

25.12. An Weihnachten erfährt B von einem schweren physischen und psychischen Zusammenbruch Ruth Berlaus in New York.

1946

9.1. Elisabeth Hauptmann berichtet B über den Aufenthalt Ruth Berlaus in einer Nervenheilanstalt. Obwohl sie keineswegs wieder gesund sei, wolle sie unbedingt aus der Klinik heraus und benötige für die Entlassung Bürgen. – B reist (bis Mitte März) nach New York. In einem Brief an seine Frau schreibt er, Ruth Berlau dürfe keine Besuche empfangen, »ist fiebrig wegen Flüssigkeitsmangel, da sie nicht isst und nicht trinkt. Ich war nur einmal bei ihr, da war sie ganz, wie man im Traum ist, sprunghaft, ungeheuer erregt mit enorm schnell und oft wechselndem Ausdruck und in den Gesten äußerst theatralisch.« Die Ärzte würden den Fall als schwer einstufen. In einem weiteren Brief spricht er eine geistige Störung von Ruth Berlau an: »Sie sieht sich im KZ und die anderen Kranken sind Genossen, und man muss nicht nur sie, sondern alle befreien.« *(Erg.,54.)*

Mitte Februar. B beginnt mit Wystan Hugh Auden eine neue Überarbeitung von *The Duchess of Malfi.* Außerdem geht er mit Ferdinand Reyher und Elisabeth Hauptmann nochmals die amerikanische Fassung von *Galileo* durch.

16.2. B berichtet der Schauspielerin Elisabeth Bergner detailliert über seine Arbeit mit Wystan Hugh Auden, über konzeptionelle Veränderungen und über deren Konsequenzen auf Personen und Handlungslinien.

25.2. B schreibt seiner Frau von einem Gespräch mit Otto Zoff, von dem er erfahren habe, dass seine Tochter Hanne zum Theater gegangen sei. Sie »soll sehr begabt und originell sein« *(Erg.,55).*

5.3. B berichtet Helene Weigel über seine Arbeit an der *Malfi* und über Gespräche mit Ferdinand Reyher, Fritz Sternberg, Hermann Budzislawski zur Weltlage, mit Albert Schreiner und Albert Norden über die Lage in Deutschland.

6.3. Caspar Neher hat von B, »seit langem erhofft«, einen Brief erhalten: »Ich hungere nach den letzten Sachen von Dir, die ich nirgends auftreiben kann.« *(Erg.,56.)*

16.3. B schließt mit Wieland Herzfelde vom Aurora-Verlag, einen Vertrag über eine Edition *Neue Gedichte*.

27.3. B gratuliert Heinrich Mann zum 75. Geburtstag und hält über einen Kurzwellensender eine kleine Rede auf ihn.

29.3. Das Wiener Theater in der Josefstadt bringt (als erste Brecht-Aufführung in Österreich nach dem 2. Weltkrieg) *Der gute Mensch von Sezuan* heraus. Regie: Rudolf Steinboeck, mit Paula Wessely als Shen Te/Shui Ta.

31.3. Herbert Jhering fordert B erneut zur Rückkehr nach Berlin auf. Am DT hätten alle seine Stücke mit Begeisterung gelesen. Helene Weigel wird eingeladen, die Courage zu spielen.

6.4. B schreibt seiner Frau von den Verhandlungen für eine Aufführung von *Galileo* in New York mit Orson Welles, an denen der Schauspieler nie teilgenommen hat. Er wolle offensichtlich einen »gigantischen Zirkus« aufziehen. »Ich bin nicht wirklich interessiert, O.W. [Welles] zu bekommen, ich brauche für den G[alilei] nur den Laughton.« *(Erg.,58.)*

21.4. In der sowjetisch besetzten Zone (SBZ) wird durch Zusammenschluss von KPD und SPD eine neue Partei, die SED (Sozialistische Einheitspartei), gegründet (Vorsitzende: Wilhelm Pieck und Otto Grotewohl).

25.4. Im Wiener Theater in der Josefstadt findet ein Gastspiel des Schauspielhauses Zürich mit Bs *Mutter Courage und ihre Kinder* statt. Regie: Leopold Lindtberg, mit Therese Giehse als Courage. Die Wirkung ist außerordentlich stark.

6.5. B nimmt an einer Besprechung im Aurora-Verlag teil.

Anfang Mai. B reist mit (der aus der Klinik entlassenen) Ruth Berlau nach Santa Monica zurück.

Mai. B schreibt seinem Bruder Walter nach Darmstadt: »Wir sind seit vier Jahren in Kalifornien, und es geht uns gesundheitlich ganz gut. Steff, jetzt 21 Jahre alt, studiert Chemie, Barbara (15) ist im College. Helli hält Haus. Amerikanische Bürger sind wir nicht geworden.« *(29,382.)*

2. 6. Deutsche Erstaufführung von *Mutter Courage und ihre Kinder* an den Konstanzer Bodensee-Bühnen; Regie: Wolfgang Engels, mit Lina Carstens als Courage.

Deutsche Erstaufführung in Konstanz: *Mutter Courage und ihre Kinder*

26. 6. Bs Bruder Walter berichtet von der Notlage, die durch fehlende Unterkünfte und Hunger allerorten in Deutschland entstanden ist, und bittet ihn in einer anderen Sache um Hilfe. Er sei nur auf Rat Bs 1939 in die Nazipartei eingetreten und bittet ihn, das zu bestätigen. B schickt ihm Loyalitätserklärungen und arrangiert noch eine Erklärung Peter Lorres, die er für wirksamer hält, da ihn die meisten US-Soldaten kennen. Walter bedankt sich (am 3. 8.) »von ganzem Herzen«.

Juli. B und seine Frau beginnen eine große Spendenaktion mit Versand von CARE-Paketen, die Helene Weigel an Schauspieler und Bekannte in Deutschland und in Österreich verschickt.

Beginn einer CARE-Spendenaktion

Juli/August. Die Auswahl für den 1. Dramenband findet er gut, schreibt B dem Übersetzer Eric Bentley, er will noch einmal die *Johanna*-Übersetzung lesen. Er schlägt die zusätzliche Aufnahme von *Die Gewehre der Frau Carrar* vor, »damit etwas Zeitgenössisches im ersten Band steht«. Den *Kaukasischen Kreidekreis* habe Charles Laughton gerade angefangen zu übersetzen.

4. 8. Seinem Jugendfreund Georg Pfanzelt in Augsburg teilt B mit, dass »ein Spaziergang den Lech hinunter […] wohl etwas niederdrückend sein« werde; aber immerhin existiere jetzt die Möglichkeit, sich wiederzusehen. B bietet Pfanzelt CARE-Pakete an.

Ende August. Mit Elisabeth Bergner wird die Inszenierung der *Duchess of Malfi* (in New York) vorbereitet. Da er mit ihr einige Meinungsdifferenzen hatte, schreibt er ihr in einem Brief: »Meine Erinnerung an unsere Zusammenarbeit ist sehr angenehm; sie war methodisch und doch leichthändig.« Er drückt seine Hoffnung aus, dass er bei der Inszenierung mithelfen darf. *(Erg.,61.)*

31. 8. B bestätigt seinem Basler Verleger Reiss, dass er »mit keinem der Vertriebe mehr zu tun haben will, die während des Naziregimes kollaboriert haben (etwa zusammen mit dem

Felix Bloch Erben Vertrieb in Berlin)«, und erteilt ihm Verhandlungsrechte für eine Aufführung der *Dreigroschenoper* in Holland *(29,396)*.

Mitte September. B fährt mit Ruth Berlau im Auto Laughtons von Santa Monica nach New York.

20. 9. Erste Aufführung von *The Duchess of Malfi* im Metropolitan Theatre von Providence, Rhode Island.

22. 9. B kommt in New York an. Wenige Tage später reist er nach Boston weiter.

25. 9. Paul Czinner hat für die *Malfi*-Produktion den englischen Regisseur Georg Rylands engagiert, der das Stück ein Jahr zuvor erfolgreich am Londoner Haymarket Theatre inszeniert hat. Die Proben beginnen (Ende August) in New York; das Stück wird dann vor der Broadway-Premiere auf der üblichen Probentournee an anderen Orten gezeigt. B sieht sich in Boston die Probeaufführung an und will sie in seinem Sinne beeinflussen.

26. 9. B teilt Paul Czinner seine Einwände gegen die Inszenierung George Rylands mit. Er fordert die unbedingte Wiederherstellung der Adaption, die Wystan Hugh Auden und er abgeliefert haben. Czinner sucht zu vermitteln und lässt B nach der Abreise Rylands erneut Proben leiten.

— Urteile im Nürnberger Prozess

1. 10. Im Internationalen Kriegsverbrecherprozess in Nürnberg werden die Urteile verkündet. Zwölf der 22 Angeklagten werden zum Tod durch den Strang verurteilt, sieben zu Zuchthausstrafen. Drei ehemalige Nazi-Funktionäre werden freigesprochen. B schreibt daraufhin *An den Allied Control Council, Berlin*, und schlägt ein »zentrales deutsches Gericht zur Aburteilung und Ächtung aller jener Verbrechen« vor, »für die sich das Internationale Militärtribunal in Nürnberg für unzuständig erklärt hat« *(23,58)*.

Anfang Oktober. B studiert in New York mit dem Schauspieler Brainerd Duffield die Rolle des Ferdinand für *The Duchess of Malfi* ein. Seine Vorstellungen für eine Aufführung legt er in dem Text *Wie die »Duchess of Malfi« aufgeführt werden sollte* nieder.

5. 10. Herbert Jhering gibt William Dieterle, der in Berlin ist,

einen Brief an B mit:»Es ist überhaupt dringend nötig, dass
in Berlin ein neuer, d. h.: in Deutschland bisher unbekannter
Brecht gespielt wird.« *(BBA 211/31 a.)* Gleichzeitig bietet Intendant Wolfgang Langhoff in einem offiziellen Brief Helene
Weigel die Courage am DT an.

15. 10. Premiere von *The Duchess of Malfi* im Ethel Barrymore
Theatre in New York; Musik: Benjamin Britten; Regie: George
Ryland; mit Elisabeth Bergner als Herzogin. Auf dem Theaterzettel wird lediglich Wystan Hugh Auden als Bearbeiter genannt. Die Inszenierung fällt bei der Presse und beim Publikum
durch und wird nach vier Wochen abgesetzt. B telegraphiert
an seine Frau:»As to Bergner I saw what an actress you are as
to Laughton unhappy the land.« *(Erg.,83.)*

Oktober. B schreibt Helene Weigel, in New York sei es»nicht
angenehm«. Wegen eines Visums für die Schweiz müsse man
in Los Angeles zum Konsulat.»Aber wir müssen auch um die
amerikanische Bürgerschaft einreichen, glaube ich.« *(29,401.)*

16. 11. Helene Weigel hat an Hella Wuolijoki über verschiedene
Adressen CARE-Pakete geschickt; sie schreibt ihr:»Ich habe
nichts von Deinen vielen Freundlichkeiten vergessen, nicht
Dein Haus, Deine Geschichten und die vielen Abende bei
Dir.« *(BBA 2177/12.)*

Anfang Dezember. Rückkehr nach Santa Monica.

6. 12. B hat den Theaterverlag Reiss in Basel darum gebeten,
seiner Tochter Hanne auf seine Kosten jede Woche ein Geschenkpaket zu schicken; dies wird vom Verlag (am 11. 10.)
akzeptiert. Hanne bedankt sich für die Sendungen, auch für
die *Svendborger Gedichte.*

27. 12. Hella Wuolijoki bedankt sich für die CARE-Pakete aus
Santa Monica. Es sei zum Verzweifeln gewesen,»zwei Jahre
nach der Adresse des größten deutschen Dichters zu jagen«
(BBA 211/32–36).

Dezember. B berichtet Caspar Neher auch von Angeboten,
u. a. einem aus Ost-Berlin,»das Schiffbauerdammtheater für
gewisse Sachen benutzen zu können«. Er habe darüber noch
nicht entschieden.

1947

Brecht will
seine Stücke auf
aktuelle Situation
abstimmen

1.1. B teilt Karl Heinz Martin mit, er komme bald nach Berlin, um die Stücke, die er geschrieben hat, auf die Bühne zu bringen. »Jedoch fehlt mir eben die Kenntnis der deutschen Situation, die ich nur dort erwerben kann – Sie wissen, wie nötig das gerade bei meinen Arbeiten ist, sie auf die jeweilige aktuelle Situation abzustimmen.« *(Erg.,65.)*

6.1. Schweizerische Erstaufführung von 18 Szenen aus *Furcht und Elend des III. Reiches* im Stadttheater Basel; Regie: Ernst Ginsberg, Bühnenbild: Caspar Neher.

10.1. B hat den Schweizer Verleger Kurt Reiss autorisiert, in seinem Namen »alle schwebenden Rechtsfragen« zu besprechen.

20.2. B ärgert sich über den Leitartikel *Tod und Auferstehung* von Johannes R. Becher in der Wochenzeitung des ost-deutschen Kulturbunds *Sonntag* (vom 5.1.), weil darin deutschnationale Gedanken in pathetischer Form ausgesprochen sind. **Februar.** Bei Erwin Piscator erkundigt sich B, wie er »über Theatermachen in Berlin« denke. Er bekomme ständig Anfragen mit Aufführungswünschen, »habe aber bisher keine Aufführung erlaubt« *(29,411f.)*.

20.3. B stellt das Gedicht *Freiheit und Democracy oder Der anachronistische Zug* fertig. »Eine Art Paraphrase von Shelleys *The Masque of Anarchy*.«

24.3. B ist »stark beeindruckt« von den Filmen *Sturm über Asien* von Wsewolod Pudowkin und *Monsieur Verdoux* von Charles Chaplin. Für Peter Lorre beendet er einen Filmentwurf nach Nikolai Gogols Novelle *Der Mantel*. In diesem Zusammenhang beginnt er die Filmgeschichte *Der große Clown Emaël*, die er in der Schweiz fertigstellt.

27.3. B hat den Spanienfilm *Man's Hope (Hoffnung)* von André Malraux gesehen und findet darin »ausgezeichnete dialektische Elemente«; ebenso hat ihn der Film *Sturm über Mexiko* beeindruckt.

29.3. B, Helene Weigel und Barbara bekommen ein Exit- und Reenter-Permit, womit sie in die Schweiz reisen können.

3. 4. B klebt in sein *Journal* einen Presseausschnitt (aus *World Report)* mit einer Auflistung der »Weltstärke der Kommunisten«.

18. 4. Karl Korsch analysiert in einem ausführlichen Brief an B die »gegenwärtige Lage und Perspektive« und begründet seine »Rückkehr zum Marx-Studium«. Er stellt einen Besuch in Santa Monica in Aussicht und wünscht eine weitere Zusammenarbeit am *Manifest*. – Amerikanische Uraufführung der Oper *Das Verhör des Lukullus* mit der Musik von Roger Sessions in Berkeley (Regie: Henry Schnitzler).

27. 4. Der Regisseur Joseph Losey ist zur Vorbereitung der *Galileo*-Inszenierung nach Kalifornien gekommen.

April. B hat seinem Sohn Stefan das Gedicht *Freiheit und Democracy* geschickt und von ihm in einem langen Brief kritische Bemerkungen zur allgemeinen Aussage und zur sprachlichen Gestaltung erhalten. B ist darüber enttäuscht, weil das Urteil »etwas Doktorenhaftes hat«; es drücke »nicht das Missbehagen eines guten Essers, sondern eines Fleischbeschauers aus« *(29,416 f.)*.

Mai. B schreibt den Filmentwurf Offenbachs »*Hoffmanns Erzählungen*« *in einer neuen Version* und hinterlegt, um eine Verfilmung anzuregen, ein Exemplar in der Screen Writers Guild.

1. 6. Helene Weigel dankt Karin Michaëlis, die wieder in Dänemark ist, für ihren Brief und bietet ihr CARE-Pakete an; sie plant die Übersiedlung in die Schweiz für den Herbst.

24. 6. Beginn der Proben von *Galileo*. Als B dem Regisseur Joseph Losey von den Arrangierzeichnungen Caspar Nehers erzählt, lässt Charles Laughton durch einen Zeichner solche Skizzen entwerfen. Sie seien »etwas boshaft« ausgefallen, Laughton habe sie verwendet, »aber vorsichtig«. B berichtet ausführlich über die Arbeit an der Inszenierung in seinem Modellbuch *Aufbau einer Rolle. Laughtons Galilei*.

Juni. Bs Jugendfreund Georg Pfanzelt hat sich bei B für die zugesandten CARE-Pakete bedankt und über das zerstörte Augsburg berichtet. B freut sich, »dass zumindest der Lech selber noch vorhanden ist«. Über seine Situation in den USA schreibt er: »Hier ist alles zu haben, außer den Dollarchen, ohne die nichts zu haben ist.« *(29,418.)*

18. 7. Wieland Herzfelde berichtet B von der finanziell ungünstigen Lage des Aurora-Verlags. Er informiert über die einzelnen laufenden Projekte. Die *Gesammelten Werke* Bs will Herzfelde (als »Aurora-Bibliothek«) in München, Berlin, Wien und in der Schweiz anbieten.

Coronet Theatre Beverly Hills: Uraufführung der amerikanischen Fassung von *Galileo* **30. 7.** Premiere von *Galileo* im Coronet Theatre in Beverly Hills; Regie: Joseph Losey; Musik: Hanns Eisler; Bühnenbild: Robert Davison; mit Charles Laughton als Galilei. B schreibt: »Die Aufführung fand in einem kleinen Theaterchen in Beverly Hills statt, und L.s Hauptsorge war die Hitze, die gerade herrschte. Er verlangte, dass Lastwagen mit Eisblöcken um das Theater angefahren und Ventilatoren in Bewegung gesetzt wurden, ›damit die Zuschauer denken konnten‹.« *(25,20.)*

August. Karl Korsch macht auf einer Reise nach Mexiko bei B Station und arbeitet mit ihm an der Versifikation des Kommunistischen Manifests weiter.

5. 9. Einer Notiz der *Berliner Zeitung* zufolge haben die Teilnehmer der Bühnenautoren- und Dramaturgentagung in Augsburg einen Offenen Brief des Deutschen Bühnenvereins an B gerichtet, in dem sie darum bitten, die Aufführung seiner Stücke in Deutschland zu gestatten.

15. 9. B liest das in Ost-Berlin herausgekommene *Deutsche Stanislawski-Buch* von Ottofritz Gaillard und Maxim Vallentin. Bemerkenswert sei, »wie die Deutschen das System der progressiven russischen Bourgeoisie der Zarenzeit so ganz und gar unberührt konservieren konnten« *(27,246 f.)*.

September. B schreibt Charles Laughton, dass er eben dabei ist, den *Galileo* ins Deutsche zurückzuübersetzen, was eine »Sauarbeit« sei. – B teilt Ferdinand Reyher mit, der nach Paris gereist ist, sie wollten »Mitte September segeln, bekamen aber nicht das französische Durchreisevisum und konnten das Haus nicht verkaufen«. Inzwischen sei der Verkauf vollzogen und für Mitte Oktober die Abfahrt von New York aus vorgesehen. B beabsichtigt, mit Reyher in Oberitalien den Galilei-Stoff für Rod Geiger als Film zu schreiben. *(29,421 f.)*

19. 9. B erhält eine Vorladung, vor dem Kongressausschuss für unamerikanische Betätigungen (HUAC) in Washington zu erscheinen.

16. 10. B, Helene Weigel und Barbara reisen mit dem Zug von Santa Monica nach New York (Sohn Stefan ist durch seinen Militärdienst amerikanischer Bürger geworden und bleibt in den USA). In New York bereitet B sich in einem Rollenspiel auf das Hearing vor: Er antwortet auf fiktive Fragen von Hermann Budzislawski, die dieser in der Rolle verschiedener Ausschussmitglieder stellt.

25. 10. Anna Seghers bedankt sich bei H. Weigel für ein CARE-Paket und schreibt ihr über die Schwierigkeiten des Lebens im Osten u. a.:»Du musst verstehen, dass der Schwung, den ich vielleicht in den ersten Monaten hatte, den Du bestimmt auch haben wirst, viel leichter schwankt, wenn man allein ist und auf sich selbst angewiesen.« *(Erg.,67.)* – In gleicher Weise danken ihr sehr viele der Empfänger von Paketen für die Unterstützung.

26. 10. B reist mit Joseph Losey nach Washington. Für den Fall, dass der Kongressausschuss Bs weitere Anwesenheit in den USA beschließt, wird für B ein Flug nach Paris auf einen anderen Namen gebucht.

→ **Verhör vor dem HUAC**

30. 10. Vormittags wird B im HUAC (House Commitee on Un-American Acitivities) über seinen möglichen kommunistischen Einfluss auf die amerikanische Filmkunst verhört. B will die von ihm vorbereitete Erklärung *Anrede an den Kongressausschuss für unamerikanische Betätigungen in Washington* vorlesen, aber die hat nach Meinung des Ausschusses nichts mit der Untersuchung zu tun. In dem Verhör wird mehrfach die Frage nach Bs Zugehörigkeit zu einer kommunistischen Partei gestellt und von ihm mehrfach verneint. Das Verhör endet ohne Anklage. – Lion Feuchtwanger hält (in einem Brief vom 20. 11.) Bs Aussage vor dem Komitee für »besonders geschickt und wirksam«; sie sei oft im Radio wiederholt worden. »Ihre gesamten Werke haben Ihnen nicht so viel publicity gebracht und so viel Erfolg wie diese ungeschickt pfiffigen Sätze.« *(Feuchtwanger, 50.)*

31. 10. In New York verabschiedet sich B auch von Charles Laughton, »der schon im Galileibart geht und froh ist, dass er nicht speziellen Mut benötigt, den Galilei zu spielen« (weil Bs Verhör keine seinen Auftritt benachteiligende Schlagzeilen gemacht hat). Nachmittags fliegt B nach Paris ab.

Bei der Inszenierung von *Der kaukasische Kreidekreis*
(mit Isot Kilian und Manfred Wekwerth), Berlin 1954

RÜCKKEHR NACH EUROPA

1947–1956

1. 11. B landet auf dem Pariser Flughafen Le Bourget. Er trifft Anna Seghers, die 1947 aus Mexiko nach Berlin zurückgekehrt ist. B lässt sich von Berlin berichten, das wie ein »Hexensabbat« sei, »wo es auch noch an Besenstielen fehlt«. Durch Seghers' Darstellung kommt B zu dem Schluss: »Es ist klar, man muss eine residence außerhalb Deutschlands haben.«

ZÜRICH/FELDMEILEN (SCHWEIZ) 1947–1949

5. 11. B fährt mit der Bahn nach Zürich. Er meint, für Berlin müsse man eine starke Gruppe bilden: »Allein, oder fast allein kann man da nicht existieren.« *(29,427.)* In Zürich hat er sich mit Caspar Neher verabredet, der dort am Theater arbeitet. Zu dem Gespräch kommt auch Oskar Wälterlin, der Direktor des Schauspielhauses.

6. 11. B lernt im Theater den Dramaturgen Kurt Hirschfeld und dessen Mitarbeiter Uz Oettinger kennen. B verhandelt mit ihnen über Arbeitsmöglichkeiten.

9. 11. Kurt Hirschfeld lädt B, Carl Zuckmayer, Erich Kästner, Alexander Lernet-Holenia, Werner Bergengruen und Max Frisch ein; sie entwerfen einen *Aufruf* zum Frieden an die Schriftsteller aller Nationen.

14. 11. B hat einen Kabarettabend von Werner Finck im Zürcher Schauspielhaus besucht und für ihn das Gedicht *Eulenspiegel überlebt den Krieg* geschrieben.

Mitte November. B arbeitet weiter an der Übersetzung des *Galileo* ins Deutsche und bespricht Bühnenbildentwürfe mit Caspar Neher. Er lädt seine in München lebende Tochter Hanne nach Zürich ein.

14. 11. Neher berichtet über seine Arbeit am Theater in Mailand und über die Lebensmöglichkeiten in Italien.

15. 11. B bezieht das freie Atelier des Dramaturgen Oettinger. In dem Interview Bs mit der Zeitung *Die Tat* heißt es, er wolle ein Jahr in Deutschland reisen: »Darüber hinaus habe ich keine bestimmten Pläne. Ich weiß auch noch nicht, in welchem Sektor ich mich vorübergehend niederlassen werde.«

19.11. Helene Weigel und Barbara sind von New York mit dem Schiff nach Europa gereist, haben in Paris Zwischenstation gemacht und kommen in Zürich an. – Für seinen Jugendfreund Otto Müllereisert schreibt B eine Loyalitätserklärung.

22.11. B bezieht mit Frau und Tochter die Dachetage eines Landhauses in Feldmeilen (etwa 30 km südlich am Zürichsee gelegen), Bündishoferstraße 14, das ihm von der Publizistin und Übersetzerin Renata Mertens und ihrem Mann zeitweilig zur Verfügung gestellt wird.

Ansiedlung in Feldmeilen (am Zürichsee)

24.11. B arbeitet mit Caspar Neher, beide sprechen abends mit Hans Curjel über Möglichkeiten für ein Theaterprojekt am Stadttheater Chur, das dieser leitet.

Arbeit an *Die Antigone des Sophokles*

1.12. B fährt nachmittags nach Chur (Hauptstadt des Kantons Graubünden) und sieht sich den Kinoraum an, in dem das Stadttheater spielt.

Anfang Dezember. B schreibt an Ruth Berlau, die Bearbeitung der *Antigone* sei für ihn wegen der Sprache Hölderlins, der sie übersetzt hat, interessant.

3.12. Der Schweizer Verleger Reiss teilt mit, dass Bs Konto immer noch gesperrt ist.

7.12. In New York findet die Premiere von *Galileo* im Maxine Elliott's Theatre statt; Regie: Joseph Losey; mit Charles Laughton als Galilei. Losey berichtet B von der Probenarbeit, die ausgezeichnet verlaufen sei, auch von einigen Abweichungen gegenüber der kalifornischen Aufführung. Sowohl der Verrat Galileis als auch seine Tragik seien klar herausgekommen.

New Yorker Premiere *Galileo* im Maxine Elliott's Theatre

11.12. B und Helene Weigel sehen sich die Premiere von Maxim Gorkis *Wassa Schelesnowa* im Zürcher Schauspielhaus an (Regie: Claude Maritz, mit Therese Giehse in der Titelrolle).

16.12. B arbeitet mit Caspar Neher und liest abends bei Hans Curjel aus der Bearbeitung vor, die er zwischen 30.11. und dem 12.12. fertiggestellt hat.

25.12. Den Weihnachtsabend verbringen B und Helene Weigel mit Caspar Neher und dessen Frau. Sie bereiten die *Antigone*-Inszenierung vor und hören im Radio die Meldungen von deutschen Soldaten, die in der Sowjetunion vermisst sind.

31. 12. B testet im Züricher Volkshaus einige Schauspieler für *Die Antigone des Sophokles*.

Dezember. B schickt seinem Sohn Stefan die *Antigone*-Bearbeitung, die er für Helene Weigel gemacht habe, »eine Art preview für Berlin« *(29,440 f.)*. – B schreibt an Charles Laughton einen Brief, in dem er dessen Bereitschaft rühmt, Umstellungen in der Arbeit auch auf schauspielerische Lösungen zu übertragen. Er habe das Konzept eines neuen Theatertyps demonstriert in der bewunderungswürdigsten Art, ohne Kompromisse, furchtlos. *(Erg.,72.)*

1948

2. 1. B bereitet eine theoretische Zusammenfassung seiner Überlegungen für ein Theater der Zeit vor und beschäftigt sich mit dem Briefwechsel zwischen Goethe und Schiller. – Er bespricht mit Caspar Neher die Masken und Requisiten für *Antigone*.

9. 1. B notiert in sein *Journal* ein längeres Zitat aus dem Brief Schillers an Goethe vom 26. 12. 1797 über die dramatische und epische Handlung, das er auch in das *Vorwort* zum *Antigonemodell 1948* übernimmt. – Max Frisch besucht 1948 mehrfach B und berichtet darüber in seinem Tagebuch.

10. 1. Der Kanton Zürich bittet die Polizei von Bern höflich »um die Anordnung von dringenden diskreten Erhebungen« gegen B.

16. 1. Abends fahren B, Helene Weigel und Caspar Neher nach Chur. Sie wohnen im Hotel Stern, das für fünf Wochen zum »Hauptquartier« für das Team wird.

17. 1. Obwohl die Rollen des Kreon und des Hämon noch nicht besetzt sind, wird mit den Proben in Chur begonnen.

22. 1. B und Caspar Neher erwägen wegen unzulänglicher Arbeitsbedingungen einen Abbruch des Churer Experiments. Abends fährt B nach Zürich, um Ruth Berlau zu begrüßen, die aus New York angekommen ist.

25. 1. B entschließt sich, die Rolle des Kreon mit dem jungen Hans Gaugler zu besetzen, der die Rolle bisher markiert hat, und überarbeitet mit Neher erneut den Text.

Proben zu
Die Antigone des
Sophokles

29.1. Die wieder aufgenommenen *Antigone*-Proben sind behindert wegen mehrerer Bühnenproben von Kurt Goetz, der seinen Schwank *Das Haus in Montevideo* gleichzeitig im Stadttheater einstudiert.

30.1. In Berlin findet am DT die Premiere von *Furcht und Elend des III. Reiches* statt; Regie: Wolfgang Langhoff, Bühnenbild: Werner Zipser. Es ist die erste Brecht-Aufführung im sowjetischen Sektor Berlins. Herbert Jhering berichtet B vom großen Erfolg der Aufführung und kündigt für den 10.2. einen Brecht-Abend des DT an.

Erste Brecht-Aufführung in Ost-Berlin nach dem Kriege

5.2. Ruth Berlau nimmt in Chur an der ersten Generalprobe teil.

9.2. In Santa Monica heiraten Elisabeth Hauptmann und Paul Dessau.

11.2. Ruth Berlau fotografiert eine Voraufführung der *Antigone* für das geplante Modellbuch. Sie beschwert sich bei B in einem langen Brief darüber, dass er sie als Fotografin degradiere. Sie will ihm beim Regieführen zur Seite stehen.

15.2. Uraufführung von *Die Antigone des Sophokles* »nach der Hölderlinschen Übertragung für die Bühne bearbeitet von Brecht« im Stadttheater Chur; Regie: B und Caspar Neher, Bühnenbild: Neher; mit Helene Weigel als Antigone. Das Stück hat mäßigen Erfolg; die Aufführung wird in Chur zweimal wiederholt. Im Programmheft wird Bs Gedicht *Antigone* gedruckt.

Stadttheater Chur: Uraufführung *Die Antigone des Sophokles*

22.2. Bei Neher lernt B den 30-jährigen österreichischen Komponisten Gottfried von Einem kennen, leitendes Mitglied im Direktorium der Salzburger Festspiele, der versucht, B zur Mitarbeit in Salzburg zu gewinnen.

29.2. B erörtert mit Caspar Neher und Günther Weisenborn Probleme des epischen Theaters. – Bs Tochter Hanne war mehrere Wochen zu Besuch und beendet ihren Aufenthalt.

6.3. B verständigt sich mit Caspar Neher über ein Modellbuch zu *Die Antigone des Sophokles*, für das der Berliner Verlag Gebrüder Weiß interessiert werden konnte.

7.3. B teilt dem Schweizer SPD-Politiker Hans Oprecht mit, dass er nach Berlin fahren möchte, um über die Aufführung seiner Stücke zu verhandeln, »jedoch möchte ich mich nicht in Deutschland niederlassen, sondern die Möglichkeit bekommen, mich weiterhin in der Schweiz aufzuhalten« *(Erg.,77).* – Gottfried von Einem schreibt an Caspar Neher, dass er mit dem Leiter der Wiener Bundestheaterverwaltung Egon Hilbert über eine Einladung Bs für eine Gastinszenierung gesprochen habe, dieser sei »positiv dafür«.

14. 3. Im Schauspielhaus Zürich wird die Churer Aufführung der *Antigone des Sophokles* in einer (einmaligen) Matineevorstellung gegeben.

18. 3. Die New Yorker American Academy of Arts and Letters teilt B mit, dass sie ihm, zusammen mit dem National Institute of Arts and Letters, in Anerkennung seiner »schöpferischen Arbeit auf dem Gebiet der Literatur« einen Preis zugesprochen hat.

2. 4. B hat Ferenc Molnárs *Liliom* in einem Gastspiel mit Hans Albers gesehen und erwägt, mit ihm »ein Volksstück zu machen, Ulenspiegel etwa«. Über dieses Projekt spricht er mit Günther Weisenborn.

12. 4. B genießt das »erste europäische Frühjahr seit acht Jahren« mit »Farben der Pflanzenwelt, so viel frischer und so viel weniger krud als die der kalifornischen« *(27,267).*

16. 4. Caspar Neher kommt aus Salzburg zurück und teilt B den Stand der Verhandlungen über ein gemeinsames Theaterprojekt mit.

20. 4. B arbeitet an einer Revue *Der Wagen des Ares* (bleibt Fragment).

Brecht-Abend im
Volkshaus Zürich

23. 4. B verhandelt im Schauspielhaus über eine Inszenierung von *Herr Puntila und sein Knecht Matti.* Abends findet im Volkshaus (Bücherkeller »Katakombe«) ein Brecht-Abend statt (einleitende Worte: Max Frisch; B liest *An die Nachgeborenen*, weitere Rezitationen von Therese Giehse und Helene Weigel).

26. 4. B arbeitet mit Ruth Berlau und Caspar Neher am *Antigonemodell 1948*. B beklagt sich bei Berlau über deren Alkoholkonsum.

Ende April. Einen ausführlichen Brief richtet er an Ferdinand Reyher. Er plane, in die Salzburger Gegend zu ziehen, »um einen Punkt zu haben, zu dem man zurückkehren kann (und den man verlassen kann)« *(29,448 f.).*

Anfang Mai. B beginnt mit den Proben von *Herr Puntila und sein Knecht Matti.* Bis zur Premiere ist er nahezu täglich mit der Inszenierung beschäftigt.

5. 5. In Northfield/Minnesota (USA) findet die englischsprachige Uraufführung von *Der kaukasische Kreidekreis* durch eine Studentenbühne im Carlton-College (Amateuraufführung) statt; Übersetzung: Eric Bentley, Regie: Henry Goodman, Musik: Katherine Griffith.

12. 5. Caspar Neher zeichnet auf Bs Wunsch Blätter zu *Puntila.*

Mitte Mai. B will die Rolle der Schmuggleremma, die Therese Giehse spielt, erweitern und schreibt für sie das *Lied der Branntweinemma* (später *Das Pflaumenlied*).

24. 5. Der Chef der Schweizerischen Bundesanwaltschaft schreibt an die Polizeiabteilung Bern: »Aus politisch-polizeilichen Gründen sind wir interessiert, dass Brecht so bald als möglich die Schweiz verlassen muss, und bitten Sie deshalb, demselben keinen Ausweis auszustellen.« *(BBA Z 49/214.)*

25. 5. Günther Weisenborn hat sich wegen des Eulenspiegel-Projekts an die ostdeutsche Filmfirma DEFA gewandt. Sie laden B zu einer Beratung nach Berlin ein.

4. 6. Generalprobe von *Herr Puntila und sein Knecht.*

5. 6. Uraufführung von *Herr Puntila und sein Knecht* (so der Titel, der Text ist auf neun Bilder gekürzt). Auf Anordnung der Fremdenpolizei darf B in Zürich offiziell nicht arbeiten, deshalb zeichnet für die Regie pro forma Kurt Hirschfeld, Bühnenbild: Teo Otto; mit Leonard Steckel als Puntila, Therese Giehse als Branntweinemma, Regine Lutz als Kuhmädchen.

Schauspielhaus Zürich: Uraufführung *Herr Puntila und sein Knecht*

6. 6. B informiert Hella Wuolijoki von der *Puntila*-Aufführung und fragt, was er mit ihrem Tantiemenanteil machen soll. Sie antwortet, er soll es zahlen, wenn es ihm besser geht.

10. 6. B resümiert in seinem *Journal* über die Proben und das Ergebnis von *Herr Puntila und sein Knecht.* Die Ergebnisse seiner Inszenierung fasst er u. a. in den *Notizen über die Züricher Erstaufführung (1948)* zusammen.

11. 6. Der (seit 1940 als Architekt tätige) Schriftsteller Max Frisch zeigt B in Zürich neugebaute städtische Arbeitersiedlungen mit Komfort.

Mitte Juni. Hanns Eisler ist ebenfalls von dem HUAC verhört und danach aus den USA ausgewiesen worden. Nach einem ersten Aufenthalt in Wien ist er in Prag untergekommen und nimmt von dort Verbindung zu B in Zürich auf.

20. 6. In den westlichen Besatzungszonen und den westlichen Sektoren Berlins tritt eine Währungsreform in Kraft. Als Reaktion wird am 23. 6. auch in der sowjetisch besetzten Zone und im sowjetischen Sektor von Berlin die Reichsmark außer Kraft gesetzt und dafür die DM der Deutschen Notenbank eingeführt. Die SMAD sperrt daraufhin (ab 24. 6.) den gesamten Verkehr (außer der Luftverbindung) zwischen Westdeutschland und Berlin (»Berlin-Blockade«). Die USA und Großbritannien versorgen West-Berlin durch eine »Luftbrücke«.

22. 7. Der Münchener Verleger Kurt Desch hat mit Jacob Geis und Ruth Berlau über Verlagsprojekte mit B gesprochen und die Zusage gemacht, für B ein Auto zu beschaffen. Es kommt zu einem Vertrag über den Vertrieb von *Herr Puntila und sein Knecht Matti*.

11. 8. Hans Schweikart von den Münchener Kammerspielen ist sehr an einer »Reprise der *Dreigroschenoper*« interessiert. Caspar Neher habe ihm berichtet, dass B Bedenken an der alten Fassung des Stückes habe und sich mit einer Neufassung der Songs beschäftige.

— **18. 8.** Auf Anregung von Helene Weigel, die um ein Programm für Bs Theaterarbeit gebeten hat, schreibt er seine Überlegungen über zeitgemäßes Theater als *Kleines Organon für das Theater* nieder, »eine kurze Zusammenfassung des ›Messingkauf‹« (27,272).

Fertigstellung von *Kleines Organon für das Theater*

29./30. 8. B fährt mit Max Frisch und Kurt Hirschfeld nach Kreuzlingen, dann über die schweizerisch-deutsche Grenze nach Konstanz (französische Zone), um am Abend im Stadttheater Frischs Stück *Santa Cruz* anzusehen. B betritt nach 1933 das erste Mal wieder deutschen Boden.

30. 8. In Bern wird B vom Chef der Polizeiabteilung ein Identitätsausweis ausgestellt (gültig bis 28. 2. 1949).

31. 8. Vertrag über Druck und Vertrieb des *Dreigroschenromans* mit dem Verlag Desch.

1. 9. B liest »amüsiert« *Über den Grund des Vergnügens an tragischen Gegenständen* und stellt bei Schiller die gleiche Ausgangsposition fest, wie er sie im *Kleinen Organon für das Theater* eingenommen hat.

3. 9. Ruth Berlau ist von ihrer Reise nach München zurückgekehrt. – Brecht plant, am DT in Ost-Berlin mit Helene Weigel *Mutter Courage und ihre Kinder* zu inszenieren.

7. 9. Die Schweizerische Bundesanwaltschaft ordnet an, dass in der Wohnung Bs in Feldmeilen eine Funküberwachung installiert wird.

Funküberwachung Brechts in Feldmeilen

Ende September. B legt dem Verleger Peter Suhrkamp einen ausführlichen Plan über die Fortführung der *Versuche* vor, an denen die Züricher Büchergilde Gutenberg mitzuarbeiten bereit wäre. – In einem Brief an Herbert Jhering schreibt B, für seine Arbeit in Berlin sei »ganz wichtig, dass kein Tamtam passiert, ich lege so gar keinen Wert auf Begrüßungen, wie Sie wissen, ich möchte mich einfach umsehen und am liebsten in aller Stille anfangen zu arbeiten« *(Erg.,84)*.

Anfang Oktober. B trifft mehrfach mit Berthold Viertel zusammen, der im Zürcher Schauspielhaus inszeniert

3. 10. B will von Berlin aus die Einreise von Paul Dessau bewirken, der sich mittlerweile in Stuttgart aufhält. Abends kommen B und seine Frau in Salzburg an und treffen sich mit Gottfried von Einem.

18. 10. Im Auftrag Bs teilt Jacob Geis dem Bühnenvertrieb Felix Bloch Erben mit, dass B den Generalvertrag mit dem Verlag »spätestens mit dem Zeitpunkt seiner Ausbürgerung aus Deutschland als gegenstandslos« betrachtet.

19. 10. B und Helene Weigel reisen von Salzburg nach Prag weiter. Hanns Eisler ist von Wien nach Prag gekommen (und begleitet beide nach Berlin).

22. 10. B und Helene Weigel fahren von Prag ab und sind

abends in Berlin. Sie werden im behelfsweise genutzten Wirtschaftsgebäude des ausgebrannten Hotels Adlon in der Nähe des Brandenburger Tores untergebracht.

23.10. B notiert: »Früh sechs Uhr dreißig gehe ich die zerstörte Wilhelmstraße hinunter zur Reichskanzlei. Sozusagen meine Zigarre dort zu rauchen.« *(27,279.)* Am Nachmittag findet für B und Helene Weigel ein offizieller Empfang im Haus des Kulturbundes statt, zu dem Künstler und Wissenschaftler eingeladen sind.

24.10. B und Helene Weigel nehmen an einer Kundgebung des Kulturbundes im Admiralspalast teil, die zugleich den Auftakt für eine »Woche des Kulturbundes-Ost« bildet. Nachmittags trifft er mit Jacob Walcher zusammen.

25.10. B ist davon beeindruckt, dass drei Jahre nach Kriegsende bei den Arbeitern immer noch die Panik nachzittert, »verursacht durch die Plünderungen und Vergewaltigungen, [...] die der Eroberung von Berlin folgten« *(27,280)*.

28.10. Am Abend trifft B den Schauspieler und Sänger Ernst Busch, der 1940 in Frankreich interniert und 1943–1945 in Deutschland inhaftiert war.

1.11. B beginnt mit dem Erproben junger Schauspieler für *Mutter Courage und ihre Kinder*.

4.11. Der Lektor Hermann Kasack, der jetzt beim Suhrkamp Verlag (vorm. S. Fischer) tätig ist, spricht mit B ausführlich über die Möglichkeiten, die *Versuche* zu übernehmen und weiterzuführen.

8.11. Der Regisseur Erich Engel, den B für die Koregie von *Mutter Courage und ihre Kinder* gewonnen hat, trifft aus München in Berlin ein.

12.11. Da B von seinem Münchener Verleger Desch keine Nachricht über den Druck der *Kriegsfibel* erhalten hat, teilt er ihm mit, dass er das Buch in Ost-Berlin machen lassen wird und bittet um Übergabe der Manuskript- und Fotomappe.

16.11. B und Günther Weisenborn verfassen für die DEFA einige *Grundgedanken zu dem Film »Eulenspiegel«* und schließen am 5.2.1949 einen Vertrag ab.

22. 11. Premiere von *Herr Puntila und sein Knecht Matti* am Hamburger Schauspielhaus; Regie: Albert Lippert, Bühnenbild: Heinz Gerhard Zircher; mit Willy A. Kleinau (Puntila) und Claus Hofer (Matti).

6. 12. B schickt an Kurt Weill ein Typoskript mit einer »Fassung der *Dreigroschenoper*« und schreibt ihm, dass sie »juristisch als *Neufassung* gelten kann«, dass sie sich nicht mehr um den Vertrieb über den Verlag Bloch Erben kümmern müssen *(29,479 f.)*.

8. 12. Die vom Kulturbund geplante neue Zeitschrift *Sinn und Form (SuF)* will B ein Sonderheft widmen. Es finden Gespräche mit Chefredakteur Peter Huchel statt.

9. 12. B sieht, wie sich in Berlin »die neue deutsche Misere bemerkbar« macht; »nur wenige stehen auf dem Standpunkt, dass ein befohlener Sozialismus besser ist als gar keiner« *(27,285)*.

12. 12. In den Proben arbeitet B weiterhin »vorsichtig mit der Episierung«. – Zusammen mit dem Intendanten Wolfgang Langhoff macht sich B Gedanken über das »Projekt eines *Studiotheaters*«, das dem DT angeschlossen sein soll. Er will dafür als Gäste erste Schauspieler der Emigration gewinnen und zugleich ein eigenes Ensemble aufbauen.

Plan eines Studiotheaters im DT

18. 12. Über seinen Tageslauf schreibt B: »Ich pflege um 5 Uhr 30 aufzustehen. Dann mache ich mir Kaffee oder Tee auf dem Hartspirituskocher, lese etwas Lukács oder Goethe (den *Sammler*).« Nach acht Uhr bereitet er mit seinem Assistenten die *Courage*-Proben vor, um neun diktiert er in seinem Büro Briefe, und um zehn beginnen die Proben *(27,292)*.

21. 12. Beim Probieren kommt B zu der Erkenntnis: »Nötig wären vier Monate Proben. Wirkliche Episierung so nicht möglich.« *(27,292.)*

1949

2. 1. Für die Jugendorganisation Freie Deutsche Jugend hat B das *Aufbaulied der F.D.J.* geschrieben und wird vom Vorsitzenden des Jugendverbands Erich Honnecker aufgefordert, den Vers »Und kein Führer führt aus dem Salat« zu überprüfen, »denn Hitler interessiere niemand mehr«, weil es ja

»eine Führung durch die Partei« gäbe *(27,295)*. B sieht keine Notwendigkeit für eine Änderung, da die Strophe und das Lied auf dem Motiv des »sich-Selbst-Führens« aufgebaut sei.

— **6. 1.** B wird (während der Endproben von *Mutter Courage*) zum Oberbürgermeister Ost-Berlins, Friedrich Ebert, bestellt. Im Beisein von Fritz Wisten, Wolfgang Langhoff und leitenden Vertretern der SED wird über das *Theaterprojekt B (Erg.,85)* gesprochen. Das Ensemble soll dazu beitragen, »Berlin wieder zum Kulturzentrum Deutschlands zu machen«. Eine Saison lang sollen Gastspiele ausländischer Theater sowie Gastspiele emigrierter großer Schauspieler stattfinden. Das Projekt schlägt 3–4 Stücke vor. Dieses Minimalprogramm Bs sehen die Funktionäre der Stadt und der Partei mit großer Skepsis an und weisen es als undurchführbar ab. B schreibt ins *Journal*: »Zum ersten Male fühle ich den stinkenden Atem der Provinz hier.« *(27,296.)*

Ablehnung des Theaterprojekts B.

— **11. 1.** Premiere von *Mutter Courage und ihre Kinder* im DT; Regie: B und Erich Engel (a. G.), Bühnenbild: Heinrich Kilger (nach dem Züricher Modell Teo Ottos); mit Helene Weigel als Courage (a. G.) und Schauspielern des DT. Die Aufführung wird ein sensationeller Erfolg mit Wirkung in allen Sektoren in Berlin und in allen Zonen in Deutschland.

Deutsches Theater: Berliner Premiere Mutter Courage und ihre Kinder

15. 1. Als Auftragsarbeit für den Berliner Rundfunk (im sowjetischen Sektor) schreibt B zum 30. Todestag der beiden Kommunisten die Gedichte *Grabschrift Liebknecht* und *Grabschrift Luxemburg*.

— **17. 1.** Der junge Publizist und Dozent Wolfgang Harich hat privat eine Zusammenkunft von Brecht-Sympathisanten arrangiert. Er teilt Anton Ackermann vom ZK der SED mit, B wolle wegen Ablehnung seines Theaterprojekts Berlin missgestimmt verlassen. Deshalb beabsichtige Harich ein »kleines Komplott« für B zu schmieden. Die Versammelten sind sich einig darüber, dass Brecht auf alle Fälle in Berlin gehalten werden sollte. Den Anwesenden aus den Ämtern und den Vertretern der SED wird empfohlen, sich in ihren Dienststellen für einen entsprechenden Beschluss einzusetzen.

Komplott für Brecht

18. 1. Wegen des außerordentlichen Erfolgs von *Mutter Courage und ihre Kinder* wird vonseiten der Brecht-Gegner in der SED eine kritische Auseinandersetzung mit Bs ästhetischem Konzept eingeleitet und von Fritz Erpenbeck eröffnet.

25. 1. B hat durch die Aktivitäten seiner Anhänger wieder Hoffnung und wendet sich für das Theaterprojekt an wichtige Mitarbeiter, so an Caspar Neher, Therese Giehs, Berthold Viertel und Erwin Piscator und bittet um deren Mitarbeit.

26. 1. B fährt auf Einladung von Prof. Hans Mayer nach Leipzig und diskutiert in dessen Seminar mit Studenten.

8. 2. Wolfgang Harich beteiligt sich an der Diskussion über Bs *Mutter Courage und ihre Kinder*, die Fritz Erpenbeck nach seiner Meinung »verbeckmessert« hat.

20. 2. Vor seiner Abreise nach Zürich dankt B Johannes R. Becher für die große Gastfreundschaft.

22.–24. 2. B reist über Prag nach Zürich und wirbt, obwohl es noch unsicher ist, für sein Theaterprojekt. In den folgenden Tagen entwickelt er bereits einen ersten Spiel- und Probenplan.

28. 2. Die Aus- und Wiedereinreisepapiere Bs sind von der Kantonalen Fremdenpolizei für die Zeit vom 15. 9. 48 bis zum 28. 2. 1949 ausgestellt.

1. 3. B mietet ein Zimmer in Zürich in der Hottingerstraße 25. – In Berlin geht der Kritikerstreit um B in dessen Abwesenheit weiter. Fritz Erpenbeck reagiert beleidigt auf Wolfgang Harichs scharfe Polemik.

2. 3. B gibt den abgelaufenen Identitätsausweis bei der Fremdenpolizei ab und beantragt für sich und für Barbara die Verlängerung der Ausweise für ein weiteres Jahr.

Anfang März. Für die Eröffnung des neuen Ensembles in Berlin erscheint B ein Stück über die Pariser Commune *(Die Tage der Kommune)* geeignet, an dem er arbeitet. Daran ist auch Ruth Berlau beteiligt, die B nach Zürich gefolgt ist. – Er ist beunruhigt, dass die ostdeutsche Wirtschaftskommission bisher immer noch keine offizielle Entscheidung für das Berliner Theaterprojekt getroffen hat.

3. 3. B arbeitet weiterhin am *Kommune*-Stück und schreibt seiner Frau, was für Schauspieler er dafür benötigt. Gottfried von Einem schlägt B ein »Festspiel« für Salzburg vor.

6. 3. B fährt mit Ruth Berlau und Barbara nach Basel zum »Fastnachtstrommeln« und lässt die Masken der Umherziehenden fotografieren. Danach macht er sich Notizen für ein Stück *Der Tod von Basel (Der Salzburger Totentanz).*

20. 3. Die Gültigkeit der DM wird in Berlin auf die Westsektoren eingeschränkt.

23. 3. Das Kleine Sekretariat des ZK schlägt dem Politbüro vor, der Bildung eines »besonderen Ensembles unter Leitung von Helene Weigel« am DT bzw. in den Kammerspielen zuzustimmen.

März. Im Frühjahr bringt *SuF* das »Sonderheft Bertolt Brecht« heraus, u. a. mit den Erstdrucken von *Kleines Organon für das Theater, Der kaukasische Kreidekreis, Die Geschäfte des Herrn Julius Caesar (Zweites Buch: Unser Herr C.).*

8. 4. Helene Weigel erhält für sich und B eine Zuweisung in ein geräumiges Haus in Berlin-Weißensee, Berliner Allee 190. – B hat sich an einen Schweizer Nationalrat gewandt, ihm bei den Passproblemen mit Schweizer Behörden behilflich zu sein. B legt größten Wert darauf, »beiden Zonen gegenüber unabhängig zu bleiben«. Er wolle selbständig bleiben und sich an »das *ganze* deutsche Volk wenden können«.

Brecht will deutschen Zonen gegenüber unabhängig bleiben

Mitte April. B hat sich mit Caspar Neher Gedanken über das von Gottfried von Einem vorgeschlagene »Festspiel« gemacht und teilt dem Komponisten seine Zustimmung mit. Als »Äquivalent« dafür scheint ihm »ein Asyl, also ein Pass«, mehr wert »als Vorschuss irgendwelcher Art«. Er stellt sich vor, dass dies am besten zu bewerkstelligen wäre, wenn seine Frau, die ja Österreicherin war, repatriiert wird und er »einfach als ihr Mann« ebenfalls die österreichische Staatsbürgerschaft bekommt. »Ich kann mich ja nicht in irgendeinen Teil Deutschlands setzen und damit für den andern Teil tot sein. Vielleicht können Sie mir da wirklich helfen?« *(29,511.)*

22. 4. B schickt seine Schreiben mit dem Wunsch, österreichischer Staatsbürger zu werden, an den Salzburger Landeshauptmann Josef Rehrl und den österreichischen Bundesminister Felix Hurdes.

29. 4. In Berlin gelangt das zwischen den Ämtern hin- und hergeschobene *Theaterprojekt B* auf den Tisch von Walter Ulbricht. Durch die bereits getätigten Engagements von Künstlern unter Druck geraten, teilt Ulbricht dem Vorsitzenden der Deutschen Wirtschaftskommission Heinrich Rau den Beschluss des Politbüros der SED über die Gründung eines »Helene-Weigel-Ensembles« mit. Er bittet darum, die Finanzen zur Verfügung zu stellen.

12. 5. Nach Verhandlungen von amerikanischen und sowjetischen UN-Delegierten wird die Berliner Blockade beendet und eine Außenministerkonferenz der »Großen Vier« einberufen.

→ **Bescheinigung zur Bildung eines eigenen Ensembles**

18. 5. In Berlin schickt Kurt Bork, der inzwischen als Leiter des neugebildeten Amtes für Kultur eingesetzt ist, an B und Helene Weigel eine von ihm »im Auftrag« unterzeichnete »Bescheinigung«, in der bestätigt wird, »dass das Berliner Ensemble, Leitung Helene Weigel, eine Institution der Deutschen Verwaltung für Volksbildung in der sowjetischen Besatzungszone ist« und »einer besonderen Zulassung durch den Magistrat von Groß-Berlin nicht« bedarf. Das Theater wird von B und Weigel zunächst »Neues Berliner Ensemble« genannt.

24. 5. B reist mit Barbara von Zürich nach Salzburg und erhält am Ort eine österreichische Aufenthaltserlaubnis. In Salzburg kommt er in Gottfried von Einems Wohnung am Mönchberg 17 unter. Mit dieser Adresse meldet sich B offiziell beim Meldeamt Salzburg Stadt an und benutzt sie künftig in seinen Briefen an österreichische Behörden als ständigen Wohnsitz.

27. 5. B reist mit Barbara von Salzburg nach Prag weiter.

BERLIN (DDR) 1949–1956

30. 5. B fährt mit Barbara nach Berlin. Beide lernen das Haus in Berlin-Weißensee kennen, das Helene Weigel inzwischen eingerichtet hat. Barbara sieht Anfang Juni ihre Mutter erstmals als Courage im DT und ist stark beeindruckt.

6.6. *Mutter Courage und ihre Kinder* im Deutschen Theater läuft immer noch vor ausverkauftem Haus.

10.6. B erhält einen Deutschen Personalausweis für Staatenlose mit einer Gültigkeitsdauer von einem Jahr.

Brecht erhält DPA (für 1 Jahr)

Ende Juni. Wegen einer Nierenbeckenentzündung muss B in das Hedwigskrankenhaus (Berlin-Mitte).

5.7. Eine Mitarbeiterin von Emil Burri aus München ist bei B und Helene Weigel eingeladen und wird von ihnen über die Pläne mit dem neuen Ensemble informiert. Sie beauftragen sie, mit Harry Buckwitz zu verhandeln, ob er für das BE Gastspiele in den Westzonen arrangieren könnte.

6.7. Nach erneuter Einbeziehung von Elisabeth Hauptmann in die Editionsarbeit besteht B gegenüber dem Suhrkamp Verlag auf rückwirkende Zahlungen.

11.7. Der Verlag Felix Bloch Erben löst den Vertrag über die *Dreigroschenoper* endgültig auf.

Mitte Juli. B teilt Hans Albers seine Freude über dessen Erfolg in der Münchener *Dreigroschenoper* mit.

26.7. B nimmt an einer Sitzung des Vorbereitenden Ausschusses zur Gründung einer Deutschen Akademie der Künste (DAK) teil.

5.8. Die DEFA legt B einen Vertrag über einen Film *Mutter Courage* vor.

26.8. B hat Bedenken gegen eine Theateraufführung von *Mutter Courage und ihre Kinder* ohne fachgemäße Anleitung in Wuppertal und empfiehlt für Regiehilfe seine Mitarbeiterin Ruth Berlau. Intendant Erich Alexander Winds akzeptiert diese Bedingung.

28.8. B fährt von Berlin nach Salzburg. Er nimmt mit Gottfried von Einem an Gesprächen mit Ministerialrat Egon Hilbert teil, »der Paßsache betreiben will und mich nach dem Festspiel *Salzburger Totentanz* ausfragt« (27,306).

30.8. B geht mit der Mutter von Einems in Salzburg auf mehrere Ämter wegen seines Staatsbürgerschaftsantrags. Er sieht

Carl Orffs Oper *Antigonae*, die unter der Regie von Oscar Fritz Schuh mit dem Bühnenbild von Caspar Neher in Salzburg aufgeführt wird. Er schreibt darüber einige kritische *Bemerkungen zu Orffs »Antigone«*.

31. 8. Gottfried von Einem versucht, B und Berthold Viertel für eine ständige Mitarbeit in Salzburg zu gewinnen. Abends fährt B nach Freilassing zurück und am nächsten Tag nach München. Dort verhandelt er mit Jacob Geis über verschiedene Projekte. Mit Therese Giehse wird über ihr Gastspiel in Berlin und über Bs Wunsch gesprochen, mit ihr in München eine Modellinszenierung von *Mutter Courage und ihre Kinder* an den Kammerspielen zu machen.

2. 9. Ruth Berlau ist aus Wuppertal in München eingetroffen und berichtet B über die Widerstände gegen das Theatermodell. B entwirft den Text *Über die Verwendung von Vorlagen*, in dem er feststellt, dass bereits »auf die bloße Nachricht hin, dass ein Mitarbeiter an der Berliner Aufführung« in einer anderen Stadt bei der Inszenierung »des einigermaßen schwierigen Stückes« helfen wolle, »eine Flut empörter Äußerungen« gekommen sei.

— Erfahrungen mit Theatermodellen

3. 9. Nachmittags fährt B nach Augsburg. Er zeigt Ruth Berlau seine Geburtsstadt und lässt sie zahlreiche Fotos machen.

4. 9. Rückfahrt von Augsburg nach Berlin.

7. 9. In Bonn konstituieren sich als gesetzgebende Gremien der Bundesrepublik Deutschland der Bundesrat und der Bundestag. Die Kabinettsmitglieder der Deutschen Bundesregierung werden (am 20. 9.) vereidigt, Konrad Adenauer gibt als erster Bundeskanzler eine Regierungserklärung ab.

— Gründung der BRD

15. 9. Mit einer Leseprobe beginnen die Proben zu *Herr Puntila und sein Knecht Matti* (bis 7. 11.).

16. 9. Caspar Neher trifft in Berlin ein. Er arbeitet von nun an (bis 25. 11.) täglich mit B und Erich Engel an *Herr Puntila und sein Knecht Matti*. Als Assistenten wirken Heinz Kuckhahn und der schweizerische Regisseur Benno Besson mit, den B ans BE engagiert hat.

7. 10. Nach Gründung der Bundesrepublik Deutschland wird die Deutsche Demokratische Republik als Staat proklamiert.

— Gründung der DDR

Nach den Wahlen zur provisorischen Länderkammer ist Wilhelm Pieck Präsident und Otto Grotewohl Vorsitzender des Ministerrats.

12. 10. Gottfried von Einem hat B davon unterrichtet, dass seine Passangelegenheit nach Salzburg zurückgekommen ist und erneut behandelt wird. Es ginge jetzt darum, zu den Anschuldigungen in der Presse, B habe eine Arbeit in Ost-Berlin angenommen, Stellung zu beziehen.

2. 11. B gratuliert Wilhelm Pieck zum Amtsantritt als Präsident der DDR und schickt ihm das für ihn geschriebene Gedicht *An meine Landsleute.*

5. 11. Das Politbüro der SED entscheidet sich in der Frage der Nationalhymne der DDR für einen Text von Johannes R. Becher (»Auferstanden aus Ruinen«) und für die Musik von Hanns Eisler. B nimmt (1950) an seiner *Hymne* geringfügige Änderungen vor, gibt ihr den Titel *Kinderhymne* und reiht sie in die Sammlung *Kinderlieder* ein; Eisler komponiert dazu eine neue Melodie.

12. 11. Offizielle Premiere von *Herr Puntila und sein Knecht Matti*, zugleich Eröffnungsvorstellung des neugegründeten BE im Hause des DT. Regie: Erich Engel und B, Musik: Paul Dessau, Bühnenbild: Caspar Neher; mit Leonard Steckel als Puntila und Erwin Geschonneck als Matti. 32 Vorhänge.

Erste Aufführung des BE im Deutschen Theater: Herr Puntila und sein Knecht Matti

18. 11. B erhält die polizeiliche Zulassung für das von ihm gebraucht gekaufte Kabriolett Steyr (55 PS), Baujahr 1938.

23.–27. 11. In Berlin tagt der 2. Bundeskongress des Kulturbundes, auf dem B Mitglied des Präsidialrats wird (Bundespräsident: Johannes R. Becher, Bundessekretär: Klaus Gysi).

Ende November. Hella Wuolijoki kommt nach Berlin und sieht sich die Aufführung von *Herr Puntila und sein Knecht Matti* an.

28. 11. Mit der Volksbühne Leipzig ist vereinbart, dass Ruth Berlau eine Voraufführung (für das BE) von Bs Stück *Die Mutter* inszenieren wird. B gibt ihr konzeptionelle Hinweise für die Regie.

November. Im November (oder Dezember) stellt der Suhrkamp Verlag das Heft 9 der *Versuche (Versuche 20/21)* fertig.

B setzt damit die 1933 unterbrochene Reihe seiner Werke fort.

Heft 9 enthält: 20. *Mutter Courage und ihre Kinder. Anmer-*
kung. 21. *Fünf Schwierigkeiten beim Schreiben der Wahrheit.* der *Versuche*
(20/21)
22.12. B hat für das BE »schnell eine Bearbeitung des Lenz-
schen *Hofmeister* gemacht«, ein Stück, das nach seiner Meinung
»die früheste – und sehr scharfe – Zeichnung der deutschen
Misere« gibt.

23.12. Premiere der zweiten Inszenierung des BE im DT: *Wassa* —
Schelesnowa von Maxim Gorki. Regie: Berthold Viertel, Büh- BE-Premiere im
nenbild: Teo Otto; mit Therese Giehse in der Titelrolle. Deutschen Theater:
Wassa Schelesnowa
30.12. Kurt Bork teilt dem Magistrat mit, dass das DT eine von Maxim Gorki
weitere Zusammenarbeit mit dem BE ablehnt.

Ende Dezember. B schreibt an Helene Weigel: »Dank für ein
gutes Jahr, von dem Du das Größte warst.« *(29,570).*

1950

2.1. B schreibt das Gedicht *An den Schauspieler P. L. im Exil*,
in dem er Peter Lorre auffordert, nach Deutschland zurückzukommen. – B schickt dem Süddeutschen Rundfunk für eine
Radiosendung des *Lindberghflugs* eine Reihe Textänderungen.
Lindbergh habe »zu den Nazis enge Beziehungen unterhalten«
und in den USA »als Faschist eine ganz dunkle Rolle gespielt«.
Deshalb wünscht er die Änderung des Titels in *Der Ozeanflug.*

11.1. Karin Michaëlis stirbt im Alter von 77 Jahren. B und
Weigel schreiben in Briefform einen Nachruf, in dem es heißt:
»Du hast Dich immer viel mehr für andere Leute interessiert
als für Dich selber. Du hast vielen Menschen in vielen Ländern
geholfen und Dich immer gewundert, wenn man an Dich
dachte.«

Mitte Januar. B reist nach Leipzig und übernimmt die Endproben von *Die Mutter.*

15.1. Premiere von *Die Mutter* in den Leipziger Kammerspielen.
Regie: Ruth Berlau, Bühnenbild: Caspar Neher; mit Charlotte
Küter als Pelagea Wlassowa.

3.2. Das Ministerium für Volksbildung bestätigt, dass das BE
seine Arbeit auch in der Spielzeit 1950/51 fortsetzen kann, al-

lerdings sei »die Unterbringung des Berliner Ensembles [...] noch nicht geklärt«.

9. 2. Helene Weigel und Elisabeth Hauptmann sehen sich in Rostock die Premiere von *Herr Puntila und sein Knecht Matti* (Gastregie: Egon Monk vom BE) an und machen auf zwei für sie interessante Schauspieler aufmerksam: Norbert Christian und Käthe Reichel (die beide ans BE engagiert werden).

14. 2. Beginn der Proben zu *Der Hofmeister*. – B gibt folgende Loyalitätserklärung ab: »Peter Suhrkamp hat mich Ende Februar 1933, als die Nazis mich zu verhaften versuchten, in seiner Wohnung versteckt und mir dann unter großer eigner Gefährdung zur Flucht nach Prag verholfen.« *(Erg.,92.)*

17. 2. Nach Intervention zahlreicher Persönlichkeiten und Verbände bekundet das österreichische Unterrichtsministerium durch eine »Bescheinigung« von Minister Felix Hurdes das Staatsinteresse an Brecht.

Februar. Ruth Berlau ist erkrankt. Sie schreibt an B einen 6 Seiten langen Brief, in dem sie ihn auffordert, ihr einen offiziellen Vertrag mit dem BE zu verschaffen. Sie ergeht sich in eifersüchtigen Anwürfen gegen Helene Weigel.

8. 3. Wie schon bei den Proben zu *Mutter Courage und ihre Kinder* lässt B für die *Hofmeister*-Proben Texte episieren. »Dies klärt Gehalt und Gang der Szene, und der im Naturalistischen ausgezeichnete Geschonneck bekommt zum erstenmal ein Gefühl für das Epische und wird ›transparent‹.« *(27,310.)*

12. 3. Heinrich Mann, der zum ersten Präsidenten der kurz vor ihrer Gründung befindlichen Deutschen Akademie der Künste (DAK) berufen ist und sich auf seine Rückkehr nach Berlin vorbereitet, stirbt in Santa Monica. B schreibt: »Wäre Heinrich Mann auch nur das Panier gewesen, um das sich die Bezwinger des Faschismus scharten, wäre dieser Mann schon unauslöschlich in der Geschichte.« *(23,122.)*

— **16. 3.** Ende 1949 hat B 68 Fotoepigramme der Sammlung *Kriegs-*
»Kriegsfibel« *fibel* an den Berliner Verlag Volk und Welt gegeben, der sie
wird abgelehnt zur Genehmigung dem Kulturellen Beirat für das Verlagswesen vorlegt. Der Beirat sendet die Mappe weiter an den

Ministerpräsidenten Otto Grotewohl und äußert sich in einem Anschreiben sehr kritisch. Nach der Lektüre der *Kriegsfibel* schreibt Grotewohl am 19. 3.: »Ich teile vollkommen Eure Ansicht; völlig ungeeignet.«

22. 3. Das DT hat dem BE den Untermietvertrag gekündigt. In einer Sitzung des Politbüros der SED wird deshalb am 22. 3. beschlossen, das BE anderweitig unterzubringen: »Die Aufführungen sollen auf die verschiedenen Theater verteilt werden.« – B nimmt dazu in dem Text *Zusammenarbeit am Deutschen Theater* Stellung. Er ist empört, dass Wolfgang Langhoff eine Zusammenarbeit mit dem BE, dem das DT »zwei große künstlerische und finanzielle Erfolge« verdankt, »nicht mehr zuzumuten« sei. Langhoffs Plan der Ausquartierung des BE scheitert an dem Protest Bs und Weigels.

24. 3. In Berlin findet in Anwesenheit von Präsident Wilhelm Pieck ein Staatsakt zur Gründung der DAK in der Deutschen Staatsoper (Admiralspalast) statt. B, Helene Weigel, Hanns Eisler und Erich Engel sitzen mit den anderen Gründungsmitgliedern im Präsidium auf der Bühne.

Gründung der Deutschen Akademie der Künste

25. 3. B nimmt an der konstituierenden Sitzung der Deutschen Akademie der Künste (DAK) teil. Nach dem Tod von Heinrich Mann wird Arnold Zweig als Präsident gewählt.

28. 3. Der österreichische Ministerrat bestätigt in Wien als letzte Instanz das Staatsinteresse an der Verleihung der österreichischen Staatsbürgerschaft an B. Die Urkunde wird (am 12. 4.) von der Salzburger Landesregierung ausgestellt und über das Bundeskanzleramt weitergeleitet. B und Helene Weigel erhalten sie im Mai. – Nach Vorlage der Urkunde bei den DDR-Behörden werden beide in Berlin / DDR »polizeilich als Doppelstaatler 1) Deutschland, 2) Österreich« geführt und erhalten den Deutschen Personalausweis für Inländer mit dem Vermerk »Doppelstaatler«.

Österreichische und deutsche Staatsbürgerschaft

3. 4. Kurt Weill stirbt an Herzversagen in New York. B klebt (Ende des Jahres) eine Zeitungsmeldung mit der Todesnachricht in sein *Journal* ein, in der dessen Zusammenarbeit mit B nicht erwähnt ist.

— **15. 4.** Abends Premiere des BE im DT von *Der Hofmeister*, Tragikomödie von Jacob Michael Reinhold Lenz, in der Bearbeitung des BE (B, Berlau, Besson, Monk, Neher); Regie: B und Caspar Neher. 55 Vorhänge.

— **26. 4.** Im Suhrkamp Verlag wird Heft 10 der *Versuche* ausgelie fert. Das Heft enthält: 22. *Herr Puntila und sein Knecht Matti. Anmerkung zur Musik, Das Puntilalied. Notizen über die Züricher Erstaufführung.* Zum 9. Versuch: *Anmerkungen zum Volksstück. Die Straßenszene. Grundmodell einer Szene des epischen Theaters (1940).* 23. *Chinesische Gedichte. Anmerkungen.* 24. *Die Ausnahme und die Regel.*

28. 4. B beschäftigt sich mit der komischen Oper *Der Darmwäscher*, an der Caspar Neher und der Komponist Rudolf Wagner-Régeny gearbeitet und keinen Schluss gefunden haben. Sie »analysieren das Szenario und mathematisieren einen Schluss aus«. B stellt für die Oper Lieder zur Verfügung.

6. 5. Chefdramaturg Herbert Jhering bittet seinen Intendanten Wolfang Langhoff, der sich selbst in politischen Schwierigkeiten befindet, nichts gegen B und das BE zu unternehmen.

21. 5. Peter Suhrkamp hat B darüber informiert, dass er entsprechend einer Vereinbarung mit den Erben S. Fischers aus dem »Suhrkamp Verlag vorm. S. Fischer Verlag« ausgeschieden ist und beabsichtigt, einen eigenen Verlag zu gründen. B entscheidet sich für ihn: »Lieber Suhrkamp, natürlich möchte ich unter allen Umständen in dem Verlag sein, den Sie leiten.« *(30,26.)*

Mai. Wieland Herzfelde, der an der Leipziger Universität unterrichtet, plant eine Auswahl von Brecht-Gedichten für den Aufbau-Verlag *(Hundert Gedichte. 1918–1950).* B schreibt ihm für die Auswahl einige Gedanken auf. »Jedes Gedicht ist der Feind jedes andern Gedichts und sollte also allein herausgegeben und gelesen werden. Gleichzeitig benötigen sie einander, ziehen Kraft aus einander und können also vereint werden.« *(30,26 f.).*

2. 6. Harry Buckwitz bestätigt die Vereinbarung über eine Aufführung von *Mutter Courage und ihre Kinder* an den Münchener Kammerspielen unter der Regie von B: Anstelle eines

Honorars gibt es Tagesspesen von DM 50 sowie Erstattung der Reisekosten mit dem Zug.

7.6. B, Erich Engel und Hans Winge beraten mit der DEFA die Verfilmung von *Mutter Courage und ihre Kinder*. – Hermann Duncker schenkt Helene Weigel eine romanhafte Reportage von Gennadi Fisch, die auch B liest. Er beschließt, ein Kapitel des Buches für eine Vertonung in Kinderverse zu bringen (*Tschaganak Bersijew oder Die Erziehung der Hirse*).

8.6. B kritisiert im *Journal* den zunehmenden administrativen Einfluss von Funktionären der SED oder staatlicher Institutionen auf die Künste.

Kritik an administrativem Einfluss der SED auf Künste

10.–28.6. Das BE geht vom 10. bis 28.6. mit *Herr Puntila und sein Knecht Matti*, *Wassa Schelesnowa* und *Der Hofmeister* auf eine Gastspielreise nach Braunschweig, Hannover, Wuppertal, Düsseldorf und Bielefeld. Obwohl die Aufführungen in der Presse sehr gelobt werden, beginnt eine Kampagne gegen das BE. – B schreibt für Hanns Eisler »in kleinen Büscheln Kinderlieder«. Die Gedichte sind in den Sammlungen *Kinderlieder* bzw. *Neue Kinderlieder* zusammengefasst. – Die Absolventin der Leipziger Universität Käthe Rülicke hat bei Hans Mayer eine Abschlussarbeit geschrieben, in der sie Bs *Puntila* mit Gorkis *Wassa Schelesnowa* vergleicht, und an ihn geschickt. Obwohl B darüber kein günstiges Urteil fällt, lädt er dennoch die 28-jährige Absolventin nach Berlin ein und engagiert sie als Regieassistentin an das BE.

26.6. B schickt an den in West-Berlin tagenden Kongress für kulturelle Freiheit ein Memorandum, in dem er die Teilnehmer u.a. aufruft: »Lassen Sie uns doch alle gesellschaftlichen Systeme, an die wir denken mögen, zuallererst daraufhin untersuchen, ob sie ohne Krieg auskommen.« *(23,125.)*

1.8. Intendantin Helene Weigel wendet sich an das ZK der SED und erklärt »die schwierige Lage des BE«. Nach einer Unterredung mit Wolfgang Langhoff kann sie in der kurzen Zeit, die er ihr für Proben zur Verfügung stellt, keine Gewähr für drei Inszenierungen geben.

2.8. B fährt mit Helene Weigel, Barbara und Stefan (der zu Besuch ist) sowie mit Ruth Berlau in das Ostseebad Ahrenshoop, in dem er vom Kulturbund ein Bauernhaus zur Verfügung gestellt bekommen hat.

August. B beendet das Gedicht *Tschaganak Bersijew oder Die Erziehung der Hirse.*

28. 8. Rückkehr nach Berlin.

Ende August. B entwirft eine Konzeption für die Zusammenführung der beiden Stücke Gerhart Hauptmanns *Der Biberpelz* und *Der rote Hahn* und nimmt sich einzelne Szenen vor. Mit der Konzeption will er bei den Hauptmann-Erben die Autorisierung der einschneidenden Bearbeitung erwirken.

2. 9. B und Ruth Berlau reisen nach München.

4. 9. B beginnt in den Kammerspielen mit Therese Giehse die Stellproben und macht eine Bauprobe.

21. 9. Marieluise Fleißer trifft aus Ingolstadt in München ein und besucht Bs Proben.

September. B bietet dem Publizisten und Theatermanager Alfred Mühr die Leitung eines BE-Gastspieltheaters (»auf hohem Niveau, kein Kurtheater«) an.

Anfang Oktober. Mit Ruth Berlau, Jacob Geis und Emil Burri fährt B zu Peter Lorre, der im Oktober besuchsweise nach Europa gekommen ist und sich zu der Zeit in Garmisch-Partenkirchen aufhält. Er macht ihm das Angebot, im BE den Hamlet zu spielen.

6. 10. Aus Salzburg kommt Gottfried von Einem und verhandelt mit B erneut über den *Salzburger Totentanz* sowie die Mitarbeit an den Salzburger Festspielen.

7. 10. In München Generalprobe von *Mutter Courage und ihre Kinder.* Über den Verlauf der Proben notiert B: »Während der ganzen Proben nicht ein Disput. Die Giehse baut bewunderungswürdig das ganze Arrangement um, das sie mit solchem Erfolg in Zürich und Wien benutzt hatte.« *(27,316.)*

8. 10. Premiere der Modellinszenierung von *Mutter Courage und ihre Kinder* in den Münchener Kammerspielen, Regie: B, Bühnenbild: Teo Otto; mit Therese Giehse als Courage. B notiert: »Die Arrangements des Modells triumphieren.« *(27,316.)*

Kammerspiele München: Modellinszenierung von Mutter Courage und ihre Kinder

10. 10. B fährt mit Ruth Berlau nach Berlin zurück.

11. 10. B beginnt mit Vorbereitungen zur Inszenierung seines Stücks *Die Mutter* am BE. Jacob Walcher hält in der ersten Arbeitsphase mehrere Vorträge über die Geschichte der russischen Revolution und über die Anarchisten.

13. 10. Von der DEFA wird B gebeten, für den Vorstand eine genauere Schilderung des Schlusses vom *Courage*-Film zu geben; es müsse »in der augenblicklichen Situation« untersucht werden, »ob ein Film für den Frieden nur rein pazifistisch wirkt oder ob es möglich ist, mit ihm zum aktiven Kampf gegen den Krieg einen Beitrag zu leisten«.

20. 10. B erhält die Mitgliedskarte des PEN-Clubs.

Oktober/November. B beklagt sich über das Verhalten von Ruth Berlau. Während er sehr viel zu tun hat und sich viele Probleme auftun, verlange sie von ihm kleinliche Dienstleistungen. »Ich bin wirklich böse.« Er vermittelt ihr eine Regie von *Mutter Courage und ihre Kinder* am Theater Rotterdams Toneel.

4. 11. Teilnahme am Kongress der »Deutschen Kämpfer für den Frieden«.

Anfang Dezember. Am BE beginnen B und Caspar Neher mit den Proben zu *Die Mutter*.

Dezember. B schreibt für das BE (wie er betont: ohne Aufforderung von oben) einen *Brief an die deutschen Theater*, in dem er zum Ausdruck bringt, dass »großes Theater wie große Kunst« nur »durch eine ungeteilte Bemühung ganz Deutschlands« erreicht werden kann. »Wir bitten Euch daher, ebenso wie wir das tun, alle Bestrebungen zu unterstützen, die auf ein geeintes unabhängiges, demokratisches Deutschland gerichtet sind.« *(23,128.)*

1951

4. 1. Intendantin Helene Weigel schreibt dem ZK, dass jetzt »sozusagen Matthäi am letzten« ist und sie zumindest als »Interimsbescheid [...] Eure Einwilligung und Bestätigung der Fortführung des Berliner Ensembles für die nächste Spielzeit« braucht, um »Verträge zu erneuern oder neue abzuschließen«.

7.1. B entschuldigt sich bei Gottfried von Einem, dass er mit dem *Salzburger Totentanz* »nicht recht in Fahrt« kommt. Er skizziert ihm, wie er sich die Fabelführung des Festspiels vorstellt. »Der Versuch, neues Theater aufzubauen, nimmt mir die Zeit, dafür zu schreiben.« *(30,51.)*

10.1. B notiert über die erste geschlossene Aufführung der *Mutter*: »Die Figur der Wlassowa wird durch die Weigel unübertrefflich gegeben.« *(27,317.)* – Im *ND* wird ein Aufruf der Sektion Dichtung und Sprachpflege der DAK *An alle deutschen Schriftsteller im Westen unseres Vaterlandes* veröffentlicht, der von B, Johannes R. Becher, Anna Seghers und Arnold Zweig unterzeichnet ist. Die Autoren bekennen sich zur Einheit des gesamten deutschen Volkes.

12.1. Premiere von *Die Mutter* mit dem BE im DT. Regie: B, Bühnenbild: Caspar Neher, Projektionen: John Heartfield; mit Helene Weigel als Pelagea Wlassowa. 37 Vorhänge.

14.1. B trifft sich mit den Verlegern Peter Suhrkamp und Erich Wendt. Außerdem kommt er mit Emil Burri zusammen, der für eine neue Bearbeitung des Drehbuchs für den *Courage*-Film aus München eingetroffen ist.

15.1. Die Chorproben von *Das Verhör des Lukullus* haben in der Deutschen Staatsoper begonnen.

23.1. In der Sitzung des Politbüros des ZK der SED wird zu dem Tagesordnungspunkt »Aufführung von *Die Mutter*« beschlossen, mit B darüber zu sprechen, »dass einige Korrekturen vorgenommen werden«.

Januar. Käthe Rülicke notiert Bs Meinung, wonach er »Kenntnisse zur Verfügung stellen, Technik, Erfahrungen, aber nicht selbst eine proletarische Kunst aufbauen kann, da er in der bürgerlichen Ideologie aufgewachsen ist« *(BBA 1340/41)*.

7.2. In einem Gespräch mit Kulturfunktionären erklärt sich Paul Dessau bereit, die Oper *Das Verhör des Lukullus* zurückzuziehen. B ist darüber empört: Bei Rücknahme des Werkes sei eine nachträgliche Diskussion nicht möglich; deshalb sollten die Proben weitergeführt werden, bis Verantwortliche darüber diskutieren und beschließen können.

BE-Premiere im Deutschen Theater: Die Mutter

10. 2. Täglich finden gleichzeitig Proben zu *Biberpelz und roter Hahn* im BE und zum *Verhör des Lukullus* in der Staatsoper statt. – Für das BE ist eine alte Exerzierhalle in der Reinhardtstraße zu einem Probenhaus ausgebaut worden. Sie bietet dem Ensemble störungsfreie Probenmöglichkeiten außerhalb des DT.

14. 2. Auf der Sitzung des Sekretariats des ZK der SED wird beschlossen, den Komponisten Ernst Hermann Meyer und den ZK-Kulturabteilungleiter Egon Rentzsch zu beauftragen, Text und Musik von *Das Verhör des Lukullus* zu beurteilen und ihre Meinung dem Sekretariat vorzulegen.

17. 2. Das Verhältnis Bs zu Ruth Berlau ist erheblich gestört; er will mit ihr nicht wieder reden, bevor sie in einer Klinik untersucht und für gesund erklärt worden ist.

27. 2. Martin Andersen Nexö und seine Frau sind bei B zu Gast.

Anfang März. Nach Besuchen der Proben von *Lukullus* macht B für den Orchesterleiter Hermann Scherchen Notizen mit Vorschlägen für Textumstellungen.

2. 3. B und Caspar Neher arbeiten an *Das Verhör des Lukullus*.

3. 3. B nimmt nun regelmäßig an den Proben von *Das Verhör des Lukullus* teil.

12. 3. Das Sekretariat des ZK der SED beschließt, dass *Das Verhör des Lukullus* vom Spielplan abgesetzt werden soll. B schreibt an Walter Ulbricht, dass die Aufführung von *Das Verhör des Lukullus* »ernstlich gefährdet scheint«. Er hält die Oper wegen ihres aktuellen Gehalts »doch wohl aufführungswert« und meint: »Ich weiß nicht, ob die Musik ohne weiteres verständlich ist, aber die *Oper*, ihre Tendenz und ihr Inhalt, ist ohne weiteres verständlich und nach meiner Meinung sollten wir uns, bis die schwierigen Formfragen gelöst sind, zunächst am *Inhalt* orientieren.« *(30,58.)*

13. 3. 10.30 Uhr findet eine Durchlaufprobe von *Das Verhör des Lukullus* statt, an welcher 150 vom ZK bestimmte Personen teilnehmen. Danach wird über zwei Stunden diskutiert. Auf Wunsch von B und Paul Dessau wird die Zeit eingeräumt, die Inszenierung fertigzustellen, damit man sie im endgültigen Zustand ansehen kann.

Störung der
Proben *Das Verhör
des Lukullus*

14.3. B kann den Dirigenten aus der Schweiz Hermann Scherchen umstimmen, die Arbeit am *Verhör des Lukullus* fortzusetzen. Die veränderte Situation veranlasst das Politbüro zu neuen Aktivitäten gegen die Oper.

16.3. Generalprobe von *Das Verhör des Lukullus*. Gleichzeitig: 1. Generalprobe von *Biberpelz und roter Hahn*.

— **15.–17.3.** Die 5. Tagung des ZK der SED beschäftigt sich u. a.

Staatsoper Berlin: mit dem »Kampf gegen den Formalismus in der Kunst und
Uraufführung der Literatur«. Im Hauptreferat wird als eines der Beispiele für For-
Oper Das Verhör malismus in der Kunst die Oper *Das Verhör des Lukullus* genannt.
des Lukullus Auch in der *Mutter*-Aufführung des Berliner Ensembles werden formalistische Tendenzen festgestellt. In einer geschlossenen Vorstellung mit Publikum, vom Volksbildungsministerium ausgewählt, findet die von B und anderen Künstlern durchgesetzte Uraufführung der Oper *Das Verhör des Lukullus* in der Deutschen Staatsoper statt. Die musikalische Leitung hat Hermann Scherchen, Regie: Wolf Völker, Bühnenbild: Caspar Neher; mit Alfred Hülgert als Lukullus. Käthe Rülicke notiert: »Die Aufführung wurde ein triumphaler Erfolg, wie Scherchen sagte, der größte Erfolg, den er je bei einem modernen Werk erlebt hätte.«
→ **Verbot der Oper *Das Verhör des Lukullus***

19.3. B bedankt sich beim Volksbildungsminister Paul Wandel und bei Generalsekretär Walter Ulbricht für die Möglichkeit, die Oper aufzuführen. – Das Volksbildungsministerium weist der Deutschen Staatsoper an, dass »weder eine Premiere noch eine Aufnahme des *Verhörs des Lukullus* in den Spielplan der Staatsoper« erfolgen darf.

24.3. In der Wohnung von Wilhelm Pieck findet eine Beratung über *Das Verhör des Lukullus* mit B und Paul Dessau statt, an der auch Ministerpräsident Otto Grotewohl, Minister Wandel, Anton Ackermann und Hans Lauter vom ZK der SED teilnehmen. B und Dessau kündigen Änderungen der Oper an. – Abends Premiere der Inszenierung des BE (im Deutschen Theater) von *Biberpelz und roter Hahn* nach Gerhart Hauptmann; Regie: Egon Monk, Bühnenbild: Heinz Pfeiffenberger; mit Therese Giehse als Frau Wolff und Frau Fielitz. 7 Vorhänge.

29. 3. Nachmittags informiert die Sektion Darstellende Kunst der DAK über die Entscheidung der Regierung, dass das *Verhör des Lukullus* abzusetzen und umzuarbeiten sei. B urteilt: Die »Unterdrückung« der Oper wirke nach Bs Meinung »als diktatorisch administrativer Akt« *(23,138)*.

6. 4. Der Dresdener Verlag bietet an, einen Theateralmanach über das BE herauszubringen. B beauftragt Käthe Rülicke, Peter Palitzsch und Claus Hubalek, sich über Inhalt und Aufbau des Buches erste Gedanken zu machen.

— Plan eines Buches *Theaterarbeit*

18. 4. B schickt seine Veränderungen am Text der *Lukullus*-Oper an Pieck, Grotewohl, Ackermann, Bork, Herrnstadt und Lauter und bittet sie um ihre Meinung.

21. 4. B entwirft für sein Stück über den Ofenbauer Hans Garbe (*Büsching*-Projekt) eine Probeszene und spricht mit Hanns Eisler über die Musik.

25. 4. Dem BE wird durch den Bühnenverlag mitgeteilt, dass es sich bei der Bühnenfassung von *Biberpelz und roter Hahn* nach Meinung der Hauptmann-Erben um »sinnentstellende Änderungen der Werke Gerhart Hauptmanns« handele. Das Stück muss daraufhin nach 14 Aufführungen vom Spielplan abgesetzt werden.

2. 5. Auf der Sitzung des Politbüros des ZK der SED wird u. a. beschlossen, dass der Kulturfunkionär und Publizist Wilhelm Girnus den Parteiauftrag erhält, »mit Bert Brecht eine ständige politische Arbeit durchzuführen«.

— ZK beschließt politische Arbeit mit Brecht

5. 5. Staatspräsident Wilhelm Pieck bespricht mit B und Paul Dessau sowie Mitarbeitern der SED die Veränderungen in der Oper *Lukullus*. Man hofft auch auf eine weitgehende Änderung der Musik. – Im BE beschäftigt sich B mit einer Bearbeitung von *Coriolan*, »wohl der einzige halbwegs aktuale Shakespeare, den wir halbwegs besetzen können« *(27,319)*.

11. 5. Uraufführung des DEFA-Films *Das Beil von Wandsbek* nach dem gleichnamigen Roman von Arnold Zweig (Regie: Falk Harnack, mit Erwin Geschonneck als Teetjen). Der Film läuft mit großem Erfolg an, führt aber wegen seines Schlusses zu zahlreichen scharfen Auseinandersetzungen, worauf er aus den Kinos zurückgezogen wird. B versucht über die DAK, den Film zu retten.

14.5. Die Arbeit an dem Theateralmanach kommt nicht voran, weil die Bearbeitung des *Coriolan* sehr viel Zeit in Anspruch nimmt.

15.5. Die Inszenierung von *Mutter Courage und ihre Kinder,* wird bisher mit den Schauspielern des DT (und Helene Weigel als Gast) gespielt; B will die Inszenierung ins BE übernehmen und beginnt mit den Vorbereitungen. Umbesetzt werden Eilif: Ernst Kahler; Schweizerkas: Joseph Noerden; Feldkoch: Ernst Busch; Feldprediger: Erwin Geschonneck; Yvette: Regine Lutz.

16.–18.5. B fährt nach Leipzig und nimmt am Ersten Deutschen Kulturkongress »Über die Unteilbarkeit der deutschen Kultur« teil. Am 16.5. hält er eine Rede, die später die Überschrift *Einige Bemerkungen über mein Fach* erhält.

19.5. Auf dem 3. Bundeskongress des Kulturbundes wird B als Mitglied des Präsidialrats bestätigt.

28.5. B übersendet dem Deutschen Pädagogischen Zentralinstitut seine Stellungnahme zum Literaturplan für die Klassen 5 und 6. Darin fehlen ihm »die abschreckenden Beispiele«, denn: »Weder politische noch geschmackliche Urteile können gebildet werden nur am Guten.« *(30,73 f.)*

───── **Mitte Juni.** In einer Analyse der Kulturabteilung der SED über

Analyse der Arbeit der DAK kritisiert Brechts Einfluss

die Arbeit der DAK für das ZK wird festgestellt, dass eine bestimmte Gruppe der Mitglieder (Bredel, Marchwitza, Seghers, Meyer, Langhoff, Weinert, Wolf) Grundlagen einer fortschrittlichen deutschen Kultur in Anlehnung an die Sowjetunion und die Volksdemokratien sieht, während eine zweite Gruppe um B (mit Zweig, Becher, Seitz, Weigel, Jhering, Eisler) die Akademie als eine »repräsentative Vertretung für ganz Deutschland« betrachtet und deren Hauptaufgabe darin sieht, »eine Brücke nach dem Westen zu bauen«. Weiter heißt es über die Sektion Darstellende Kunst: »Auf dem Gebiet des Theaters behauptet der Brechtkreis das Feld.« Ihm werden »einseitige Proletkulttendenzen« vorgeworfen und die Vereinfachung schauspielerischer Leistungen »bis an die Grenze der Dürftigkeit«.

12. 6. Das Sekretariat der FDJ bittet B und Paul Dessau, für die Weltfestspiele der Jugend eine Kantate zu schreiben. B hat dafür schon einige »Herrnburger Lieder« geschrieben, deren Grundlage Ereignisse von 1950 bilden, als 10 000 Jugendliche aus der Bundesrepublik Deutschland, die an dem Pfingsttreffen 1950 in Ost-Berlin teilgenommen hatten, an der Zonengrenze bei Herrnburg aufgehalten wurden.

29. 6. B hat mit Emil Burri die letzte Fassung des neuen Drehbuchs zum *Courage*-Film abgeschlossen und übergibt es der DEFA.

1. 7. Im Suhrkamp Verlag wird Heft 11 der *Versuche* 25/26/35 ausgeliefert. Es enthält: 35. Versuch: *Der Hofmeister. Anmerkungen. Episierungen. Über das Poetische und Artistische.* Zum 23. Versuch: *Studien.* Zum 9. Versuch: *Kurze Beschreibung einer neuen Technik der Schauspielkunst, die einen Verfremdungseffekt hervorbringt.* Zum 26. Versuch: *Übungsstücke für Schauspieler.* 25. Versuch: *Das Verhör des Lukullus. Anmerkungen über die Oper »Die Verurteilung des Lukullus«.*

Erstdruck Heft 11 der Versuche (25/26/35)

3. 7. B stellt die Herrnburger Gedichte zu einer Kantate mit dem Titel *Herrnburger Bericht* zusammen, die Paul Dessau vertonen soll, »nicht zuletzt, um ihm Gelegenheit zu geben, verhältnismäßig einfache Musik beizusteuern« *(27,322).* Mit der Inszenierung des *Herrnburger Berichts* wird Egon Monk beauftragt.

Kantate Herrnburger Bericht fertiggestellt

7. 7. Die in Vorbereitung befindliche Staatliche Kommission für Kunstangelegenheiten (Stakuko) stimmt dem Buchprojekt *Theaterarbeit* zu, legt aber zugleich Maßnahmen zur Einschränkung einer ungewünschten Wirksamkeit fest.

10. 7. B fährt in den Ostseekurort Ahrenshoop. Für die Arbeit am Theateralmanach kommen auch Käthe Rülicke, Peter Palitzsch, Claus Hubalek, zeitweilig auch Ruth Berlau, in den Ferienort und erhalten von B täglich neue Aufgaben.

12. 7. Aufgrund der Kritik in der Anleitung kultureller Prozesse durch das Volksbildungsministerium wird auf Beschluss des ZK der SED die Staatliche Kommission für Kunstangelegenheiten (Vorsitzender: Helmut Holtzhauer) gegründet. Sie soll künftig u. a. die Arbeit aller Einrichtungen der bildenden und darstellenden Kunst (sowie der künstlerischen Lehranstalten) anleiten und kontrollieren. Als Leiter der Hauptabteilung Darstellende Kunst und Musik wird Fritz Erpenbeck eingesetzt.

23.7. In Berlin beginnt Egon Monk mit Proben für den *Herrnburger Bericht*, musikalische Leitung: Hans Sandig. – Elisabeth Hauptmann bedauert B gegenüber, dass das *Hofmeister*-Heft (*Versuche*, Heft 11) so viele Druckfehler hat.

25.7. B sind Einwände des Zentralrats der FDJ gegen den *Herrnburger Bericht* telegraphiert worden, weil in dem Lied *Einladung* der Name von Ernst Busch erwähnt wird. B richtet einen Brief an den Vorsitzenden der FDJ Erich Honecker und bittet darum, die Gründe mitzuteilen. In seinem Brief gibt Honecker an, dass »unsererseits begründete Einwendungen bestehen gegen die Anführung des Namens Ernst Busch in einem Werk, das der FDJ gewidmet ist«.

Deutsches Theater: Uraufführung *Herrnburger Bericht*, Unterdrückung weiterer Aufführungen

5.8. Uraufführung des *Herrnburger Berichts* im DT (musikalische Leitung: Hans Sandig, Regie: Egon Monk, der auch die Zwischentexte spricht; mit dem Chor des Mitteldeutschen Rundfunks Leipzig). Weitere Aufführungen, die täglich vorgesehen waren, werden vom FDJ-Zentralrat unterdrückt.

16.8. B fährt von Ahrenshoop nach Berlin zurück.

Mitte August. Hanns Eisler macht B mit seinen Gedanken für ein Opernprojekt *Johann Faustus* bekannt. B schlägt vor, »den Bauernkrieg als Hintergrund der Faustusfabel zu nehmen«, Volkslieder zu verwenden, und schickt ihm einige Textvorschläge.

30.8. B klagt gegenüber Käthe Rülicke über seinen allgemeinen Schwächezustand. »Er käme sich vor wie ein Nüchterner unter lauter Betrunkenen. Seine Kraft reiche kaum für die Proben aus, er sei mittags völlig erschöpft.« (*BBA 1264/10.*)

BE-Neuinszenierung im Deutschen Theater: *Mutter Courage und ihre Kinder*

11.9. Premiere der Neuinszenierung von *Mutter Courage und ihre Kinder* mit dem BE, gleichzeitig die 105. Aufführung des Stückes in Berlin. 20 Vorhänge. Die sehr erfolgreiche Inszenierung bleibt auch nach Bs Tod auf dem Spielplan des BE.

16.9. Die junge Schauspielerin Käthe Reichel, die sich im Urlaub befindet, dankt B für die Zusendung der »Vorschriften« *(Über den Schauspielerberuf)* und für den Tee. Sie übe das Lautespielen und arbeite für den *Urfaust* an der Rolle des Gretchen.

26. 9. B schickt seinen *Offenen Brief an die deutschen Künstler und Schriftsteller* zahlreichen Persönlichkeiten in Ost und West. B fordert Freiheiten des Buches, des Theaters, der bildenden Kunst, der Musik und des Films, mit einer Einschränkung: »Keine Freiheit für Schriften und Kunstwerke, welche den Krieg verherrlichen oder als unvermeidbar hinstellen, und für solche, welche den Völkerhass fördern.« *(23,156.)*

Offener Brief an die Deutschen Künstler und Schriftsteller

2. 10. Nach Bekanntwerden von Bs österreichischer Staatsbürgerschaft beginnt in Österreich eine Kampagne gegen diese Entscheidung. Die *Salzburger Nachrichten* sucht den »Schuldigen«, der den »Edelmarder in den Salzburger kulturellen Hühnerstall« eingelassen hat.

3. 10. In der DEFA findet mit Dramaturgen und Funktionären eine kritische Beratung über das neue Drehbuch zum *Courage*-Film statt. Danach schreiben B und Emil Burri *Einstweilige Vorschläge für Änderungen des Drehbuchs »Mutter Courage und ihre Kinder« nach der Diskussion vom 3. 10. 1951.*

4. 10. In der Deutschen Staatsoper laufen die Proben zu der überarbeiteten Oper mit dem veränderten Titel *Die Verurteilung des Lukullus*, an denen B und Paul Dessau von nun an teilnehmen. Auch mit Caspar Neher arbeitet B in diesen Tagen zusammen: Sie sprechen über das Bühnenbild und über die Kostüme der Oper und entwickeln für eine Neuinszenierung von *Herr Puntila und sein Knecht Matti* (mit Bois als Puntila) ein verändertes Bühnenbild.

7. 10. Mittags Staatsakt zur Verleihung der Nationalpreise. B erhält einen Preis I. Klasse (für »Dichtungen wie *Svendborger Gedichte, An meine Landsleute, Der Kinderkreuzzug, Freiheit und Democracy, Erziehung der Hirse* und viele andere«).

12. 10. Uraufführung der Oper *Die Verurteilung des Lukullus* in der Deutschen Staatsoper Berlin. Musikalische Leitung: Hermann Scherchen, Regie: Wolf Völker, Bühnenbild: Caspar Neher; mit Alfred Hülgert als Lukullus. B kann an der Premiere

Deutsche Staatsoper Berlin: Uraufführung Die Verurteilung des Lukullus

wegen Fieber nicht teilnehmen. Nach Arnold Zweigs Tagebuch seien die Texthinzufügungen Bs »geschickt« gewesen, nicht unbedingt Verbesserungen. Für ihn ist das ein Beweis dafür, »dass man den Parteileuten nicht gestatten darf, sich einzumischen«.

13. 10. Walter Janka sendet B die ersten Exemplare der *Hundert Gedichte* und weitere Bücher der Reihe Bibliothek fortschrittlicher deutscher Schriftsteller.

18. 10. In Salzburg wird auf der Sitzung des Kuratoriums der Salzburger Festspiele Gottfried von Einem wegen seines Eintretens für B zur Rede gestellt. Landeshauptmann Josef Klaus wirft ihm Irreführung der Behörden und versuchte kommunistische Unterwanderung der Salzburger Festspiele vor. Da sich von Einem den Unterstellungen widersetzt, wird er auf der Sitzung (am 31. 11.) seiner Funktion als Direktoriumsmitglied enthoben. – B erfährt von den Maßregelungen, denen Gottfried von Einem seinetwegen ausgesetzt ist und teilt ihm sein Bedauern mit. »Ich verstehe nicht, wie man Ihnen als Künstler übelnehmen kann, dass Sie einem andern Künstler geholfen haben – ich hatte ja damals überhaupt keine Papiere!« *(30,90.)*

16./17. 11. B berät mit Therese Giehse und Caspar Neher die Arbeit an der Inszenierung von *Der zerbrochne Krug*.

21. 11. B schickt dem Direktor der DAK Rudolf Engel den Aufsatz *Doktor Faustus und der deutsche Bauernkrieg* von Ernst Fischer und empfiehlt, ihn in *SuF* abzudrucken.

4. 12. B stimmt seiner Wahl als Mitglied des Deutschen Friedensrates zu.

22. 12. Im DDR-Rundfunk moderiert Maximilian Scheer ein Gespräch mit B und einigen jungen Mitarbeitern des BE (Lothar Creutz, Egon Monk, Peter Palitzsch, Käthe Rülicke und Wera Skupin) über die Ausbildung und die Probenarbeit am BE.

1952

1. 1. In einem Arbeitsplan Bs vom Januar ist vermerkt: Die Zeit von 7.00 bis 8.45 behält sich B seiner schriftstellerischen Arbeit vor; vormittags erledigt er laufende Angelegenheiten und

Korrespondenzen; nachmittags ist er mit seinen Mitarbeitern an dem Buch *Theaterarbeit* beschäftigt; abends empfängt er Besucher.

2.1. B besucht eine Probe von *Der zerbrochne Krug*. Am Abend kommt der Historiker Jürgen Kuczynski zu B und analysiert mit ihm *König Lear*.

3.1. B schickt Rudolf Engel eine Stellungnahme zu den Deutsch-Lehrplänen der Schulen. Von seinen eigenen Arbeiten empfiehlt er für die Grundschule *Legende von der Entstehung des Buches Taoteking auf dem Weg des Laotse in die Emigration* oder *Ulm 1592*. – B hat auf Wunsch von Therese Giehse die Endproben von *Der zerbrochne Krug* selbst in die Hand genommen

4.1. Die Ausstellung von Werken Ernst Barlachs in der DAK wird von der SED kritisch beurteilt. Das *ND* veröffentlicht einen polemischen Artikel von Wilhelm Girnus *(Ernst-Barlach-Ausstellung)*. Verschobene Premiere der Neuinszenierung (mit einem neuen Bühnenbild Caspar Nehers) von *Herr Puntila und sein Knecht Matti* mit Curt Bois. Neben B zeichnet dabei auch Egon Monk für die Regie. 22 Vorhänge.

8.1. B nimmt an einer Sitzung der Sektion Darstellende Kunst in der DAK teil. Nach Bs Meinung zerstöre Formalismus »wie eine Krankheit«. Den Jungen solle man »den Respekt vor der Form« verschaffen und sie lehren, dass »die Kunst bei der For-mung beginnt«; die DAK sei nicht dazu da, »Zeitungsartikel in Kunst zu verwandeln«.

13.1. Besuch von Gustav Seitz, der die Rede zur Eröffnung der Barlach-Ausstellung gehalten hat und sich mit B über die scharfe Pressekritik berät.

18.1. In einer Sitzung der Abteilung Kultur beim ZK der SED wird u. a. beschlossen, dass aus dem Lehrplan der Oberschu-len »Dramen Bert Brechts, soweit sie als Studienstoff bereits vorgesehen sind, gestrichen werden«.

23.1. Premiere des Lustspiels *Der zerbrochne Krug* von Heinrich von Kleist. Regie: Therese Giehse, Bühnenbild: Hainer Hill; mit Erwin Geschonneck als Adam. 8 Vorhänge. *Der zerbrochne Krug* wird (bis 6.11.1955) insgesamt 174-mal gespielt.

BE-Premiere im Deutschen Theater: Neuinszenierung *Herr Puntila und sein Knecht Matti*

BE-Premiere im Deutschen Theater: *Der zerbrochne Krug*

24.1. B arbeitet (mit Emil Burri und Wolfgang Staudte) am Drehbuch des *Courage*-Films.

28.1. B hat am 25.1. die Barlach-Ausstellung besucht und schreibt Notizen über den Künstler.

30.1. In Frankfurt/M. Premiere der westdeutschen Erstaufführung der Oper *Die Verurteilung des Lukullus* im Opernhaus (Musikalische Leitung: Hermann Scherchen, Regie: Werner Jacob; mit Helmut Melchert als Lukullus). Elisabeth Hauptmann und Bs Bruder Walter haben die Aufführung angesehen und schicken B ein Telegramm:»Sehr starken Eindruck und großen Erfolg.«

Urfaust-Projekt des BE

2.2. B berät sich mit Kurt Palm, Hainer Hill und Egon Monk über *Urfaust*. Neher hatte für die Kostüme die Wertherzeit vorgeschlagen, B plädiert aber für das »Dürersche Mittelalter«. – Die Abteilung Kultur beim ZK der SED lässt »ein Exposé über die Arbeit des formalistischen Brecht-Kreises« ausarbeiten, außerdem soll der Almanach *Theaterarbeit* besonders analysiert werden; das Buch dürfe erscheinen, werde aber nicht vom Kulturfonds unterstützt.

3.2. Der Bildhauer Fritz Cremer bespricht mit B die Gestaltung einer Gedenkstätte auf dem Gelände des ehemaligen KZ Buchenwald.

8.2. B fährt mit Egon Monk in seinem Steyr-Auto zu Caspar Neher nach Zehlendorf. Nach der Erinnerung Monks platzt in einer unbebauten Gegend ein Reifen. Da beide nicht mit Werkzeugen umgehen können, muss Monk einen Monteur holen, während B am Straßenrand wartet. Vermutlich hat ihn dieses Erlebnis zu dem Gedicht *Der Radwechsel* angeregt.

13.2. B nimmt an der Sitzung der Sektion Darstellende Kunst in der DAK teil, in der über den verbotenen Zweig-Film *Das Beil von Wandsbek* diskutiert wird. B hält den Film für wichtig, ist aber für eine Veränderung des Verhaltens von Schlächter Teetjen ins Negative, sodass der Zuschauer mit ihm kein Mitleid empfindet.

14.2. B sieht sich mit Helene Weigel in Buckow (70 km östlich von Berlin) Landhäuser an.

18. 2. Da am DT Goethes *Faust* gespielt wird, möchte Wolfgang Langhoff mit *Urfaust* keine Konkurrenz am selben Hause haben. B vereinbart deshalb mit dem Landestheater Potsdam eine Studioaufführung des BE. Er besucht Proben des Stückes in Potsdam und geht auch in Berlin zu einigen Proben Ernst Buschs von Pogodins *Das Glockenspiel des Kreml.* – Die zweite Fassung des Drehbuchs vom *Courage*-Film wird abgeschlossen.

24. 2. Auf Einladung des polnischen Schriftstellerverbands fahren B und seine Frau nach Warschau und Krakau (bis 3. 3.); sie werden vom Regisseur Leon Schiller abgeholt.

Besuch in Warschau und Krakau

25. 2. Bei einer Stadtrundfahrt wird B und Weigel der Wiederaufbau Warschaus gezeigt. Abends sehen sie *Kabale und Liebe* von Friedrich Schiller im Teatr Polski.

26. 2. Bei einem Treffen mit Künstlern macht B u. a. die Bekanntschaft mit dem Schriftsteller Leon Kruczkowski, dem Regisseur Erwin Axer, dem Schauspieler Aleksander Bardini und dem Publizisten Roman Szydłowski.

29. 2. Mit seinen Gastgebern führt B ein auswertendes Gespräch über den Polenbesuch.

1./2. 3. Vor seiner Abreise aus Warschau bedankt sich B bei Leon Schiller für Empfang und Betreuung. In einer Rezitationsveranstaltung mit Gedichten Bs wirkt auch Helene Weigel mit.

4. 3. B und Caspar Neher besprechen erneut die *Urfaust*-Inszenierung (auch an den folgenden Tagen).

6. 3. Helene Weigel ist Trauzeugin bei der Hochzeit von Bs Mitarbeiterin Isot Kilian mit Wolfgang Harich.

14. 3. B schreibt in einem Brief an das *ND* über die Arbeit an *Herr Puntila und sein Knecht Matti.* Er sei mit Hella Wuolijoki »im besten Einvernehmen«; es handele sich bei deren Stück »keineswegs um das gleiche Stück, sondern um eine andere Dramatisierung derselben tatsächlich vorgefallenen Vorgänge«.

Mitte März. Die Arbeiten für das Buch *Theaterarbeit* sind abgeschlossen; Texte und Abbildungsmaterial werden dem Verlag übergeben.

18. 3. In einem Schreiben, das B zusammen mit anderen Mitgliedern der DAK zeichnet, wird Kultursenator Joachim Tiburtius gebeten, von der separaten Gründung einer DAK in West-Berlin abzusehen und sich mit der bereits existierenden Akademie in Ost-Berlin in Verbindung zu setzen. »Wir möchten nicht, dass auch auf diesem Gebiet die Zerrissenheit Deutschlands zu einer Schande wird.«

24. 3. B und seine Frau schließen mit dem Rat der Stadt Buckow einen Pachtvertrag ab, nach dem sie für zehn Jahre das Pachtrecht für das »Grundstück Seestraße 29 mit den dazugehörigen Gebäuden« gegen eine Jahresgebühr nutzen dürfen. Außerdem kauft bzw. pachtet B zwei Grundstücke zur Nutzung bzw. zur Verpachtung (eine am Buckowsee und den »Turm« am Bahnhof).

Pacht eines Seegrundstücks in Buckow

28. 3. Abends Premiere von Nikolai Pogodins *Das Glockenspiel des Kreml* am BE im DT; Regie: Ernst Busch, Bühnenbild: Brüder Heartfield-Herzfelde. 14 Vorhänge. Das Stück wird (bis 13. 6. 1953) insgesamt 51-mal gespielt.

29. 3. Der Regisseur Kaspar Königshof (Sohn von Herbert Jhering) vom Landestheater Eisenach charakterisiert B in 17 Punkten die »krankhaften Symptome«, die sich bei der Mitarbeit Ruth Berlaus an der Inszenierung von *Die Mutter* gezeigten hätten. »Das ganze Theater stand unter einem dumpfen Druck. [...] Ständig drohte sie, bei Widerspruch das Stück abzusetzen bzw. sowjetische Offiziere zur Unterstützung zu holen.«

31. 3. Ruth Berlau ist erneut in die Nervenstation der Charité eingeliefert worden und fordert B auf, ihr Sachen aus ihrer Wohnung zu holen und in die Klinik zu bringen.

1. 4. Vor einem Berliner Notar schließt B (als Verpächter) mit Käthe Reichel einen Pachtvertrag ab über das Grundstück am Buckowsee in Buckow.

8. 4. Der Architekt Hermann Henselmann sucht für das (erste) Hochhaus an der Berliner Weberwiese den Text für eine geeignete Inschrift. B schreibt mehrere Vorschläge *(Inschriften für das Hochhaus an der Weberwiese).*

20. 4. Benno Besson hat vom Volkstheater Rostock das Angebot erhalten, eine Komödie Molières zu inszenieren. Er bearbeitet mit Elisabeth Hauptmann *Don Juan* von Molière und beginnt, das Stück zu inszenieren.

22. 4. In einem Kolloquium der DAK, bei dem Hanns Eisler über das Opernschaffen Richard Wagners spricht, lehnt B in der Diskussion den Komponisten ab: »Man kann den musikalischen Geschmack der Bevölkerung durch Wagner nicht heben, sondern nur verderben.«

23. 4. Premiere der Studioinszenierung von Goethes *Urfaust* am Landestheater Potsdam. Gastspiel des BE; Regie: Egon Monk, Musik: Paul Dessau, Bühnenbild: Hainer Hill und Caspar Neher; mit Johannes Schmidt als Faust, Gert Schaefer als Mephisto und Käthe Reichel als Gretchen. 22 Vorhänge. Die Inszenierung wird von diesem Theater 13-mal gespielt und dann, teilweise neu besetzt, am 13. 3. 1953 ans BE übernommen.

Gastspiel *Urfaust* in Potsdam

April. B lässt in Buckow Bau- und Einrichtungsarbeiten vornehmen.

5. 5. In Rostock findet eine Aufführung von *Die Gewehre der Frau Carrar* mit einer Studentenamateurgruppe statt, die von Ruth Berlau beraten worden ist. Berlau empfiehlt B den Regisseur Hans Bunge für das BE.

6. 5. B ist von Radio Stockholm gebeten worden, für eine politische Sendung ein Statement abzugeben. B schreibt dafür die Texte *Eine Einigung* sowie *Die größte Gefahr für Europa* und spricht sie auf Band.

8. 5. B muss wegen einer Magensondierung in die Charité.

17. 5. B fährt mit Käthe Rülicke, Claus Hubalek und Peter Palitzsch nach Rostock, um an den Endproben von Benno Bessons Inszenierung des *Don Juan* teilzunehmen. Er ist nach seinen Probenbesuchen von der Bearbeitung des Molière'schen Stückes und von der Inszenierung sehr angetan und erwägt die Aufführung des Stücks im BE.

25. 5. Ministerpräsident Otto Grotewohl hält im Rundfunk eine Rede über die Bonner und Pariser Abmachungen. B teilt ihm darüber seine Freunde mit, weil dadurch »der Rundfunk – dieses großartige politische Mittel – mehr als bisher eingesetzt wird« *(30,125).*

26. 5. Unterzeichnung des Vertrags über die Europäische Verteidigungsgemeinschaft (EVG) und des Deutschlandvertrags (auch Generalvertrags) zwischen der Bundesrepublik und den Westmächten. Darauf reagieren die Sowjetunion und die DDR mit einer sofortigen verschärften Abriegelung der Grenzen zur Bundesrepublik und zu West-Berlin.

Mai. Das Buch *Theaterarbeit. 6 Aufführungen des Berliner Ensembles* (Redaktion: Berlau, Brecht, Hubalek, Palitzsch, Rülicke) kommt heraus. Eine für die Werbung zum Buch geschriebene Sentenz wird auch als Klappentext benutzt:»Es gilt zwei Künste zu entwickeln: die Schauspielkunst und die Zuschaukunst.« Der Berliner Rundfunk sendet (am 11.6.) unter Leitung von Annemarie Auer ein Gespräch über *Theaterarbeit* mit B, Käthe Rülicke, Peter Palitzsch und Claus Hubalek.

2.6. Käthe Rülicke trifft bei B mit Anna Seghers zusammen; sie sprechen über Rülickes Buch über den Ofenbauer Garbe *(Hans Garbe erzählt)*, das in einer redaktionellen Überarbeitung einer Lektorin des Verlags Rütten & Loening nach ihrer Meinung verdorben worden sei. B schreibt dazu den (nicht vollendeten) Text *Bekommen wir eine Lektorenliteratur?*

3.6. B hat von dem Kommunalpolitiker und Schriftsteller Erwin Strittmatter gehört, dass er an Bauernszenen abeitet. Er lässt sich die Szenen schicken und ermutigt ihn, daraus ein Stück für das BE zu machen; als Titel wählen sie den Namen eines fiktiven Dorfes:»Katzgraben«. Mit Erwin Strittmatter, Peter Palitzsch, Käthe Rülicke und Claus Hubalek arbeitet er (von da ab) an dem Stück.

5.6. Helene Weigel beschwert sich bei der Stakuko über mangelhafte Information, was die Wirkung Bs und des BE betrifft, in der Presse Westdeutschlands.»Ich halte den Zustand für unhaltbar und möchte gern ein westdeutsches Pressebüro beauftragen [...].«

9.6. B und Weigel nehmen in der DAK an der Sitzung der Sektion Darstellende Kunst teil. Bei der Diskussion über einen geplanten gesamtdeutschen Theaterkongress rät B,»große Reden ohne Inhalt, gehalten von Nichtfachleuten«, zu vermeiden. Außerdem regt er eine Ausstellung mit Bühnenbildmodellen an und schlägt vor, den Nachwuchs in einer Studioaufführung vorzustellen.

Erstdruck des Buches Theaterarbeit

Projekt eines Gegenwartsstücks Katzgraben

11. 6. B und Hanns Eisler formulieren einen Vorschlag für die II. Parteikonferenz der SED, in dem sie verschiedene Möglichkeiten der kulturellen Betreuung in einigen ausgewählten Betrieben darlegen.

17. 6. Intendantin Helene Weigel schlägt der Stakuko vor, die vom BE in Potsdam gemachte Aufführung des *Urfaust* in der nächsten Spielzeit im Theater am Schiffbauerdamm Berlin herauszubringen. Nach Rücksprache mit Hans Rodenberg, Fritz Erpenbeck und Wilhelm Girnus schlägt der Abteilungsleiter Willi Lewin (am 23. 6.) vor:»Aufführung ansehen, auf Grund der Kritiken Aufführung in Berlin ablehnen.« Erpenbeck antwortet der Weigel aber (am 30. 6.), eine Aufführung des *Urfaust* sei im Theater am Schiffbauerdammtheater»aus bühnen- und arbeitstechnischen Gründen leider nicht möglich«.

21. 6. Die DEFA lädt zu einem Gespräch über das Drehbuch zum *Courage*-Film ein, das in einer 3. Fassung vorliegt.

22. 6. B ist mit Weigel, Stefan sowie Rülicke, Palitzsch und Hubalek auf das neugepachtete Grundstück nach Buckow gefahren. Nach einigen Baumaßnahmen sind die beiden Häuser eingerichtet und zum Teil benutzbar.

1. 7. Käthe Rülicke notiert, dass B seine Gäste in Buckow»mit Besitzerstolz« durch das Haus führt.»Er legte sich einen Spazierstock zu (hätte er auch in Santa Monica gehabt), trägt weiße Tennisschuhe (kaufte Helli) und entdeckt immer neue Bäume, Winkel, Schönheiten ›seines‹ Gartens.« B widmet sich jeden Morgen der *Coriolan*-Bearbeitung. *(BBA 1264/14.)*

3. 7. Hanns Eisler und seine Frau sind aus Ahrenshoop nach Buckow gekommen.

6. 7. Der ungarische Literaturkritiker Georg Lukács und seine Frau besuchen B in Buckow. Das *Coriolan*-Projekt weckt Lukács' Interesse.

7.–8. 7. Erwin Strittmatter bringt nach einer Umarbeitung den ersten Akt von *Katzgraben* und spricht mit B den zweiten durch.

9.–13. 7. Während B vorwiegend an *Coriolan* arbeitet, überprüfen Käthe Rülicke, Peter Palitzsch und Claus Hubalek den ersten Akt von *Katzgraben* und machen Vorschläge für die Bearbeitung.

15.7. Nach Bs Meinung ist es in Buckow »ordentlich genug«, sodass er »wieder etwas *Horaz* lesen kann« *(27,332)*.

22.7. Strittmatter bringt die neue Fassung des zweiten Aktes von *Katzgraben*, bei der die letzten Seiten in Jamben geschrieben sind. B meint: »Er kam anscheinend in diesen Rhythmus hinein, wie eine Kuh in ein Loch tritt. Nur mit mehr Genuss.« *(27,333.)*

23./24.7. B geht mit seinen Mitarbeitern den ersten Akt von *Katzgraben* durch und bespricht ihn dann mit Erwin Strittmatter.

Juli. B hat von Elisabeth Hauptmann die Korrekturen des ersten Bandes der *Ersten Stücke*, die beim Suhrkamp Verlag erscheinen, erhalten und teilt ihr sein Einverständnis mit. – B stellt den »Turm« in Buckow Ruth Berlau zur Verfügung.

1.8. B lädt Hanns Eisler ein, für seine geplante Oper *Johann Faustus* »im August hier Richtfest« zu halten »und dann an die Feinarbeit« zu gehen.

2.8. Als Erwin Strittmatter darauf zu sprechen kommt, dass eine seiner Novellen abgelehnt wurde, lehnt B alle »Funktionärs-Einwände« ab.

12.8. Jacob Walcher und seine Frau Herta, die Lenin und dessen Frau Nadeschda Krupskaja persönlich gekannt hat, kommen für zwei Wochen nach Buckow und erzählen B von Rosa Luxemburg, über die er ein Stück (für Helene Weigel) plant.

DEFA lehnt
Courage-Film ab

15.8. B hat erfahren, dass der *Courage*-Film nicht produziert werden soll. Die Einwände sind für ihn aber nicht überzeugend. Die Courage dürfe nicht als »einfach schlecht«, sondern müsse als »unwissend, irregeführt, getäuscht« hingestellt werden. In einem weiteren Brief vom selben Tag an den DEFA-Hauptdirektor Sepp Schwab weist B auf die Blockierung der Filmrechte an andere Firmen hin, die ihn geschädigt haben. B verleiht seiner Hoffnung Ausdruck, dass der Film doch gedreht wird. *(Erg.,112.)*

25.8–3.9. In dieser Zeit arbeiten B und Hanns Eisler an der Schlussredaktion des Opernlibrettos *Johann Faustus*.

27. 8. Elisabeth Hauptmann teilt einem amerikanischen Literaturwissenschaftler mit, dass sie »wegen der neuen Berliner Situation« gezwungen sei, ihre Tätigkeit am BE einzustellen. »Warum, wäre sehr umständlich zu erklären«, es sei »auch privat«; als neue Adressatin gibt sie Käthe Rülicke an.

August. Auf Beschluss der Stakuko wird Ernst Busch ab August aus seinem eigenen Verlag (seit 12. 8. 1946: Lied der Zeit GmbH) ausgeschlossen. B bringt in der DAK den Vorschlag *Eine selbständige Produktion für Ernst Busch* ein, in dem er für ihn in der neuen Firma eine selbstständige Weiterführung seiner Arbeit ermöglichen will.

3. 9. Hanns Eisler bedankt sich in einem Brief an B für die »vier Tage im Buckower Tusculum« und für Bs Vorschläge zum *Faustus*.

8. 9. Abschluss der Arbeiten an Erwin Strittmatters *Katzgraben*. Mittags fährt B mit Ruth Berlau und Käthe Rülicke aus Buckow nach Berlin zurück.

9. 9. B beginnt zusammen mit Benno Besson, unter teilweiser Mitarbeit von Anna Seghers, deren Hörspiel *Der Prozess der Jeanne d'Arc zu Rouen 1431* zu einem »Zweistundenstück« umzuschreiben.

4. 10. Die Stakuko will die Aufführung von Bs *Die Mutter* bei dem vorgesehenen Gastspiel des BE in Polen verhindern. B wendet sich an den Vorsitzenden Helmut Holtzhauer und setzt sich für *Die Mutter* ein; es sei »eine der schönsten Aufführungen des Ensembles, das Gegenstück zu *Mutter Courage*, positiv und sozialistisch«. Er erreicht, dass das Stück beim Gastspiel in Krakau, Łodz und Warschau gezeigt werden darf.

23. 10. Wolfgang Weyrauch veröffentlicht in der Zeitschrift *Die Literatur* 13 polemische *Fragen an Bertolt Brecht*, zu denen er durch Bs *Offenen Brief an die deutschen Künstler und Schriftsteller* provoziert worden sei. B schreibt dazu seine *Antworten auf die Fragen des Schriftstellers Wolfgang Weyrauch*, hält sie aber zurück. Bs Resümee: »Ich habe meine Meinungen nicht, weil ich hier bin, sondern ich bin hier, weil ich meine Meinungen habe.«

2. 11. Im BE beginnen die Proben zu *Der Prozess der Jeanne d'Arc zu Rouen 1431* von Anna Seghers. Unter der künstlerischen Leitung Bs zeichnet Benno Besson für die Regie verantwortlich.

12. 11. Nachmittags findet in der DAK ein Empfang des französischen Pantomimen Marcel Marceau statt, an dem auch B teilnimmt.

13.–16. 11. B fährt zu den Endproben von *Der gute Mensch von Sezuan* nach Frankfurt/M. Er notiert, er habe versucht,»der Aufführung zu Deutlichkeit und Leichtigkeit zu verhelfen«. Paul Dessau, den er in Frankfurt trifft, arbeitet an der Musik zu dem Gedicht *Erziehung der Hirse*. Premiere von *Die Gewehre der Frau Carrar* am BE im DT (am 16. 11.). Künstlerische Leitung: B, Regie: Egon Monk, Bühnenbild: Hainer Hill; mit Helene Weigel als Carrar. 12 Vorhänge. Das Stück wird (bis 1. 3. 1955) insgesamt 49-mal gespielt.

BE-Premiere im
Deutschen Theater:
*Die Gewehre der
Frau Carrar*

23. 11. Uraufführung von *Der Prozess der Jeanne d'Arc zu Rouen 1431* nach dem Hörspiel von Anna Seghers (Bearbeitung: B und Besson); künstlerische Leitung: B, Regie: Benno Besson, Bühnenbild: Hainer Hill; mit Käthe Reichel als Jean d'Arc. 18 Vorhänge. Das Stück wird (bis 13. 6. 1954) insgesamt 33-mal gespielt.

Ende November. Zur Vorbereitung der Inszenierung von *Katzgraben* fährt Erwin Strittmatter mit B und Schauspielern des BE zu Milieustudien in die Lausitzer Dörfer Klein-Kölzig und Eichwege, die als»Modelle« für das (fiktive) Dorf Katzgraben gedient haben.

4. 12. Erste große Auslandstournee des BE (bis 30. 12.) nach Krakau, Łodz und Warschau mit *Mutter Courage und ihre Kinder*, *Die Mutter* und *Der zerbrochne Krug* sowie einem Brecht-Abend. B bleibt in Berlin.

12. 12. B kann aus gesundheitlichen Gründen in Wien nicht am Völkerkongress zum Schutze des Friedens teilnehmen und hat dem Komitee einen Brief geschrieben. Als Mitglied der gesamtdeutschen Delegation fährt Helene Weigel zu dem Kongress und verliest Bs Text *Zum Kongress der Völker für den Frieden*.

13.12. B arbeitet mit Erwin Strittmatter, Egon Monk und Peter Palitzsch täglich an der Endfassung von *Katzgraben*.

15.12. B spricht mit dem Historiker Albert Schreiner über das Drehbuch (von Willi Bredel und Michael Tschesno-Hell) des DEFA-Films *Ernst Thälmann – Sohn seiner Klasse* (1954, Regie: Kurt Maetzig), das er wegen seiner Geschichtsfälschung ablehnt, weil Thälmann darin zum »Feldherrn im Hauptquartier« gemacht wird.

20.12. Egon Monk und Peter Palitzsch arbeiten an einem Drehbuch für eine Fernsehverfilmung von *Die Gewehre der Frau Carrar*.

24.12. Helene Weigel schenkt B ein chinesisches Buch mit der Widmung: »von Deiner ältesten Verehrerin«.

27.12. B arbeitet an der Szene der Ermordung des Coriolan.

31.12. Erwin Strittmatter dankt B für die Hilfe bei der Bearbeitung von *Katzgraben* und schreibt: »Ich habe noch nie in meinem Leben soviel auf einen Sitz gelernt, wie in dem reichlichen halben Jahr bei Ihnen.« – Bs und Weigels Tochter Barbara, die als Kostümbildnerin tätig war, debütiert als Schauspielerin unter der Regie von Curt Bois am DT in Werner Bernhardys Stück *Ein Polterabend*. B sieht sich die Aufführung an und lobt ihre Darstellung; Barbara wird als Schauspielerin ans BE engagiert und wählt den Künstlernamen »Barbara Berg«.

Dezember. Als Bilanz des Jahres schreibt B einen kritischen Bericht *An die Dramaturgen, Regisseure, Assistenten und Schüler des Berliner Ensemble* und lässt ihn öffentlich aushängen; darin heißt es: »Die Arbeit beim Berliner Ensemble ist aufgebaut auf dem Interesse, das die Mitarbeiter am Theater nehmen, dem eigentlichen Gradmesser des Talents.« *(23, 220 f.)*

1953

10.1. In der Plenarsitzung der DAK äußert sich B zur Arbeit der Stakuko sehr kritisch: »Man müsste bestimmte, deutliche Übergriffe wenigstens einmal diskutieren.«

15.1. In der Präsidiumssitzung der DAK wird die Konzeption der Akademie-Zeitschrift *Sinn und Form* kritisch untersucht.

Den Anstoß dazu bildet die umstrittene Aufnahme des Essays von Ernst Fischer *Doktor Faustus und der deutsche Bauernkrieg*, der von B ausdrücklich empfohlen war.

19.1. B nimmt an der Sitzung der Sektion Darstellende Kunst der DAK teil, in der über eine geplante Stanislawski-Konferenz gesprochen wird. B äußert laut Protokoll, »dass er es strikt ablehnen müsste, die Stanislawski-Arbeitsweise zum Dogma, zum starren Gesetz zu erheben«. Auf seine Arbeit im BE bezogen, halte er die Stanislawski-Arbeitsweise für »unzureichend« und lehne sie daher ab, toleriere sie aber in anderen Theatern.

20.1. Bei einer Arbeitsbesprechung der Regie- und Dramaturgieassistenten des BE, die B leitet, wird u. a. festgelegt, dass Studienmaterial über Stanislawski beschafft und durchgearbeitet wird.

23.1. Erstsendung einer Hörspielfassung von *Die Gewehre der Frau Carrar* unter der Regie von Egon Monk und der Besetzung des BE.

29.1. B begibt sich zu einer Behandlung in das Hedwigskrankenhaus.

— **4.2.** Für das ZK der SED wird ein *Bericht über die Miss-Stim-*
Miss-Stimmung *mung, die in der letzten Zeit unter einigen Mitgliedern der Aka-*
in der DAK *demie der Künste entstanden ist* verfasst. Demzufolge ist unter einigen Akademiemitgliedern eine »merkwürdig gedrückte und unfrohe Haltung« festzustellen. Im einzelnen werden kritische Äußerungen mehrerer Künstler erwähnt. B habe die Meinung vertreten, die Maßnahmen der Stakuko werden immer skandalöser, weil »hier überhaupt ohne Appellationsmöglichkeit prinzipiell direkt von Beamten zensuriert wird, aber nicht etwa nur politisch zensuriert wird, sondern auch künstlerisch«.

4.–7.2. Egon Monk dreht im Studio des Deutschen Fernsehfunks *Die Gewehre der Frau Carrar* auf der Grundlage der BE-Inszenierung und eines von ihm und Peter Palitzsch angefertigten Drehbuchs. Der Film wird in der zweiten Februarhälfte in Babelsberg geschnitten und am 11.9. zum ersten Mal gesendet.

11. 2. Unter Leitung von Egon Monk finden in den folgenden Wochen für eine Übernahme des *Urfaust* von Potsdam nach Berlin Umbesetzungsproben statt.

24. 2. Beginn der Proben von *Katzgraben*, die B leitet. Erwin Strittmatter nimmt an allen Proben teil. B misst der Arbeit an einem Stück, das in der Gegenwart der DDR spielt, große Bedeutung zu und lässt die Probenarbeit von allen Mitarbeitern der Regie und Dramaturgie protokollieren. Einige dieser Notate, die er überarbeitet, sowie eigene Aufzeichnungen fasst er später in dem Proben-Modellbuch *»Katzgraben«-Notate 1953* zusammen. Für die Gestaltung des Bühnenbilds und der Kostüme engagiert B den Dresdener Bühnenbildner Karl von Appen, mit dem er seitdem eng zusammenarbeitet.

— Proben für *Katzgraben*

4. 3. B notiert über die Wirkung seiner Theaterarbeit:»Unsere Aufführungen in Berlin haben fast kein Echo mehr. In der Presse erscheinen Kritiken Monate nach der Erstaufführung, und es steht nichts drin, außer ein paar kümmerlichen soziologischen Analysen.« *(27,346.)*

5. 3. Stalin stirbt. B unterzeichnet mit den anderen Präsidiumsmitgliedern und Mitgliedern der DAK ein Beileidsschreiben an die sowjetische Akademie der Schönen Künste. Für das *ND* schreibt er den kurzen Text *Zum Tod Stalins* (veröffentlicht am 5./6. 3.). In einem (damals nicht veröffentlichten Text) zollt B ihm »aus vielen Gründen« Lob:»Aber zumeist, weil unter seiner Führung die Räuber geschlagen wurden. Die Räuber, meine Landsleute.« *(23,226.)*

7. 3. Helene Weigel schreibt an Minister Paul Wandel, dass das BE etwas tun will, um dem Westberliner Schauspieler Curt Bois, dem ziemlich einzigen »Komiker von Format«, Arbeitsmöglichkeiten zu verschaffen. Sie schlägt dafür das kleine Theater im Haus der Presse vor, wo am Wochenende an drei Tagen Komödien aufgeführt werden könnten. Der Antrag wird abgelehnt.

13. 3. In den Kammerspielen des DT findet (als Studioaufführung des BE) die erste Aufführung von Goethes *Urfaust* auf der Grundlage der Potsdamer Inszenierung statt, für Berlin

— BE-Inszenierung im Deutschen Theater: *Urfaust* von Goethe (Studioaufführung)

überarbeitet; Regie: Egon Monk, Bühnenbild: Hainer Hill. *Urfaust* wird (in Potsdam und in Berlin bis 5.5.1953) insgesamt 19-mal gespielt. In Zusammenhang mit der laufenden Diskussion über das klassische Erbe wird die Aufführung von der SED sehr kritisch beurteilt. – Die Gewerkschaftsleitung des DT schreibt am Tage der Generalprobe des *Urfaust* einen Brief an B, in dem sie das Unverständnis der Bühnentechniker für die Schülerszene und die Szene in Auerbachs Keller ausdrückt. B antwortet den Technikern in einem Brief, den er *Humor und Würde* überschreibt.

20.3. In der Sitzung der Sektion Dichtkunst und Sprachpflege erklärt B sich bereit, im Rahmen einer Reihe »Junge Dichterinnen und Dichter« in *SuF* über Strittmatter zu schreiben *(Erwin Strittmatters »Katzgraben«)*.

31.3. Bs Meisterschüler Martin Pohl ist (am 22.2. aufgrund einer politischen Intrige) festgenommen worden. B schreibt über ihn in einer Beurteilung: »Er ist einer der talentiertesten unserer jungen Lyriker, sieht die Dinge neu und schreibt wirklich gute Verse.« *(BBA 1827/11.)*

Theater am Schiffbauerdamm soll KVP gegeben werden **9.4.** B war versprochen worden, dass das BE in das Theater am Schiffbauerdamm einziehen kann, sobald die (dort untergebrachte Volksbühne) ihr eigenes Haus erhält. Das Sekretariat des ZK der SED ordnet aber nun an, dass es dem Ensemble der KVP (der Kasernierten Volkspolizei) gegeben werden soll.

17.4. Arnold Zweig, der sein zunehmendes »Unbehagen mit der Kunstentwicklung« in der DDR nicht verhehlen kann, will als Präsident der DAK zurücktreten und spricht in einer Probenpause mit B über die bevorstehenden Wahlen in der Akademie. – Am Abend wird mit der 85. Aufführung von *Egmont* am Deutschen Theater (Regie: Wolfgang Langhoff) die Stanislawski-Konferenz eröffnet.

→ **Erste Deutsche Stanislawski-Konferenz**

18./19.4. Die Stakuko veranstaltet (unter der Leitung von Fritz Erpenbeck) die Erste Deutsche Stanislawski-Konferenz unter dem Thema: »Wie können wir uns die Methode Stanislawskis aneignen?« Weigel, Rülicke, Palitzsch u.a. Mitarbeiter des BE nehmen durchgängig an der Konferenz teil; B kommt am 19. 4. dazu; er beteiligt sich an der Diskussion mit einem kurzen Beitrag über Gemeinsamkeiten und Unterschiede der Spielweise zwischen Stanislawski und B; Helene Weigel trägt eine (von B geschriebene) Rede vor, die sie durch einige Aktualisierungen erweitert.

23. 4. Auf der Plenartagung der DAK wird als neuer Präsident Johannes R. Becher gewählt. B äußert sich prinzipiell über die mangelhafte Wirkung der DAK. »Es werden zu viele Dinge auf künstlerischem Gebiet prinzipiell ohne Zuziehung von Künstlern entschieden.« So etwas sei eine große Entmutigung, und man hätte mindestens »eine solche Ermutigung für weitere Vorschläge innerhalb von drei Jahren gebraucht«.

26. 4. In Buckow diskutiert B über die bisherigen Probenergebnisse von *Katzgraben* und schreibt darüber den Dialog *Was machen eigentlich unsere Schauspieler?*

1. 5. B richtet für eine Feier vor der Maidemonstration einen Brief an die Gewerkschaftsleitung des BE, in dem er für die künstlerische und politische Weiterentwicklung die Bildung verschiedener Interessengruppen (»Brigaden«) vorschlägt.

6. 5. B lässt während der Beleuchtungsprobe die Schauspieler alle Gänge und Gesten wie im Stummfilm »herunterspielen«, wodurch die »Drehpunkte« an Deutlichkeit gewinnen.

10. 5. B nimmt an der 5. Generalversammlung des PEN-Zentrums Deutschland (Ost und West) teil. In einer Resolution bekennen sich die versammelten Schriftsteller »zur Überparteilichkeit des PEN-Clubs und zur Unteilbarkeit ihrer nationalen Literatur«. B wird als Präsident gewählt.

13. 5. In der Präsidiumstagung der DAK werden Beschlüsse gefasst, die u. a. die Liquidation der Zeitschrift *Sinn und Form* und die Kündigung des Chefredakteurs Peter Huchel vorbereiten sollen. B verteidigt Huchel.

14.–17. 5. Das inzwischen im Aufbau-Verlag veröffentlichte Opernlibretto *Johann Faustus* von Hanns Eisler ist in die Kritik geraten. Nachdem Ernst Fischer in seinem Essay *Doktor Faustus und der deutsche Bauernkrieg* das Libretto Eislers als

Entwurf für eine deutsche Nationaloper bezeichnet hat, trägt Alexander Abusch in der ersten Zusammenkunft der neu ins Leben gerufenen Mittwochs-Gesellschaft seine *Faust*-Polemik vor. Es kommt zu einem heftigen Meinungsstreit. Im *ND* kritisiert (am 14.5.) »das Redaktionskollegium« den Eisler'schen Text. Die *Faustus*-Kritik wird in der Wochenzeitung *Sonntag* (am 17.5.) fortgeführt mit dem Aufsatz von Abusch *Faust – Held oder Renegat in der deutschen Nationalliteratur?*

17.5. Abends 1. öffentliche Voraufführung von *Katzgraben*. B lädt dazu Bauern und Bäuerinnen sowie Mitarbeiter des Bauernverlags ein und diskutiert mit ihnen nach der Aufführung.

BE-Uraufführung im Deutschen Theater: *Katzgraben* von Erwin Strittmatter

23.5. Premiere des BE im DT: Komödie *Katzgraben* von Erwin Strittmatter. Regie: B, Bühnenbild: Karl von Appen. 16 Vorhänge. Das Stück wird (bis zum 26.4.1955) 37-mal aufgeführt, am 28.12.1955 wieder aufgenommen und dann (bis zum 21.6.1956) insgesamt 62-mal gespielt. B geht selbst nicht zur Premiere und beauftragt Käthe Rülicke, die ihm über die Wirkung berichtet: »Haus nur zwei Drittel voll, fieses Publikum. Während der ersten zwei Bilder lauter blöde Fressen, keiner wagte zu lachen, Szenenapplaus eigentlich nur im Dunkeln. Scheußliche Stimmung, jeder wartete erst die Reaktion des andern ab. Sowas habe ich im Theater noch nie erlebt.« *(BBA 665/46.)*

Faustus-Diskussion

27.5. Auf einer Konferenz kritisiert Walter Ulbricht die »formalistische Verunstaltung« des Goethe'schen *Faust* »zu einer Karikatur, […] wie das in einigen Werken, auch in der DDR, geschehen ist, z.B. in dem sogenannten *Faust* von Eisler und in der Inszenierung des *Urfaust*«. – In der zweiten Zusammenkunft der Mittwochs-Gesellschaft trägt Hanns Eisler seine Erwiderung auf die *Faustus*-Polemik vor. Dieser Konzeption schließen sich Walter Felsenstein an und B, der seine *Thesen zur »Faustus«-Diskussion* vorliest. Darin hält er Eislers Libretto für »ein bedeutendes literarisches Werk durch sein großes nationales Thema, durch die Verknüpfung der Faust-Figur mit dem Bauernkrieg, durch seine großartige Konzeption, durch seine Sprache, durch seinen Ideenreichtum«. Gegen *Johann*

Faustus äußern sich Wilhelm Girnus, Hans Rodenberg, Alexander Abusch u. a. – B berichtet (Ende Mai) in einem Brief an Lou Eisler über die *Faustus*-Diskussion. Sie habe heftig begonnen und sei beendet worden mit dem Wunsch, Eisler möge die Missverständnisse klären; er bespreche mit ihm jetzt Vereinfachungen, »so dass auch die reiferen Murxisten einiges verstehen können«. *(Erg.,120.)*

Mai. Aus der Dokumentation des Probenverlaufs von *Katzgraben* stellt B die »*Katzgraben*«-*Notate 1953* zusammen und fügt die während der Proben verwendeten *Lebensläufe* der Hauptpersonen, die Erwin Strittmatter geschrieben hat, sowie einige Fotos hinzu. – Bereits während der Proben von *Die Gewehre der Frau Carrar* hatte sich B seiner Frau gegenüber – wie auch bei den Proben zu *Katzgraben* – unbeherrscht benommen und sie mehrfach vor seinen Mitarbeitern und den Schauspielern laut kritisiert. Das nimmt Helene Weigel im Frühjahr zum Anlass, die gemeinsame Wohnung in Weißensee zu verlassen und in eine dem BE zur Verfügung gestellte Wohnung nahe dem Theater umzuziehen.

2. 6. In der DAK nimmt B an der Sitzung einer Kommission über die Fortentwicklung der Zeitschrift *SuF* teil. Der Geheime Informant des Ministeriums für Staatssicherheit »GI Ernst« (d. i. der Deckname von Alexander Abusch) schreibt über diese Sitzung an das MfS einen Bericht: Das Präsidium der DAK habe die Redaktion zu einer Selbstkritik wegen eines Abdrucks von Eislers *Faustus* gezwungen. Daraufhin hätten B, Eisler, Zweig und Jhering gerufen: »Unerhört! Skandal!« B habe erklärt: »Das ganze Präsidium, alle Sekretäre der Sektionen, mit Ausnahme des Präsidenten *Becher*, muss auf demokratische Weise neu gewählt werden – und Ihnen, Herr Abusch, spreche ich schon jetzt mein schärfstes Misstrauen als Sekretär der Sektion aus.« *(Braun, 31.)*

5. 6. Besprechung von B, Helene Weigel, Benno Besson, Hainer Hill und Annemarie Rost über das Stück *Don Juan*, das nun am BE unter der Regie Benno Bessons geprobt wird (mit Unterbrechungen bis zur Premiere am 19. 3. 1954).

Misstrauen gegen Abusch

10. 6. Bei der dritten Zusammenkunft der Mittwochs-Gesell-schaft (und der letzten, die sich mit dem Eisler'schen *Faustus*-Libretto befasst) stehen die Fragen von Wilhelm Girnus und Bs *Thesen zur »Faustus«-Diskussion* im Mittelpunkt der Aus-einandersetzung. Eisler ist über die festgefahrene Diskussion verärgert, reist kurze Zeit später nach Wien (bis Februar 1954) und gerät nach der heftigen Kritik an seinem Opernlibretto und wegen anderer Schikanen in einen Zustand tiefster Depression, die eine Schaffenskrise auslöst.

Brecht bittet um Theater am Schiffbauerdamm für BE

15. 6. B hat von dem Beschluss des ZK gehört, das Schiffbauer-dammtheater dem Ensemble der Kasernierten Volkspolizei zu geben. Er erinnert den Ministerpräsidenten Otto Grotewohl an das Versprechen, dieses Theater dem BE zu überlassen. Im gleichen Zusammenhang teilt er Helene Weigel mit, er habe im Ministerium für Volksbildung erklärt, wenn das BE das Theater am Schiffbauerdamm nicht erhalte, höre er in dieser Spielzeit auf. – Grotewohl interveniert beim ZK und bewirkt, dass (am 15. 7.) der Beschluss des ZK rückgängig gemacht wird. Am 22. 7. teilt sein Büro mit, Bs Wunsch werde »grundsätzlich gebilligt«.

16. 6. B hört in Buckow von den Demonstrationen unzufriede-ner Arbeiter in Ost-Berlin, über die der West-Berliner Sender RIAS ausführlich berichtet, und fährt in die Stadt. Er verstän-digt sich mit seinen engeren Mitarbeitern.

→ **Demonstrationen unzufriedener Arbeiter in Ost-Berlin**

17. 6. Am Morgen formieren sich zahlreiche Demonstrations-züge und marschieren zum Haus der Ministerien. Sie fordern den Sturz der Regierung und freie Wahlen. – B versucht, für namhafte Schauspieler des BE eine Rundfunksendung zu be-kommen, wird aber abgewiesen. Er schreibt an Ulbricht, die Geschichte werde »der revolutionären Ungeduld« der SED Respekt zollen. Die »große Aussprache mit den Massen« über das Tempo des sozialistischen Aufbaus werde zu einer Sichtung und Sicherung der »sozialistischen Errungenschaften« führen. Er drückt ihm zugleich seine Verbundenheit mit der SED aus. Dem Botschafter der UdSSR Wladimir Semjonow erklärt er seine Freundschaft zur Sowjetunion. In einem weiteren Brief fragt B Otto Grotewohl an, was in dieser Situation vom BE oder von der DAK getan werden kann. B notiert im *Journal*, er habe den schrecklichen 17. Juni nicht negativ empfunden, weil es ein Kontakt der Arbeiterklasse mit der Partei gewesen sei: »Er kam nicht in der Form der Umarmung, sondern in Form des Faustschlags, aber es war doch der Kontakt.« *(27.346.)*

18. 6. Brecht nimmt an einer einberufenen Plenarsitzung der DAK teil, in der es um die Frage geht, was jetzt in der Kulturpolitik »geändert oder positiv entwickelt werden« muss. B und Johannes R. Becher werden in eine Kommission gewählt, die ein Papier vorbereiten soll.

21. 6. Das *ND* veröffentlicht aus dem Brief Bs an Ulbricht lediglich den letzten Satz, in dem er seine »Verbundenheit mit der SED« zum Ausdruck bringt. B ist darüber sehr verärgert. Er schreibt sofort einen weiteren Text und gibt ihn an das *ND*, wo er am 23. 6. gedruckt wird *(Dringlichkeit einer großen Aussprache).*

24. 6. Vor Probenbeginn findet eine Betriebsversammlung des BE statt. B sagt u. a. über die Demonstrationen am 17. 6.: »Wenn ich das ansehe, was zu sehen war, so hatte ich den Eindruck in der Frühe, dass es eine ernste und entsetzliche Angelegenheit war, dass gerade Arbeiter hier demonstrieren. Ich spreche ihnen auch 100 %ig jede Berechtigung zu.« *(23,546 f.)*

—

Berechtigte
Demonstrationen
der Arbeiter

25. 6. Am Nachmittag berichtet B in einer Sitzung der Sektion Darstellende Kunst von der »Kommission zur Ausarbeitung von Vorschlägen für eine verbesserte Kulturpolitik«, der er angehört. Bisher sei »seitens der verantwortlichen Stellen alles ohne Kontakt mit den Künstlern gemacht« worden. Im Protokoll der Sitzung heißt es: »Herr Brecht empfindet das bisherige Verhalten als überstürzten, rein schematischen, administrativen Angriff auf die Künstler, was nichts mit Sozialismus zu tun habe.«

30. 6. In der Plenarsitzung der DAK wird (in 10 Punkten) eine *Erklärung der Deutschen Akademie der Künste* diskutiert, die B formuliert hat. B wendet sich gegen die Administration der Ämter. Der Staat soll sich nicht, »wie bisher einmischen, abdrosseln und unterdrücken«; vier Werke von ihm seien administrativ unterdrückt worden. In seinem gesondert eingereichten Text *Die Kunstkommission* übt er sehr scharfe Kritik an der Stakuko, in der Beamte arbeiten, die außerstande sind, sich die »Achtung und das Vertrauen der Künstler zu erwerben«. Nach Bs Fazit würden »einige Umbesetzungen der Spitzenpositionen und ein paar milde Gesten« nicht helfen.

Ende Juni. Wegen der Differenzen mit B fährt Helene Weigel mit Barbara allein nach Sellin (Rügen) in den Urlaub. B fühlt sich in dem großen Weißenseer Haus nicht mehr wohl und kümmert sich um eine andere Wohnung in der Nähe des Theaters. Aus Buckow, wohin er nun wieder fährt, informiert er seine Frau, dass Hainer Hill für ihn eine geeignete Wohnung in einem Hinterhaus der Chausseestraße 125 gefunden habe.

1. 7. Von Suhrkamp nach seiner Stellungnahme zu den Ereignissen des 17. 6. befragt, schreibt ihm B einen ausführlichen Brief, in dem er die Beweggründe für seine Meinung erklärt.

— **5. 7.** B hält sich von Juli bis September vorwiegend in Buckow

Arbeit an *Turandot* oder *Der Kongress der Weißwäscher* und an den *Buckower Elegien*

auf und arbeitet an *Turandot oder Der Kongress der Weißwäscher* sowie an den *Buckower Elegien*. – Vor Gustav Just vom ZK empört sich B erneut über die Verstümmelung seines Briefes an Ulbricht. Just schickt eine Hausmitteilung an Walter Ulbricht weiter, in der es u. a. heißt: »Er hielte dieses Verfahren für taktlos, da niemand mit ihm über die Veröffentlichung in dieser Form gesprochen hätte. Seiner Ansicht nach wäre er in seinen Möglichkeiten der gesamtdeutschen Arbeit durch diesen Vorfall sehr beeinträchtigt.«

11. 7. Johannes R. Becher informiert Otto Grotewohl in einem Telefongespräch, dass wegen Nichtveröffentlichung der *Erklärung* der Akademie an die Regierung B und Walter Felsenstein »nur mit Mühe davon abgehalten werden« konnten, »ihren Rücktritt aus der Akademie der Künste zu erklären«. Die *Erklärung* der DAK wird daraufhin am 12. 7. im *ND* veröffentlicht.

12. 7. B klagt bei Otto Grotewohl darüber, dass dem »Neuen Kurs« überall »noch die Steifheit der Verwaltungsbehörden im Wege« stünde *(30,185 f.)*.

15. 7. Erstveröffentlichung des satirischen Gedichts *Das Amt für Literatur* in der *Berliner Zeitung*. Anlass ist das Verbot von drei Büchern Ludwig Renns.

25. 7. Wilhelm Girnus führt mit B in Buckow ein längeres Gespräch und schreibt darüber an Walter Ulbricht einen informativen Bericht. B habe Girnus zur Veröffentlichung im *ND* einen Artikel *(Kulturpolitik und Akademie der Künste)* überreicht, in dem dieser die Kunstpolitik der SED für falsch hält. Trotz der grundlegenden Abweichungen Bs plädiert Girnus aber für die Übergabe des Schiffbauerdammtheaters an das BE, da es international untragbar sei,»Brecht die Überlassung eines Theaters« zu verweigern. Das hätte auch auf B»eine erzieherische Wirkung«; er sei dann gezwungen, das Publikum zu gewinnen.»Deshalb müsste man ihm nicht irgendeine kleine Quetsche, sondern ein richtiges Theater geben, damit er seinen Primitivismus und Puritanismus nicht durch mangelnde Technik entschuldigen kann.« Girnus verspricht, im *ND*»entsprechende Kritiken« der Aufführungen des BE zu veranlassen.

— Girnus berichtet über Abweichungen Brechts

Ende Juli. B schreibt zwei Vorschläge für Nationalpreise: Helene Weigel schlägt er wegen ihrer Darstellung der Carrar und der Großbäuerin in *Katzgraben* vor. Des weiteren schreibt er die Begründung für seinen Vorschlag, Erwin Strittmatter für die Komödie *Katzgraben* ebenfalls mit dem Preis auszuzeichnen.

4. 8. B fordert vom Volksbildungsminister Paul Wandel, die Stakuko»energisch und großzügig« aufzulösen und dafür ein Ministerium für Kultur zu gründen.

— Brecht fordert Auflösung der Stakuko

6. 8. Ruth Berlau verabschiedet sich von B mit einem Brief in ihr»kleines lausiges Land« (Dänemark).

20. 8. Während der Arbeit an *Turandot oder Der Kongress der Weißwäscher* und an den *Buckower Elegien* beschäftigen B weiterhin die Ereignisse des 17. Juni, der»die ganze Existenz verfremdet« habe. *(27,346 f.)*

23. 8. Der junge Schriftsteller Heinz Kahlau sendet B einige seiner Gedichte und bewirbt sich bei ihm als Meisterschüler. B nimmt ihn auf, gibt ihm Arbeiten für seine Inszenierungen und berät ihn bei der Abfassung von Gedichten.

24. 8. Die Lektorin Ilse Galfert vom Henschelverlag beurteilt Bs Stück *Tage der Kommune* negativ und schickt ein entsprechendes Gutachten an die Kulturabteilung des ZK der SED.

29. 8. B informiert die Feuilleton-Redaktion des Berliner Verlags darüber, dass mehrere Bücher Ludwig Renns für einen Druck abgelehnt wurden. »Geradezu skandalös ist es dann natürlich, dass Renn, einer der bedeutendsten deutschen Prosaisten, auch nicht für einen Nationalpreis vorgeschlagen werden kann, weil er in der letzten Zeit nichts herausbrachte!« *(30,197.)*

ZK ändert Beschluss: BE bekommt Theater am Schiffbauerdamm

1. 9. In einer Arbeitsberatung teilt Helmut Holtzhauer Helene Weigel mit, dass das Politbüro des ZK beschlossen hat, das Schiffbauerdammtheater dem Berliner Ensemble zu übergeben. Der Name des Theaters soll nach Weigels und Bs Wunsch lauten »Berliner Ensemble am Schiffbauerdamm«.

3. 9. Der Direktor des Neuen Theaters in der Scala Wolfgang Heinz hat B für eine Gastinszenierung der *Mutter* in Wien gewonnen und schickt den Vertrag. Wegen eines vorgezogenen Premierentermins erwartet Heinz B erst am 15. 10., seinen Regiemitarbeiter Manfred Wekwerth für die Vorproben bereits früher.

5. 9. B trifft sich mit Peter Suhrkamp.

11. 9. Erstsendung von *Die Gewehre der Frau Carrar*, des ersten Fernsehfilms im Deutschen Fernsehfunk. – Rechtsanwalt Althammer ist als Offizialverteidiger in dem Strafverfahren gegen den verhafteten Meisterschüler Martin Pohl bestellt und wendet sich im Auftrag seines Mandanten mit der Bitte an B, eine Beurteilung des Inhaftierten zu verfassen.

15. 9. B schließt mit der Wien-Film den Vertrag über die Verfilmung von *Herr Puntila und sein Knecht Matti* ab.

Kritik am DDR-Rundfunk

16. 9. B nimmt an der Sitzung des Plenums der DAK mit dem Generalintendanten Kurt Heiß und anderen Vertretern des Staatlichen Rundfunkkomitees teil. Es ist eine Aussprache über das Versagen des Rundfunks am 17. 6. In dem Gespräch wird insbesondere von B, aber auch von den anderen Teilnehmern der DAK, heftige Kritik am Rundfunk geübt; es kommen zahlreiche Vorschläge und Forderungen für eine Verbesserung zur Sprache.

Mitte September. Ruth Berlau berichtet B ausführlich von der Arbeit an *Mutter Courage und ihre Kinder* in Kopenhagen, wohin sie B vermittelt hat.

16. 9. B beschwert sich beim Redaktionskollegium von *Theater der Zeit* über die dort veröffentlichte Beurteilung seiner Inszenierung der *Katzgraben*-Komödie Strittmatters der Rezensentin Lily Leder. »Eine solche Behandlung verantwortungsbewusst unternommener künstlerischer Arbeit ist ganz unerträglich und kann nicht geduldet werden.« *(30,204.)* Kopien seines Briefes schickt er an die DAK und an die Stakuko.

24. 9. B spricht mit Erwin Strittmatter, Käthe Rülicke, Karl von Appen, Peter Palitzsch und Annemarie Rost über die laufenden Produktionen am BE.

29. 9. B nimmt an einer Sitzung der Kommission für *SuF* teil, in der konzeptionelle Erweiterungen zur Diskussion stehen. – Zum Tode von Berthold Viertel (am 24. 9.) schicken B, Helene Weigel und Elisabeth Hauptmann ein Beileidstelegramm an seine Witwe.

1. 10. Wolfgang Langhoff informiert Johannes R. Becher von einer nach seiner Ansicht besorgniserregenden Sitzung der Sektion Darstellende Kunst in der DAK. Es gäbe »alarmierende Zeichen der weiteren Vertiefung des Konfliktes zwischen den parteilosen Künstlern und der Staatlichen Kommission für Kunstangelegenheiten«. In dem Brief heißt es am Ende: »Die Gruppe um Brecht (Seitz, Jhering, Felsenstein, Busch u. a.) droht wirklich mit einer offenen Fronde.« *(Erg.,126.)*

7. 10. Helene Weigel erhält den Nationalpreis 2. Klasse für die Gestaltung ihrer Mutterfiguren in *Die Mutter* und *Die Gewehre der Frau Carrar* sowie der Großbäuerin in *Katzgraben*. B nimmt an einem Empfang bei Wilhelm Pieck teil.

8. 10. Kopenhagener (von Ruth Berlau unterstützte) Premiere von *Mutter Courage und ihre Kinder* (Regie: Torsten Anton Svendsen, Bühnenbild: Erik Nordgreen, Courage: Ellen Gottschalch). In dänischer Sprache erscheint Bs Text *Für das Programmheft der Kopenhagener Aufführung*.

9. 10. Friedrich Wolf ist am 5. 10. verstorben und wird beigesetzt.

B bietet Else Wolf seine Hilfe an. – In dieser Zeit findet der Umzug Bs von Weißensee nach Berlin-Mitte, Chausseestraße 125, statt.

Erstdruck Heft 12 der *Versuche* (27/32) **15. 10.** Im Suhrkamp Verlag erscheint Heft 12 der *Versuche*. Es enthält: 27. *Der gute Mensch von Sezuan.* 32. *Kleines Organon für das Theater.* Zum 23. Versuch: *Über reimlose Lyrik mit unregelmäßigen Rhythmen.* Zum 2. Versuch: [12] *Geschichten vom Herrn Keuner.* – B fährt mit Helene Weigel und Ernst Busch nach Wien und wohnt in einer Pension am Karlsplatz.

Reise nach Wien **16.–30. 10.** B leitet die Endproben von *Die Mutter* im Theater an der Scala, die Manfred Wekwerth »ausgezeichnet« vorbereitet hat. Er sieht sich im Wiener Kunsthistorischen Museum »die Breughels und einen Bosch« an. Häufig kommt B mit Hanns Eisler zusammen (der sich nach Wien zurückgezogen hatte).

16. 10. Erste Vorauführung von *Don Juan*, fünf weitere Vorstellungen bis 12. 11., die offizielle Premiere wird zurückgestellt und kommt als erste Vorstellung des BE im Theater am Schiffbauerdamm am 19. 3. 1954 heraus.

21. 10. Während seines Aufenthalts in Wien verhandelt B mit der Wien-Film über Details der Verfilmung von *Herr Puntila und sein Knecht Matti.* Dabei trifft er auch Vladimir Pozner und gewinnt ihn als Autor für das *Puntila*-Drehbuch.

Ende Oktober. Hanns Eisler zeigt B seinen Entwurf für einen Brief, den er an das ZK der SED schicken will. B macht für den Brief Änderungsvorschläge und verfasst schließlich einen neuen Entwurf. Es kommt zu einer Übereinkunft mit der SED, und Eisler kehrt nach Berlin zurück.

30. 10. B fährt mit Vladimir Pozner nach Berlin. Er schreibt Helene Weigel, der Zug sei »scheußlich« gewesen, sie soll das Flugzeug nehmen. In Bs neuer Wohnung in der Chausseestraße funktioniere manches noch nicht, »sie kann aber sehr schön werden« *(30,219 f.).*

Neues Theater in der Scala Wien: Premiere *Die Mutter* **31. 10.** Premiere von *Die Mutter* im Neuen Theater in der Scala Wien. Künstlerische Leitung: B, Regie: Manfred Wekwerth, Bühnenbild: BE (Caspar Neher); mit Helene Weigel (a. G.) als Wlassowa.

Anfang November. Nach Angaben von Vladimir Pozner arbeitet B mit ihm in der neubezogenen Wohnung an dem Drehbuch zu *Herr Puntila und sein Knecht Matti.*

Neue Wohnung: Chausseestraße 125

8. 11. Helene Weigel schreibt B aus Wien, *Die Mutter* wäre ein großer Erfolg, nach der Meinung von Ernst Fischer besonders unter den Arbeitern, »die Funktionäre haben die üblichen Einwände«. Die bisher erschienenen Rezensionen hat sie B nach Berlin geschickt. »Ich wollte, Du wärest da, es waren freundliche Wochen, danke schön.« Durch die gemeinsame Arbeit in Wien hat sich das private Verhältnis zwischen ihr und B wieder verbessert. Nach ihrer Rückkehr zieht sie im gegenseitigen Einvernehmen in die über seiner Wohnung in der Chausseestraße 125 gelegenen Räume um.

9. 11. Ruth Berlau bittet Käthe Rülicke zu veranlassen, dass B das Gedicht *An die Nachgeborenen* auf Tonband spricht und dem schwedischen Publizisten Erwin Leiser zur Verfügung stellt. B spricht das Gedicht und schickt es an den schwedischen Rundfunk.

11. 11. In einer Präsidiumssitzung der DAK schlägt B vor, die Akademie möge die Initiative ergreifen, »um sämtliche Kompositionen Hanns Eislers in Sammelbänden herauszubringen«. Die zehnbändige, von Eisler selbst zusammengestellte Ausgabe der *Lieder und Kantaten* erscheint von 1955 bis 1966 in Leipzig. B schreibt dazu das *Vorwort zu Eislers »Lieder und Kantaten«.*

13. 11. B bittet Pablo Picasso um Erlaubnis, dass er seine Graphik (vier Köpfe um die Friedenstaube, entworfen für die Halstücher der französischen Jugenddelegation zu den Weltfestspielen 1951) für Plakate des BE verwenden darf.

17. 11. B beginnt mit den Proben zu *Der kaukasische Kreidekreis.*

19. 11. Hans Bunge notiert in seinem *Tagebuch einer Inszenierung:* »Brecht ist bemüht, die Proben leicht zu halten, fast flüchtig. Er lässt vieles probieren und probiert selbst vieles aus.« Im Suhrkamp Verlag werden die Bände 1 und 2 von *Erste Stücke* ausgeliefert. Band 1 enthält: *Baal; Trommeln in der Nacht; Im Dickicht der Städte;* Band 2: *Leben Eduards des Zweiten von England; Mann ist Mann* (sowie *Anmerkungen*).

Erstdruck *Erste Stücke,* Band 1 und 2

1. 12. B probiert (auch an den folgenden Tagen) den *Kaukasischen Kreidekreis*, mit dem er bisher im Probenhaus in der Reinhardtstraße war, erstmals auf der Bühne des Theaters am Schiffbauerdamm.

2. 12. Abends sind Wera Skupin und Claus Küchenmeister (die inzwischen geheiratet haben) mit dem Komponisten Kurt Schwaen bei B, der sich die Musik für *Meister Pfriem* vorspielen lässt.

15. 12. Mit einer Probe des 3. Aktes (19. Probentag) wird die erste Phase der Inszenierung vom *Kaukasischen Kreidekreis* abgeschlossen.

22. 12. Elisabeth Hauptmann klagt in einem Brief an B erneut über ihre schlechten Arbeitsbedingungen.

1954

— Gründung eines Ministeriums für Kultur

7. 1. In der DDR wird ein Ministerium für Kultur gegründet (Minister: Johannes R. Becher; Stellvertreter: Alexander Abusch und Fritz Apelt), das die Aufgaben der Stakuko und des Amts für Literatur übernimmt. Bei der Gründungssitzung im Ministerrat trägt B den Text *Es liegt jetzt bei uns ...* vor.

11. 1. B setzt die seit dem 15. 12. 1953 unterbrochenen Proben von *Der kaukasische Kreidekreis* mit dem 4. Akt fort.

13. 1. B besucht mit Johannes R. Becher die Premiere von dessen Tragödie *Winterschlacht* an den Städtischen Bühnen Leipzig (Regie: Johannes Arpe). B schreibt nach seinem Besuch (am 2. 2.) an Becher, er wolle das Stück von seinen jungen Leuten durcharbeiten lassen.

19. 1. Bei einer Probe des 4. Aktes von *Der kaukasische Kreidekreis* spricht B mit Karl von Appen, dem Kostümbildner Kurt Palm und Käthe Reichel (die bei den Anfangsproben die Gouverneursfrau spielt) über die Verwendung von Masken.

25. 1. In der Sektionssitzung Darstellende Kunst wird u. a. über die Neuregelung der redaktionellen Leitung von *Theater der Zeit* gesprochen. B denkt an eine Abschaffung der Einzelredaktion (von Fritz Erpenbeck) und an die Gründung eines Redaktionskomitees.

30. 1. B wird in den Künstlerischen Beirat des neugeschaffenen Ministeriums für Kultur berufen.

Januar. B hat von der Übersiedlung seines Mitarbeiters Egon Monk nach West-Berlin gehört und schickt Isot Kilian zu ihm mit dem Auftrag, ihn umzustimmen (erfolglos).

2. 2. Hella Wuolijoki stirbt im Alter von 67 Jahren in Helsinki.

5. 2. Aus Wien kündigt Lou Eisler B den Besuch ihres Mannes für den 8. 2. an; er sei wieder »in sehr guter Verfassung, gesundheitlich und auch arbeitsmäßig«.

7. 2. Bei den Proben zu *Der kaukasische Kreidekreis* notiert B, Rollen wie der Azdak und die Grusche könnten »in unserer Zeit nicht durch Regiearbeit gestaltet werden«; fünf Jahre Arbeit am BE hätten dafür bei Angelika Hurwicz die Grundlage gegeben »und das ganze Leben Buschs« *(27,349).*

11. 2. Sendung des Deutschlandsenders *Und weil der Mensch ein Mensch ist* mit Liedern, Gedichten und Szenen (zum 56. Geburtstag Bs am 10. 2.). Bearbeitung und Regie: Käthe Rülicke.

15. 2. Unter den jungen Regisseuren des BE hat sich Manfred Wekwerth bei der Wiener Inszenierung der *Mutter* so bewährt, dass ihm B nunmehr eine selbstständige Regie anvertraut und in den Folgejahren eng mit ihm an allen folgenden Projekten zusammenarbeitet. Mit Elisabeth Hauptmann hat Wekwerth das chinesische Volksstück *Hirse für die Achte* von Loo Ding, Chang Fan und Chu Shin-nan (nach einer Übersetzung von Yuan Miautse) für das BE bearbeitet. – In der Sektionssitzung der DAK wird u. a. über die Auswertung der Stanislawski-Konferenz gesprochen. Zu der Absicht des Henschel-Verlags, einen Protokollband über die Konferenz herauszugeben, äußern sich die Akademiemitglieder einstimmig ablehnend, weil es »keine endgültigen Ergebnisse« enthält.

DAK lehnt publizistische Auswertung der Stanislawski-Konferenz ab

22. 2. An diesem (41.) Probentag äußert sich B zu der bisherigen Arbeit am *Kaukasischen Kreidekreis.* »Ich habe Angst, dass wir zu zeitig fertig werden.« Auf keinen Fall will er gefundene Lösungen vorzeitig als »endgültig« fixieren.

24. 2. Johannes R. Becher teilt B mit, dass er in den Künstlerisch-Wissenschaftlichen Rat berufen ist, der dem Minister für Kultur bei wichtigen Entscheidungen zur Seite steht.

5.3. Rudolf Engel von der DAK teilt mit, dass Bs Ersuchen, für den inhaftierten Martin Pohl eine Arbeitsberechtigung im Rahmen seiner Fähigkeiten zu erhalten, stattgegeben wurde und darüber ein Vertrag mit der DAK gemacht werden soll.

8.3. B stellt Peter Suhrkamp in einem Brief »zur Unterhaltung« seine neue Wohnung vor »in der Chausseestraße, neben dem ›französischen‹ Friedhof, auf dem Hugenottengeneräle und Hegel und Fichte liegen, meine Fenster gehen alle auf den Friedhofpark hinaus. Er ist nicht ohne Heiterkeit« *(30,231 f.)*.

11.3. Mit einer Probe der Szenen zwischen Azdak und Schauwa im 4. und 5. Akt schließt B die zweite Probenphase des *Kaukasischen Kreidekreises* ab und setzt die Arbeit an der Inszenierung – nach dem Einzug des BE in das Theater am Schiffbauerdamm – erst am 29.4. fort.

13.3. B und Kurt Schwaen verständigen sich über die Musik zu dem (in Proben befindlichen) chinesischen Volksstück *Hirse für die Achte*, die aufgenommen und während der Vorstellung vom Band abgespielt werden soll.

14.3. B erteilt George Tabori, den ihm Joseph Losey wärmstens empfiehlt, die Genehmigung für eine Übersetzung von *Herr Puntila und sein Knecht Matti* ins Englische; er wisse, was für ein begnadeter Schriftsteller Tabori ist.

16.3. B und Elisabeth Hauptmann nehmen an den Wiederaufnahmeproben von *Don Juan* teil. B macht Benno Besson in einem längeren Brief Vorschläge für die Führung des Sganarelle.

18.3. B hat seinem inhaftierten Meisterschüler Martin Pohl einige Gedichte des mittelalterlichen Dichters Neidhart von Reuental geschickt und fragt ihn, ob sie ihm gefallen hätten oder ob er andere bevorzugen würde.

BE-Premiere im Theater am Schiffbauerdamm: *Don Juan* von Molière

19.3. Erste Vorstellung des BE im eigenen Haus, dem Theater am Schiffbauerdamm. In der Kassenhalle des Theaters hat B den Vierzeiler anbringen lassen: »Theater spieltet ihr in Trümmern hier/Nun spielt in schönem Haus nicht nur zum

Zeitvertreibe/Aus Euch und Uns ersteh ein friedlich Wir/Damit das Haus und manches andre stehen bleibe!« Offizielle Premiere von *Don Juan*, Komödie von Jean Baptiste Molière (Bearbeitung: Besson, E. Hauptmann und BE), Musik: Jean-Baptiste Lully, eingerichtet von Paul Dessau, Regie: Benno Besson, Bühnenbild: Hainer Hill; mit Erwin Geschonneck als Don Juan. 39 Vorhänge. *Don Juan* wird (bis zum 31.8.1955) insgesamt 80-mal aufgeführt.

Ende März. B beklagt sich in einem Brief über den Alkoholismus von Ruth Berlau.

1.4. B ist von Baron Allard zu einem Schriftstellertreffen in den belgischen Badeort Knokke eingeladen worden. Bei einem Zwischenaufenthalt im nahe gelegenen Brügge am 2.4. sieht er sich die Gemälde im Kunstmuseum an. Am Treffen nehmen u.a. Elsa Triolet, Carlo Levi, Anna Seghers, Jean-Paul-Sartre, Simone de Beauvoir, Konstantin Fedin teil. Die Versammelten wollen einen Schriftstellerkongress vorbereiten, finden aber keinen gemeinsamen Standpunkt. Am Empfang bei der belgischen Königin (am 4.4.) beteiligt sich B nicht und reist zurück. – Premiere des chinesischen Volksstücks Stückes *Hirse für die Achte* von Loo Ding/Chang Fan/Chu Shin-nan in der Bearbeitung des BE; Musik: Kurt Schwaen, Regie: Manfred Wekwerth, Bühnenbild: Annemarie Rost. 12 Vorhänge. *Hirse für die Achte* wird (bis zum 7.3.57) 77-mal gespielt. Von der Aufführung wird als Regieanleitung für Amateure ein umfangreiches Modellbuch herausgegeben.

4.4. Nach mehreren Voraufführungen: Premiere der Studioaufführung *Meister Pfriem oder Kühnheit zahlt sich aus*, Komödie von Martinus Hayneccius, in der Bearbeitung des BE; Regie: Käthe Rülicke, Bühnenbild: Annemarie Rost. 15 Vorhänge. Bis zum 2.10.1955 wird das Stück insgesamt fünfmal aufgeführt. Auch von der Aufführung wird ein Modellbuch herausgegeben.

29.4. B nimmt die Arbeit am *Kaukasischen Kreidekreis* wieder auf und lässt das ganze Stück durchlaufen.

April. In *Probleme, die das neue Ministerium lösen muss* nennt B für das Kulturministerium u.a. die Vermittlung von Auslands-

Schriftsteller-treffen in Knokke

besuchen und den Austausch von Theaterleuten auch zwischen den beiden deutschen Staaten, denn »weder die Gestaltung der klassischen noch der bedeutenden zeitgenössischen Stücke kann ohne nationalen Austausch der Gesichtspunkte zu wirklicher nationaler Theaterkultur führen« (23,271).

6.5. B nimmt nach einer Voraufführung der Neuinszenierung von *Katzgraben* an einer Diskussion mit etwa 50 Bauern im Foyer des Theaters teil.

7.5. B beginnt wieder an Details des 1. Aktes von *Der kaukasische Kreidekreis* zu arbeiten. Nun werden in den Proben auch alle Lieder nach der inzwischen von Paul Dessau fertig komponierten Musik (zu Klavierbegleitung) gesungen. – B schickt Käthe Rülicke mit den konzeptionellen Vorstellungen des BE für Johannes R. Bechers *Winterschlacht* nach Prag. Sie gewinnt den Leiter des Theaters »D 34« František Burian für die Regie und spricht mit ihm die Konzeption durch.

12.5. Premiere der BE-Neuinszenierung im DT von Erwin Strittmatters Komödie *Katzgraben* in einer veränderten Textfassung und teilweise neuer Besetzung. B hat als Koregisseur Manfred Wekwerth hinzugezogen.

Wiederholtes
Eintreten
für verbotenen
Zweig-Film

14. und 17.5. Es findet eine separate Vorführung des Zweig-Films *Das Beil von Wandsbek*, veranstaltet von der DAK für Mitglieder des ZK, des Kulturministeriums und geladenen Gästen statt. In der Sektion Darstellende Kunst empfiehlt B dem Ministerium für Kultur eine Überarbeitung (durch Schnitte und Neudrehen des Schlusses). Käthe Rülicke macht in Bs Auftrag dazu konkrete Vorschläge. Als Konzeption für die Bearbeitung schreibt B im Mai den Text *Bemühungen um den Film »Das Beil von Wandsbek«*. Der bearbeitete Film ist zu Brechts Lebzeiten nicht öffentlich gezeigt worden.

20.5. Bei der Arbeit an der *Kreidekreis*-Inszenierung werden die inzwischen fertiggestellten Masken benutzt; sie machen in vielen Fällen einen anderen Darstellungsstil erforderlich.

21.5. B beschwert sich bei dem Leiter der Hauptabteilung Film im Ministerium für Kultur Anton Ackermann über die Verzögerung beim Erwerb des italienischen Films *Das Wunder von*

Mailand (Regie: Vittorio de Sica). Der Film sei wegen »seiner scharfen Sozialkritik« wichtig.

23.5. B ist nach Buckow gefahren. An die Tür seines Arbeits- zimmers heftet er einen Text für seine Gäste und Besucher: »In Erwägung, dass ich nur ein paar Wochen im Jahr für mich arbeiten kann …«, bittet er, jedwede Störung zu vermeiden, schränkt aber ein, »diese Regelung nicht allzu bindend auf- zufassen« *(27,363)*.

Schaffung einer Sphäre des ungestörten Schaffens

25.5. B schlägt Kulturminister Johannes R. Becher »einen klein- gehaltenen Aktionsausschuss der Fachgruppe für darstellende Kunst vor«, dem außer ihm Walter Felsenstein, Wolfgang Lang- hoff, Helene Weigel, Karl von Appen, Herbert Jhering und Max Burghardt angehören sollen.

28.5. B schickt an den Kongress seine *Rede Brecht (gehalten auf dem Weltfriedenskongress in Berlin, am 28. Mai 1954). Ein Vorschlag.* Er erklärt darin, dass im Atomzeitalter schon die Vorbereitungen zur Vernichtung der Welt ausreichen. Aus diesem Grunde soll eine große Aufklärungskampagne die »Mil- lionen in allen fünf Erdteilen« von der Gefahr informieren, in der sie sich befinden.

29.5. Im Feuilleton der *FAZ* erscheint ein Artikel von Her- mann Kasack, dem Präsidenten der Deutschen Akademie für Sprache und Dichtkunst (Darmstadt), über *Sinn und Mög- lichkeiten einer deutschen Akademie.* Darin legt Kasack die Aufgaben der westdeutschen Akademie dar und stellt einen Unterschied seiner Institution zur DAK heraus: Die Tätigkeit der westdeutschen Akademie sei ehrenamtlich, während die der »sowjetzonalen Akademie« vergütet werde. B erhebt zu- sammen mit Stefan Hermlin, Peter Huchel und Rudolf Engel (am 20.8.) Privatklage gegen den Präsidenten Kasack. Die Klage wird abgewiesen.

Ende Mai. B verteidigt gegenüber Suhrkamp, der Einwände gemacht hat, das Vorspiel im *Kaukasischen Kreidekreis*: »Ohne das Vorspiel ist weder ersichtlich, warum das Stück nicht der chinesische Kreidekreis geblieben ist (mit der alten Richterent- scheidung), noch, warum es der kaukasische heißt.« *(30,256 f.)*

9.6. Am 77. Tag der *Kreidekreis*-Proben lässt B vormittags das ganze Stück durchlaufen und probiert am Abend Details aus dem 1. und 4. Akt.

17.6. Nach einer weiteren technischen Probe, zu der B parallel im Probenhaus Details aus dem 1., 2. und 4. Akt probiert, findet abends die 1. Voraufführung von *Der kaukasische Kreidekreis* statt.

19.6. B entschuldigt sich bei dem tschechischen Regisseur František Burian, der am BE Bechers *Winterschlacht* inszenieren soll, dass er wegen seiner bevorstehenden Reise nach Amsterdam bei dessen Vorbereitungsarbeiten nicht in Berlin sein kann.

20.6. B fährt nach Amsterdam und nimmt am PEN-Kongress teil.

21.6. In Amsterdam besucht B das Reichsmuseum. Ein holländischer Fotograf erkennt B und bittet darum, ihn fotografieren zu dürfen. B stimmt unter der Bedingung zu, dass die Aufnahme vor dem Bild seiner Wahl, Rembrandts *Anatomische Vorlesung des Doktor Joan Deyman*, gemacht wird.

26.6. B reist von Amsterdam nach Paris, wo das BE anlässlich des I. Internationalen Festivals der dramatischen Kunst mit drei Vorstellungen von *Mutter Courage und ihre Kinder* und mit einer von *Der zerbrochne Krug* im Théâtre Sarah Bernhardt gastiert.

I. Festival International d'Art Dramatique in Paris: BE-Gastspiel mit *Mutter Courage und ihre Kinder* und *Der zerbrochne Krug*

29.6.–3.7. Das Gastspiel wird zu einem Triumph für B. Das BE erhält den ersten Preis für das beste Stück und die beste Inszenierung. Helene Weigel, B und Mitglieder des BE werden (am 2.7.) im Pariser Rathaus empfangen und erhalten die Ehrenmedaille der Stadt Paris.

7.7. Wieder in Berlin zurück, telegraphiert B Lion Feuchtwanger zum Geburtstag: »In alter Freundschaft Brecht.«

Anfang Juli. B verbringt den Sommer, mit einigen Unterbrechungen in Berlin, vorwiegend in Buckow.

12.7. Direktor Rudolf Engel schickt B das Protokoll der Sitzung des Plenums der DAK vom 22.6. und informiert ihn darüber, dass er »zum Vizepräsidenten vorgeschlagen und einstimmig gewählt worden« ist.

13. 7. B schreibt für Isot Kilian das Gedicht *An eine Mitarbeiterin, die während der Sommerferien im Theater zurückgeblieben ist.* Ihr ist auch das Gedicht *1954, erste Hälfte* gewidmet.

15. 7. B hat auf der Pressekonferenz des BE in Paris versäumt, den anwesenden Benno Besson als Regisseur von *Don Juan* vorzustellen. Er entschuldigt sich bei ihm und schreibt den Text *Bessons Inszenierung des »Don Juan« beim Berliner Ensemble.*

16. 7. B schickt Ludwig Renn auf Bitte der DAK (vom 7.7.) zu der laufenden Diskussion über eine Reform der deutschen Rechtschreibung einen Text, in dem er sich »gegen eine reform der rechtschreibung von solchem ausmass« ausspricht, »dass alle die bücher, die auf alte weise gedrukt sind, schwer lesbar werden«. Mit seinem Text *Sprachwissenschaftler und Schriftsteller zur Rechtschreibreform* bereitet sich B auf eine Sektionssitzung in der DAK (am 9. 9.) vor.

19. 7. B schickt Ministerpräsidenten Otto Grotewohl Notizen über die Arbeit der Volkskammer, die er »in größeren Schwung« versetzen möchte. Im Text *Die Volkskammer* wünscht er sie sich eingerichtet »als ein großes Kontaktinstrument von Regierung zu Bevölkerung und von Bevölkerung zu Regierung [...]«. Grotewohl reicht den Vorschlag nicht weiter.

Ende Juli. B schreibt an Lion Feuchtwanger, das BE sei mittlerweile ins Schiffbauerdammtheater umgezogen. »Die Bühne bauen wir um, die Putten im Zuschauerraum lassen wir, damit es nicht aussieht, als hätten wir zu große Illusionen.«

30. 7. B hat Hanns Eisler angesprochen, die Musik für die BE-Aufführung der *Winterschlacht* von Becher zu komponieren. Der geht auf den Vorschlag ein und will zu ihm nach Buckow kommen.

3. 8. Elisabeth Hauptmann, die immer noch kein festes Einkommen hat, schickt B Korrekturen und kündigt ihm an, dass sie danach »etwas anderes machen« wird. B sorgt dafür, dass sie (ab 1. 9.) im BE einen Anstellungsvertrag als Dramaturgin erhält.

22. 8. Nach zwei Monaten Pause nimmt B die Proben von *Der kaukasische Kreidekreis* wieder auf, abends findet die 4. Voraufführung des Stückes statt.

25.8. Kurt Bork fragt die Intendantin Weigel, ob das BE im Schiller-Jahr das vorgeschlagene Stück *Der Parasit* spielen kann oder ein anderes Stück Schillers bevorzugt. B erklärt in *Über Friedrich Schiller,* für das BE käme nur *Kabale und Liebe* infrage, aber das werde schon vom DT einstudiert.

— **1.9.** Nachdem das Buch *Kriegsfibel* 1950 von Otto Grotewohl

Erneuter Versuch, die *Kriegsfibel* herauszubringen als »ungeeignet« abgewiesen worden war, macht B nach vier Jahren einen erneuten Versuch. Er schließt mit dem Eulenspiegel-Verlag einen Vertrag über die Herausgabe der *Kriegsfibel* ab und stellt im September/Oktober die 71 Fotogramme neu zusammen.

7.9. B nimmt an der Vorstandssitzung des Deutschen PEN-Zentrums (Ost und West) im Berliner Hotel Johannishof teil.

10.9. B ist vom Ministerpräsidenten Otto Grotewohl in den Ausschuss Kunst und Literatur zur Verleihung der Nationalpreise 1954 berufen worden und nimmt an den Sitzungen am 10. und 11.9. teil.

30.9. B bittet die DAK um Weiterleitung des Akademiebeschlusses, dem Rundfunk zwei Projekte zu empfehlen: eine allwöchentlich stattfindende »Stunde der Kritik« mit Herbert Jhering und eine »Stunde der Akademie der Künste«.

Anfang Oktober. František Burian nimmt am BE die Proben zu *Winterschlacht* auf.

— **7.10.** Premiere von *Der kaukasische Kreidekreis.* Regie: B, As-

BE-Premiere im Theater am Schiffbauerdamm: *Der kaukasische Kreidekreis* sistenzregie: Manfred Wekwerth, Musik: Hanns Eisler, Bühnenbild: Karl von Appen; mit Angelika Hurwicz als Grusche Vachnadze und Ernst Busch als Azdak und als Sänger. Der Erfolg ist ungewöhnlich: im Logbuch sind 52 Vorhänge und zusätzlich 4 vor dem eisernen Vorhang verzeichnet. *Der kaukasische Kreidekreis* wird (bis zum 22.12.1958) insgesamt 175-mal aufgeführt.

Mitte Oktober. B schreibt für Käthe Rülicke (als damalige Parteisekretärin des BE) einen Bericht über die Arbeit des Theaters. Darin weist er den Vorwurf der Planlosigkeit zurück. Die Tourneeverpflichtungen sowie die Übernahme des Theaters am Schiffbauerdamm hätten in der vergangenen Spielzeit außerordentliche Anstrengungen notwendig gemacht. – Da die *Kreidekreis*-Aufführung von der SED ignoriert wird (das *ND* bringt keine Rezension, nur ein Szenenfoto mit Bildlegende), lädt B Minister Wandel u. a. erneut ein, die Aufführung zu besuchen.

29. 10. Auf eine Rundfrage der Zeitschrift *Neue Deutsche Literatur* nach dem Buch, das den größten Eindruck auf ihn gemacht hat, nennt B Mao Tse-tungs *Über den Widerspruch*. – Uraufführung der Kantate *Tschaganek Bersejew oder Die Erziehung der Hirse* im Klubhaus der Gewerkschaft Halle, Musik: Paul Dessau.

Ende Oktober. Zwischen den konzeptionellen Vorstellungen František Burians und Bs über Bechers *Winterschlacht* treten Diskrepanzen auf.

7. 11. Matinee-Veranstaltung: Revolutionsfeier (Oktoberrevolution 1917) des BE (mit B, Helene Weigel, Ernst Busch, Hanns Eisler, Raimund Schelcher u. a.; verantwortlich: Isot Kilian).

12. 11. Die *Tägliche Rundschau* veröffentlicht den Text *Zum Tode Paul Rillas*, den B für die DAK auf den (am 5. 11.) verstorbenen Theaterkritiker geschrieben hat.

18. 11. Für das Programmheft eines Gastspiels des französischen Pantomimen Marcel Marceau in Berlin und in der DDR schreibt B als Vorwort: »Die Pantomime ist eine in Deutschland nahezu unbekannte Kunst. / Marcel Marceau ist ein Meister in ihr.« *(23,319.)*

23. 11. Die Schauspielerin Käthe Reichel hatte ihre Rolle im *Kreidekreis* wegen Auseinandersetzungen mit B verloren und befindet sich in der Charité zur ärztlichen Behandlung. Sie teilt B in einen Brief mit, aus finanziellen Gründen müsse sie am BE weiterarbeiten, möchte aber vorerst zu einem Gastspiel nach Frankfurt/M. gehen. B will das Frankfurter Gastspiel für sie arrangieren.

26. 11. Obwohl die Inszenierung unfertig ist, will František Burian den Premierentermin halten. B lässt sich *Winterschlacht* im derzeitigen Probenzustand vorführen, ist unzufrieden und beschließt, selbst einzugreifen. Am liebsten wäre B eine Einigung auf die Version, die Inszenierung sei vom BE weiterentwickelt worden; er schreibt die Texte *Über die Zusammenarbeit mit Burian* und *Schwierigkeiten, denen Burians Konzeption in Berlin begegnet*. Da für die Neuinszenierung der *Mutter* BE-Mitarbeiter gebunden sind, werden die Proben zu *Winterschlacht* unterbrochen.

— **Anfang Dezember.** Aus Anlass der *Kreidekreis*-Aufführung am

Erneuter Angriff Erpenbecks auf das Brecht-Theater

BE setzt Fritz Erpenbeck (in Heft 12 von *Theater der Zeit*) mit dem Artikel *Episches Theater oder Dramatik?* seine grundsätzliche Diskussion über Bs Theater fort; er warnt besorgt: »Vorsicht, Sackgasse.« B schreibt über Erpenbecks Aufforderung zum Gespräch den Text *Diskussion meiner Arbeiten am Theater*, der mit der Frage schließt: »Wie soll eine Linde mit jemandem diskutieren, der ihr vorwirft, sie sei keine Eiche?« (*23,314*, damals nicht veröffentlicht.) Die sehr polemische Auseinandersetzung mit Erpenbeck überlässt er seinen Mitarbeitern (Hans Bunge, Manfred Wekwerth, Angelika Hurwicz).

2.12. Im Rahmen der »Gespräche mit Johannes R. Becher« findet ein *Gesamt-Berliner Kulturgespräch* statt, zu dem der Arzt Ulrich Wallner in das Restaurant des Hotels Sachsenhof (West-Berlin) einlädt. Unter den Teilnehmern befinden sich u. a. B, Harald Hauser, Melvin J. Lasky, Richard Löwenthal, Ernest J. Salter. Die Aussprache über Themen wie Staat und Kultur, Freiheit und Persönlichkeit, das neue Bild des Menschen, nationale Existenz wird sehr polemisch geführt.

3.12. Premiere der Neuinszenierung Bs *Die Mutter*, zugleich 100. Aufführung des Stückes (Regie nach dem Modell des BE von 1951: Manfred Wekwerth; mit Helene Weigel als Wlassowa).

14.12. An die Botschaft der UdSSR schickt B seine Grußadresse *Kongress der Sowjetschriftsteller* mit der Bitte, ihn an die in Moskau weilenden DDR-Autoren weiterzuleiten, die ihn dort verlesen sollen.

— **18.12.** Thomas Mann war in Moskau als deutscher Repräsen-

Stalin-Preis zuerkannt

tant für den Stalin-Friedenspreis nominiert worden, hat aber die Annahme des Preises abgelehnt. Das internationale Komitee entscheidet sich daraufhin für den zweiten deutschen Kandidaten, das ist B, und gibt die Wahl bekannt. Nach dieser Entscheidung erhält B eine Flut von persönlichen Glückwunschschreiben seiner Freunde und Bekannten, zahlreicher leitender Mitglieder der Regierung der DDR und der SED. In der Bundesrepublik wird die Preisverleihung zum Teil mit heftiger Kritik kommentiert.

26. 12. Wieland Herzfelde verbindet in einem Brief an B seine Gratulation zum Stalinpreis mit dem Wunsch, dass »damit jene unqualifizierten ›Kritiken‹ wohl aufhören dürften, über die ich mich zuweilen vielleicht mehr geärgert habe als Du«.

29. 12. B hat im Friedensrat eine *Erklärung* gegen die Pariser Abmachungen eingebracht, in der es u. a. heißt: »Wir wollen kein Deutschland, das in einem Kriegslager steht, denn ein dritter Krieg würde Deutschland unbewohnbar machen.« Er bittet verschiedene Persönlichkeiten der Regierung und der DAK an einer Beratung über die *Erklärung* teilzunehmen, die bereits 6000 Kunst- und Kulturschaffende unterschrieben hätten.

— Erklärung gegen Pariser Abmachungen

30. 12. Im Suhrkamp Verlag erscheint Heft 13 von *Versuche* (*Versuche* 31). Es enthält: 31. *Der kaukasische Kreidekreis.* Zum 23. Versuch gehörig: *Weite und Vielfalt der realistischen Schreibweise*; außerdem: *Buckower Elegien (Der Blumengarten; Gewohnheiten noch immer; Rudern, Gespräche; Der Rauch; Heißer Tag; Bei der Lektüre eines sowjetischen Buches).*

— Erstdruck Heft 13 der Versuche (31)

1955

3. 1. Während der Proben zu Bechers *Winterschlacht* schreibt B zahlreiche Notate zum Stück und zu schauspielerischen Lösungen.

4. 1. Der Leiter des Eulenspiegel-Verlags hatte mit dem Glückwunsch zum Stalin-Preis die Nachricht verbunden, dass die Druckgenehmigung für die *Kriegsfibel* erteilt worden sei. B antwortet ihm, dass er als Mitglied der DAK die Kontrolle durch das Amt für Literatur nicht akzeptiere und sich die Druckgenehmigung für die *Kriegsfibel* selbst erteilt habe.

5. 1. Wolfgang Harich bereitet für den Aufbau-Verlag eine Festschrift zum 70. Geburtstag von Georg Lukács vor und bittet B

um einen Beitrag. B teilt mit, dass er dies »mitten unter Proben«
nicht leisten kann. Ihm scheinen die Arbeiten des ungarischen
Kritikers und Philosophen interessant, sofern sie die Literatur
vor 1900 betreffen.

11.1. Wegen der noch notwendigen Arbeit an der Inszenierung
Winterschlacht fällt die geplante Abendvorstellung aus; statt-
dessen findet in Anwesenheit von Johannes R. Becher eine
geschlossene Generalprobe des neuen Stückes statt.

12.1. Premiere von *Winterschlacht, eine deutsche Tragödie* von
Becher in der Fassung des BE (B, Palitzsch, Rülicke, Wekwerth),
Musik: Hanns Eisler, Regie: B/Manfred Wekwerth, Bühnenbild: Karl von Appen/Dieter Berge; mit Ekkehard Schall
als Johannes Hörder. 46 Vorhänge (140 Aufführungen bis
31.12.1960).

17.1. In der Sitzung der DAK (Sektion Darstellende Kunst) stellt
B seine Meisterschülerin Wera Küchenmeister als künftige Re-
dakteurin der Rundfunk-Sendereihe »Stunde der Akademie«
vor. Sie gibt die mit B abgestimmte Konzeption bekannt.

19.1. Bei der ersten Sendung der Reihe »Stunde der Akademie«
sind ohne Absprache mit der DAK vom Rundfunk Veränd-
rungen vorgenommen worden. B protestiert am nächsten Tag
beim zuständigen Abteilungsleiter und droht ihm Konsequenzen an.

30.1. Nach der Abendvorstellung bitten die Schauspieler B um
eine Diskussion über Theaterkritiken. Aufgebracht kritisieren
sie unberechtigte Tadel und nicht entsprechende Bewertungen
von Aufführungen des BE. B meint: »Wenn das Theater da-
hintersteht, können wir das jeden Tag beginnen: Kampf gegen
die Verluderung und verlumpte Theaterberichterstattung.«

5.2. B bittet beim Leiter des Amtes für Literatur um eine schriftliche Erklärung, warum das Manuskript seiner *Kriegsfibel* so
lange Zeit für eine Druckgenehmigung vorgelegen hat.

11.2. B nimmt an der Vorstandssitzung des PEN-Zentrums
(Ost und West) teil; für die Generalversammlung in Hamburg
wird das Thema »Die Auswirkung der Atomenergie« festgelegt.

13.2. B reist mit Isot Kilian nach Dresden zur Tagung des Deut-

---

BE-Premiere im
Theater am
Schiffbauerdamm:
Winterschlacht von
Johannes R. Becher

schen Friedensrates. Bei der Veranstaltung zum Jahrestag der Zerstörung Dresdens 1945 übergibt B dem Deutschen Friedensrat die inzwischen abgegebenen 176 203 Unterschriften unter seine *Erklärung* gegen die Pariser Abmachungen zur Weiterleitung an den Weltfriedensrat.

16.–20. 2. Alberto Cavalcanti, Vladimir Pozner und Ruth Fischer-Meyenburg sehen mit B gemeinsam das Drehbuch zu dem Film *Herr Puntila und sein Knecht Matti* durch, mit dem er unzufrieden gewesen sei. B notiert seine grundsätzliche Kritik in dem Text *Über das »Puntila«-Drehbuch* und teilt sie auch der Wien-Film mit. – B nimmt die zweite Sendung der »Stunde der Akademie« ab. Bei den Aufnahmen der Rezitationen von Ekkehard Schall und Carola Braunbock übernimmt er die Regie.

Februar. Die bildenden Künstler Fritz Cremer, Gustav Seitz und Herbert Sandberg führen ein Gespräch mit B, Alfred Kurella und Hermannn Besenbruch über Malerei, das auf Tonband aufgezeichnet wird.

22. 3. B reist nach Hamburg. Die 7. Generalversammlung des PEN-Zentrums (Ost und West) findet im Hotel Atlantic statt; B wird als Präsident wiedergewählt.

In Hamburg: Generalversammlung des PEN-Zentrums (Ost und West)

23. 3. Der österreichische Dirigent Erich Kleiber sagt ein vereinbartes Engagement an der wiederaufgebauten Deutschen Staatsoper unter den Linden Berlin vor ihrer Wiedereröffnung ab, weil im Giebelportikus des Hauses die alte Inschrift »Fridericus Rex Apolloni et Musis« durch »Deutsche Staatsoper« ersetzt wurde. B entwirft für Minister Becher einen Brief an Kleiber, in dem es heißt: »Dieser Geist hat zur Zerstörung des alten Hauses geführt. Wieder aufgebaut wurde das Haus von den Gegnern des deutschen Militarismus.« *(Erg.,137.)*

24. 3. Auf Einladung Günther Weisenborns findet im Künstlerklub »die insel« ein Treffen des Hamburger Autorenkollegiums mit B statt, an dem viele Schriftsteller, Verleger und Theaterleute teilnehmen.

26. 3. Der Generaldirektor von Wien-Film und die Drehbuchautorin Ruth Fischer-Meyenburg verhandeln mit B in Berlin über den *Puntila*-Film. Es finden anschließend (bis zum 2. 4.) Konsultationen mit Regisseur Alberto Cavalcanti statt. Neben Isot Kilian beteiligt B in dieser Phase auch Manfred Wekwerth an der Umarbeitung des Drehbuchs.

28. 3. B spricht mit einem Vertreter der französischen Gastgeber über die (für den Sommer geplante) Tournee des BE mit dem *Kaukasischen Kreidekreis* in Paris. Es werden Festlegungen über Einblendungen französischer Texte bei den Gesängen und eine Kürzung des 4. Aktes getroffen. Gleichzeitig wendet sich B an den Verleger Robert Voisin mit der Bitte, die französische Übersetzung von *Der kaukasische Kreidekreis* zu forcieren und in einer geeigneten Zeitschrift als Vorabdruck im Juni verfügbar zu haben.

2. 4. Der Leipziger Literaturprofessor Hans Mayer bittet B, an einer Kritikerkonferenz teilzunehmen, da er in seinem Referat die Absicht hat, »sehr unbequeme Dinge zu sagen«. B besucht die Konferenz. Mayer führt aus, dass die Kunst dieser Zeit weder unter den Verhältnissen der Weimarer Republik noch denen des Sozialismus entsteht. B fordert in seinem Diskussionsbeitrag richtige Maßstäbe: Der Kritiker solle »das Neue, Fortschrittliche jedes Kunstwerkes popularisieren«.

3. 4. B ermahnt Ruth Berlau wiederholt, das Trinken aufzugeben. »Jetzt sehe ich Dich oft eine halbe Woche nicht, und wenn ich Dich sehe, bekomme ich einen Schock.«

16. 4. Deutsche Erstaufführung von *Leben des Galilei* an den Kammerspielen der Stadt Köln; Regie: Friedrich Siems, Bühnenbild: Max Fritzsche; mit Kaspar Brüninghaus als Galilei.

18. 4. Albert Einstein stirbt. B beschäftigt sich mit einem Dramenprojekt *Leben des Einstein*, notiert erste Entwürfe und beschafft sich Quellenmaterial.

21. 4. Der Pfarrer Karl Kleinschmidt hat B angefragt, ob das Lob seines Buches »Martin Luther« ironisch aufzufassen sei. B antwortet, seine Äußerungen seien »völlig ernsthaft« gewesen: »Die Schrift hat mich vergnügt und interessiert.«

21./22. 4. B fährt mit dem Nachtzug nach Frankfurt/M. und nimmt im Schauspielhaus an den Endproben von *Der kaukasi-*

sche Kreidekreis teil, in dem Käthe Reichel als Grusche gastiert. B trifft sich täglich mit Peter Suhrkamp.

23. 4. Zu dem am 23. 4. beginnenden »Darmstädter Gespräch« der Theaterschaffenden delegiert B seine Mitarbeiter Hans Bunge sowie Wera und Claus Küchenmeister. Bunge verliest Bs Text *Kann die heutige Welt durch Theater wiedergegeben werden?*

— Darmstädter Gespräch der Theaterschaffenden

25. 4. B fährt von Frankfurt/M. nach München weiter und spricht mit Hans Schweikart und Caspar Neher über die in Vorbereitung befindliche Inszenierung von *Der gute Mensch von Sezuan* an den Münchener Kammerspielen. Am 27. 4. fährt B mit dem Nachtzug von München nach Berlin zurück.

28. 4. Premiere von *Der kaukasische Kreidekreis* an den Städtischen Bühnen in Frankfurt/M. Regie: Harry Buckwitz, Bühnenbild: Teo Otto; mit Käthe Reichel als Grusche. Das Stück wird ohne Vorspiel aufgeführt. Auf Hermann Dunckers (spätere) Anfrage, warum er der Streichung zugestimmt habe, antwortet B: »Bei der Abhängigkeit der künstlerischen Leiter dieser Theater von Staat oder Stadt könnten sie, selbst wenn sie es wollten, das Stück *mit* dem Vorspiel nicht zur Aufführung bringen.« *(30,357.)*

2. 5. B schickt Kurt Schwaen das Lehrstück *Die Horatier und die Kuriatier* zur Vertonung, über die er am Folgetag mit ihm spricht.

4. 5. Im Suhrkamp Verlag erscheinen *Stücke*, Band 3 und Band 4 mit den *Stücken für das Theater am Schiffbauerdamm.* Band 3 enthält: *Die Dreigroschenoper, Aufstieg und Fall der Stadt Mahagonny, Das Badener Lehrstück vom Einverständnis*; Band 4: *Die heilige Johanna der Schlachthöfe, Der Jasager und der Neinsager, Die Maßnahme* (sowie *Anmerkungen*).

— Band 3 und 4 der *Stücke* kommen heraus

7. 5. B hält die Aufführungswelle seiner Stücke in der Bundesrepublik für »wichtig, weil danach, was immer Neues drüben in den Weg gelegt werden mag, immerhin die Erinnerung bestehen bleiben wird«. Er schreibt einige Anmerkungen und Nachträge zum *Kleinen Organon für das Theater* (ein Teil davon ist schon 1954 entstanden). Außerdem sammelt er weiteres Material über Albert Einstein.

15.5. B gibt an Rudolf Engel von der DAK die folgende Verfügung:»Im Falle meines Todes möchte ich nirgends aufgebahrt und öffentlich ausgestellt werden. Am Grab soll nicht gesprochen werden. Beerdigt werden möchte ich auf dem Friedhof neben dem Haus, in dem ich wohne, in der Chausseestraße.« In einem (vermutlich gleichzeitig geschriebenen) *Testament 1955. Nach meinem Tod zu öffnen* bittet B Helene Weigel, die Sicherstellung seines Todes zu prüfen und einen Sarg aus Stahl oder Eisen zu beschaffen. Es soll am Grab, das er sich am Friedhof neben seiner Wohnung wünscht, nicht gesprochen und keine Musik gespielt werden.

17.5. B nimmt in der DAK an der Sitzung der Sektion Dramatische Kunst teil, in der erneut über den verbotenen Zweig-Film *Das Beil von Wandsbek* diskutiert wird. Danach reist er mit Helene Weigel und Käthe Rülicke im Zug nach Warschau.

Reise über
Warschau nach
Moskau

17./18.5. B besucht die Warschauer Internationale Buchmesse. Er trifft sich mit dem Graphiker Tadeusz Kulisiewicz. Bei einer Begegnung mit Leopold Infeld fragt er den Atomphysiker über Albert Einstein aus. B fliegt mit seinen Begleiterinnen am Nachmittag nach Moskau.

19./20.5. B werden verschiedene Sehenswürdigkeiten gezeigt. Er wird durch die Stadt gefahren und interessiert sich ebenso für die Menschentypen der unterschiedlichen Nationalitäten wie für das Treiben in den Geschäften.

21.5. Mit Bedauern wendet sich B an den Theaterleiter und Schauspieler Nikolai Ochlopkow, weil er seine Theaterarbeit mit dem BE in der Sowjetunion noch nicht vorstellen konnte; er bittet ihn um Unterstützung eines Gastspiels. (Es kommt erst nach Bs Tod 1957 zustande.) B trifft sich mit Regisseuren und Schauspielern verschiedener Moskauer Theater. In den Tagen seines Aufenthalts sieht sich B mehrere Vorstellungen an. Um sich möglichst viele Eindrücke zu verschaffen, wechselt er oft in den Pausen die Theater.

23.5. Bernhard Reich, der mit Asja Lacis aus Riga angereist ist, fragt er, wer seine Rede bei der Preisverleihung am besten übersetzen könne; Reich schlägt Boris Pasternak vor, der allerdings von der Regierung wenig geschätzt wird.

25.5. Im Swerdlow-Saal des Moskauer Kreml wird B der Stalin-Friedenspreis verliehen. Die kurze Festansprache hält der Vorsitzende des Friedenskomitees, der Schriftsteller Nikolai Tichonow. B liest seine Rede »*Der Friede ist das A und O*« (die Pasternak übersetzt hat) vor. Am Abend findet im Hotel ein Bankett statt.

Verleihung des Stalin-Preises

26.5. B bittet das Stalinpreis-Komitee, die Hälfte des Preisgeldes in Schweizer Franken an seinen schwedischen Verlag und die andere in Ostmark an seine Berliner Bank zu überweisen.

27.5. B und seine Begleiterinnen fliegen von Moskau nach Warschau und fahren von dort mit der Bahn nach Berlin.

6.6. Harry Buckwitz befürchtet, dass das Gastspiel des Frankfurter Schauspielhauses mit *Der kaukasische Kreidekreis* bei den Ruhr-Festspielen wegen Bs Annahme des Stalin-Preises abgesagt wird. B hielte das für einen Skandal. (Das Gastspiel findet vom 14. bis 16.6. statt.)

8.6. Lotte Lenya hält sich eine Zeit lang in Berlin auf und trifft mehrfach mit B und Helene Weigel zusammen.

14./15.6. Mit dem Nachtzug fährt B nach Paris.

Reise nach Paris

16.–20.6. Verständigungsproben für *Der kaukasische Kreidekreis*. Vladimir Pozner übersetzt für B bei den Proben und bei zahlreichen Gesprächen mit Künstlern und Journalisten.

20.–24.6. Im Théâtre Sarah Bernardt wird *Der kaukasische Kreidekreis* fünfmal aufgeführt. – Aufgrund des triumphalen Erfolgs des BE in Paris ändert die Parteizeitung *Neues Deutschland*, in der nach der Premiere keine Rezension dieser Aufführung erschienen war, die Strategie ihres Kulturedakteurs Wilhelm Girnus und bringt zweimal jeweils ganzseitige Presseausschnitte über die Pariser Aufführung aus französischen, amerikanischen, englischen und polnischen Zeitungen.

Théâtre Sarah Bernardt in Paris: BE-Gastspiel mit *Der kaukasische Kreidekreis*

22.6. Wie Vladimir Pozner mitteilt, ist B in Paris nicht ins überfüllte Theater gegangen, sondern hat sich in einem Caféhaus über die Aufführung berichten lassen.

26./27. 6. Brecht fährt von Paris nach München, um die End-proben zu *Der gute Mensch von Sezuan* in den Münchener Kammerspielen anzusehen.

28. 6. B trifft vormittags mit Caspar Neher und Therese Giehse zusammen und besucht die Probe. Auch am Abend arbeitet er mit Neher. Er lässt sich in der Klinik von Dr. Ludwig Schmitt untersuchen. – Die DEFA hat sich doch entschlossen, den *Courage*-Film zu drehen. Ein endgültiges Drehbuch (»Fassung DVII/29«) ist fertiggestellt. Als Autoren sind genannt: Emil Burri, B und Wolfgang Staudte, der inzwischen als Regisseur unter Vertrag genommen wurde.

29. 6. B nimmt in München an der Generalprobe des *Guten Menschen von Sezuan* teil und fährt nachts nach Berlin zurück.

30. 6. Premiere des *Guten Menschen von Sezuan* an den Mün-chener Kammerspielen; Regie: Hans Schweikart, Bühnenbild: Caspar Neher; mit Erni Wilhelmi als Shen Te/Shui Ta.

Mitte Juli. Isot Kilian ist mit ihrer Tochter nach Ahrenshoop in Urlaub gefahren und berichtet B ausführlich darüber. Sie schreibt: »Ich bin sehr glücklich über uns und ich danke Dir sehr.«

18. 7. B stellt einige (früher entstandene) Texte zu einem Kon-volut *Dialektik auf dem Theater* zusammen, überarbeitet und ergänzt sie.

18. 8. Wolfgang Staudte beginnt mit den Dreharbeiten für *Mut-ter Courage und ihre Kinder* in den Babelsberger Studios der DEFA. B hat vertraglich vereinbart, dass Manfred Wekwerth als seine Vertrauensperson mitarbeitet.

Beginn der Dreharbeiten des Films Mutter Courage und ihre Kinder

20. 8. B informiert Lion Feuchtwanger, dass er auf der Beset-zung des Mädchens Simone in *Die Gesichte der Simone Ma-chard* mit einem Kind besteht.

30. 8. Nach Unterzeichnung des österreichischen Staatsvertrags (am 15. 5., also nach Drehbeginn des *Puntila*-Films) scheiden die sowjetischen Partner aus der Wien-Film aus. B und Hanns Eisler legen »gegen die Weiterführung der Filmarbeiten durch eine österreichische Firma« Protest ein. Die neue österreichi-sche Leitung der nun »Wien Film Rosenhügel« genannten

Firma lässt aber den Film trotz dieses Einspruchs fertigstellen.

August. B arbeitet mit Peter Palitzsch, Carl M. Weber und Peter Voigt an der Stückfassung von *Der Tag des großen Gelehrten Wu.*

5. 9. B beklagt sich bei Hans Rodenberg über den Leichtsinn, mit dem der *Courage*-Film vorbereitet wurde. Er hat ernsthaft Einwände gegen die Kostüme, gegen die Besetzung, die zum großen Teil ohne seine Zustimmung vorgenommen wurde, und gegen das Ausbleiben von Schminkversuchen.

7. 9. B nimmt an mehreren Tagen an den Bühnenproben von *Der Tag des großen Gelehrten Wu* teil.

12. 9. Nach dem Besuch der Voraufführung von *Pauken und Trompeten* diskutieren B und Mitarbeiter des BE mit einer Delegation der englischen Schauspielergewerkschaft, die ein baldiges Gastspiel des BE in London wünscht.

15. 9. B schreibt besorgt an Johannes R. Becher: »Wir müssen wirklich jetzt mit der Verschrottung unserer besten Leute aufhören; zumindest dürfen wir sie nicht auch noch planen!« *(30,376.)*

16. 9. Helene Weigel erklärt, dass sie die Arbeiten, die ihr Wolfgang Staudte bei der Inszenierung des *Courage*-Films aufbürdet, aus künstlerischen und gesundheitlichen Gründen nicht weiter leisten kann. Die DEFA erwägt eine Umbesetzung der Hauptrolle.

19. 9. Premiere von *Pauken und Trompeten* von George Farquhars Komödie *The Recruiting Officer* (übersetzt und bearbeitet für das BE von B, Besson, Hauptmann), Musik: Rudolf Wagner-Régeny, Regie: Benno Besson, Bühnenbild: Karl von Appen. 26 Vorhänge. 165 Aufführungen (bis 19. 7. 1958). *BE-Premiere im Theater am Schiffbauerdamm: Pauken und Trompeten von Farquhar*

22. 9. In einer Beratung mit BE-Mitarbeitern der Regie und Dramaturgie hat B über das Projekt gesprochen, *Leben des Galilei* in den Spielplan aufzunehmen. Falls Ernst Busch die Titelrolle spielen kann, soll im Dezember mit den Proben begonnen werden.

29. 9. B fühlt sich gesundheitlich nicht wohl und lässt Dr. Mertens, Facharzt für Innere Medizin vom Westsanatorium (West-Berlin) kommen; der Arzt betreut B bereits seit August. *Erkrankung Brechts*

5.10. B spricht mit Caspar Neher über *Leben des Galilei*. Nach einer Notiz Bs soll die Bühne »auf italienische Art leicht aufmontiert« sein und »nichts Steinernes, Wuchtiges, Massives« enthalten. In der Vorbereitungsphase der Inszenierung entstehen einige Texte wie *Zur 1. Szene* und *Fabelskizze*.

10.10. Im BE probieren Peter Palitzsch und Carl M. Weber das alte chinesische Volksstück *Der Tag des großen Gelehrten Wu*. B besucht Proben und gibt dem Schauspieler Wolf Kaiser Hinweise für seine Gestaltung der Titelrolle.

21.10. Der Publizist Maximilian Scheer berät mit B eine Hörspielfassung von *Leben des Galilei*, die B zuvor einigen Mitarbeitern zu lesen gegeben hatte.

BE-Premiere im Theater am Schiffbauerdamm: *Der Tag des großen Gelehrten Wu*

22.10. Premiere von *Der Tag des großen Gelehrten Wu*, ein Volksstück aus dem alten China, nach der Übersetzung von Yüan Miau-tse in der Bearbeitung des BE (Palitzsch, Weber), Regie: Peter Palitzsch/Carl M. Weber, Bühnenbild: Dieter Berge. 43 Aufführungen (bis 7.3.1957).

24.10. B beantragt bei der Devisenabteilung des Ministeriums für Kultur 100 DKR für Ruth Berlau, die zur Nachkur und Erholung nach Kopenhagen fliegen wird. Das Geld wäre nötig, weil sie »sehr krank« ist und vom Flugplatz aus mit einem Taxi zu ihrer Mutter fahren muss.

25.10. B und Elisabeth Hauptmann führen mit dem italienischen Regisseur Giorgio Strehler in Berlin ein längeres Gespräch über die *Dreigroschenoper*, die er für eine Aufführung am Piccolo Teatro in Mailand vorbereitet.

28.10. Kurt Schwaen spielt B die Musik für *Die Horatier und die Kuriatier* vor und findet dessen Zustimmung.

2.11. Isot Kilian übergibt im Auftrag Bs, der sich wegen Erkrankung entschuldigen lässt, der Österreichischen Mission in West-Berlin den österreichischen Reisepass zur Verlängerung seiner Gültigkeit.

6.11. Der aus München in die DDR übergesiedelte Dramatiker Peter Hacks bedankt sich bei B für eine Einladung nach Buckow und wünscht sich eine Wiederholung. B hatte ihn auf den Müller Friedrichs II. aufmerksam gemacht; Hacks fragt nun, ob B diesen Stoff »übrig« habe, weil er gern etwas daraus machen würde. B überlässt ihm den Stoff (»Der Müller von Sanssouci«).

26.11. B hat von Paul Wandel den Entwurf eines »Gelöbnisses« vom Zentralen Ausschuss für Jugendweihe in der DDR bekommen und schickt es mit einigen »Vereinfachungen« zurück.

28.11. Im Deutschlandsender läuft das Programm des BE *Lieder und Szenen von Brecht – Thema Liebe*. Bearbeitung, Regie und Moderation: Isot Kilian, Leitung: Benno Besson.

November. B schreibt Ruth Berlau, dass im Theater nach *Der Tag des großen Gelehrten Wu* »eine kleine Windstille entstanden« sei. Angelika Hurwicz probiere Ostrowskis *Ziehtochter*, da müsse er »noch nicht hin«. Er habe gerade einen Text *Studium des ersten Auftritts in Shakespeares* »*Coriolan*« aus dem Jahre 1953 vorgenommen und überarbeitet.

November/Dezember. B kümmert sich jetzt um die Ostrowski-Inszenierung. An die Inszenierung *Leben des Galilei*, dessen Titelrolle Ernst Busch gern spielen würde, wagt er sich noch nicht heran, weil er sehr schnell erschöpft ist.

Anfang Dezember. Nach Bs Meinung hat »der Druck in der Herzgegend, der ihn sehr beunruhigte, nachgelassen«. In einer Konsultation Anfang Dezember wird eine Besserung der Herzerkrankung Bs festgestellt. Der Arzt hat keine Bedenken, dass B täglich zwei Stunden probiert.

Rat des Arztes: Nur zwei Stunden *Galilei*-Proben am Tag

3.12. Im Deutschen Fernsehfunk wird die Aufführung von *Pauken und Trompeten* live übertragen.

12.12. Zum Auftakt der Proben für *Leben des Galilei* bittet B die Schauspieler, ihm ihre Rollenwünsche und Fragen über Stück und Aufführung schriftlich zu übergeben. – B und Mitarbeiter des BE diskutieren mit Studenten der Leipziger Universität (die Hanns Mayer vorbereitet hat) nach deren Besuch von drei Vorstellungen im BE. Ein Student fragt, ob das epische Theater nach dem Übergang zum Sozialismus eine Zukunft hat, wenn vollkommene Beziehungen zwischen den Menschen eingetreten seien. B antwortet: »Vollkommene Beziehungen zwischen den Menschen können nie eintreten, weder im Kommunismus noch in den darauf folgenden Phasen. Sonst müsste man jede Entwicklung leugnen.« – Abends Premiere *Die Ziehtochter oder Wohltaten tun weh*, Szenen aus dem Dorfleben von Alexander Ostrowski, Regie: Angelika Hurwicz, Bühnenbild: Karl von Appen, Kostüme: Annemarie Rost; mit Rosaura Revueltas (aus Mexiko) als Nadja.

14.12. B beginnt mit den Proben zu *Leben des Galilei*.

17.12. Das Buch *Kriegsfibel* war nach einem vertraulichen Bericht (am 5.9.) in einer Beratung des Amtes für Literatur im ZK der SED negativ eingeschätzt worden. Trotz bereits erteilter Druckgenehmigung erwog man, »den Vertrieb des größten Teils der Auflage zu verhindern«. Nachdem der Druck mehrfach verschoben wurde, ist das Buch endlich fertiggestellt und wird B zugesandt. Er findet die Ausgabe »ganz besonders schön« und dankt dem Eulenspiegel-Verlag.

26.12. B geht mit Isot Kilian in einen Karl-Valentin-Film, muss aber wegen einsetzender Atemnot das Kino vorzeitig verlassen.

27.12. B schreibt den Schauspielern, deren Wünsche für Rollen in *Leben des Galilei* er nicht erfüllen kann, Begründungen für seine Ablehnung.

31.12. B teilt Ruth Berlau (in Kopenhagen) mit, dass er langsam an *Leben des Galilei* arbeite, »Cas hat, glaube ich, schöne Gedanken für die Dekorationen, Busch belehrt die Bühnenarbeiter ausgiebig über Astronomie usw.« *Die Ziehtochter* sei »eine interessante Aufführung« geworden, Angelika Hurwicz habe sich gut mit den Schauspielern verstanden. – Im Suhrkamp Verlag erscheint das Heft 14 der *Versuche* (*Versuche* 19). Es enthält: 19. *Leben des Galilei* [Berliner Fassung]. 26. *Gedichte aus dem »Messingkauf«*. Zum 24. Versuch gehörig: *Die Horatier und die Kuriatier*, mit *Anweisungen für die Spieler*. – Der Film *Herr Puntila und sein Knecht Matti* wird Ende des Jahres fertiggestellt. Regie und Drehbuch: Alberto Cavalcanti, filmische Bearbeitung: Vladimir Pozner, Ruth Wieden (d. i. Fischer-Meyenburg), Musik: Hanns Eisler; mit Curt Bois als Puntila. Die Leitung der Wien Film Rosenhügel, die der Verleger Bauer übernommen hat, untersagt nach Fertigstellung des Films den

---

Versuch, die *Kriegsfibel* trotz Druckgenehmigung zu verzögern, hat keinen Erfolg

Erstdruck Heft 14 der *Versuche* (19)

Film *Herr Puntila und sein Knecht Matti* fertiggestellt

offiziellen Vertrieb, weil er dann als österreichisches Produkt auf den Markt kommen und dem Exportkontingent angelastet würde. Der Film läuft lediglich außerhalb Österreichs in nicht öffentlichen Veranstaltungen und auf Initiative Cavalcantis (am 29.3.59) in Brüssel. (Zu einer »deutschen Uraufführung« kommt es erst am 21.10.1960 in München.)

1956

3.1. In der *Galilei*-Probenzeit hat B mehrfach Grippe und sucht Dr. Mertens im Westsanatorium auf.

4./5.1. B fährt zu den Endproben von *Der gute Mensch von Sezuan* in Rostock.

6.1. In Berlin beginnt B mit den Proben der 12. Szene von *Leben des Galilei*. – Nachmittags sehen sich Caspar Neher und B den amerikanischen Film *Saat der Gewalt* an. – Premiere von *Der gute Mensch von Sezuan* im Volkstheater Rostock (Regie: Benno Besson, Bühnenbild: Willi Schröder; Shen Te / Shui Ta: Käthe Reichel).

→ **IV. Deutscher Schriftstellerkongress**

9.1. Am Nachmittag wird der IV. Deutsche Schriftstellerkongress im DT mit einer Rede von Kulturminister Johannes R. Becher eröffnet und tagt bis zum 14.1. Im Dezember 1955 hat Elisabeth Hauptmann (auf Bs Bitte) an junge Dramatiker einen Fragebogen verschickt, in dem diese über ihre Schaffensprobleme Auskunft geben sollten. B wertet die Antworten für seinen Beitrag vor der Sektion Dramatik aus.

10.1. Das Hauptreferat *Der Anteil der Literatur an der Bewusstseinsbildung des Volkes* hält Anna Seghers. Außerdem spricht u.a. Arnold Zweig über die *Selbstverantwortung unserer freien Schriftsteller*.

12.1. Die Teilnehmer des Kongresses diskutieren getrennt in den Sektionen Kinder- und Jugendbuch, Lyrik und Dramatik. B macht seine *Ausführungen vor der Sektion Dramatik zum IV. Deutschen Schriftstellerkongress*. Er gibt Anregungen, neben den großen Stücken »wieder zu kleinen, wendigen Kampfformen zu kommen, wie wir sie einmal in der Agitprop-Bewegung gehabt haben«, und erörtert Realisierungsmöglichkeiten dafür. Man müsse durch Experimente in der Kunst heute »neue Kunstmittel schaffen und die alten umbauen«. »Experimente ablehnen heißt, sich mit dem Erreichten begnügen, das heißt zurückbleiben.« *(23,373.)*

13.1. Während des Kongresses sprechen B, Helene Weigel und Elisabeth Hauptmann mehrfach mit Marieluise Fleißer, die zum Schriftstellerkongress angereist ist, über ihre Situation in der Bundesrepublik und über Möglichkeiten einer Unterstützung.

14.1. Auf der Abschlussveranstaltung des Schriftstellerkongresses hält B seine *Rede auf dem IV. Deutschen Schriftstellerkongress.*

Rede auf
dem Schriftsteller-
kongress

20.1. Da Ruth Berlau ihre Rückkehr nach Berlin angekündigt hat, ist B an einer Klarstellung ihrer Beziehung interessiert. Zu ihrer Mitarbeit schreibt er: »Wenn Du mir hin und wieder einen Rat gegeben hast, so habe auch ich Dir Rat erteilt, und wenn ich aus Deinem Rat mehr machte als Du aus meinem, so ändert das nichts daran, dass Du einen so winzigen Teil bekommen würdest von, sagen wir *Puntila,* dass es noch kein Hundertstel wäre.« *(30,416 f.)* Er rät ihr, jetzt noch nicht zurückzukommen.

25.1. Das Ministerium für Kultur genehmigt die Herstellung von 50 Exemplaren der Sammlung *Die Dialektik auf dem Theater.* Sie werden an Mitarbeiter, Freunde und Interessenten verschickt.

30.1. Vor der *Galilei*-Probe findet bei B eine Besprechung über die Kostüme und über das Modellbuch statt.– B will in Dänemark ein Haus kaufen und Ruth Berlau darin eine Wohn- und Lebensmöglichkeit anbieten.

2.2. B arbeitet Ende Januar und im Februar mehrfach mit seinen Mitarbeitern Peter Palitzsch, Manfred Wekwerth und Peter Voigt sowie der Übersetzerin Elisabeth Wiede an der Stückfassung von *Der Held der westlichen Welt* von John Millington Synge. B nimmt (neben den *Galilei*-Proben) an mehreren Proben des Stückes teil, die Palitzsch und Wekwerth begonnen haben.

4. 2. B besucht Peter Suhrkamp, der seit 30. 1. zu einer Untersuchung seiner schweren Bronchienerkrankung im Westsanatorium liegt, und diskutiert mit ihm über dessen Auswahl für einen Brecht-Gedichtband.

7. 2. B, Tochter Hanne (Hiob) und Elisabeth Hauptmann und fahren über Frankfurt/M. nach Basel.

7./8. 2. Weiterfahrt nach Mailand. B sieht sich die Stadt an und kauft eine Olivetti-Reiseschreibmaschine. Im Piccolo Teatro spricht er mit Direktor Paolo Grassi, Giorgio Strehler und Teo Otto. Er besucht eine Tag- und eine Nachtprobe.

Reise nach Mailand

9. 2. Nach der Generalprobe *Der Dreigroschenoper* führt B ein längeres Gespräch mit Strehler. Das Piccolo Teatro und der Verlag Einaudi geben für B einen Empfang, zu dem mehrere Hundert Persönlichkeiten eingeladen sind.

10. 2. Erwin Leiser, der zur Premiere nach Mailand gekommen ist, schreibt über ein Gespräch mit B beim Frühstück: »Wir scherzen vorsichtig über gemeinsame, bei mir nur zufällige, Herzbeschwerden. Plötzlich verschleiert sich seine Stimme, und er sagt: ›Man weiß jedenfalls, dass es ein leichter Tod sein wird, ein leises Klopfen an die Fensterscheiben.‹« Abends ist die Premiere der *Dreigroschenoper*; Regie: Giorgio Strehler, Bühnenbild: Teo Otto; mit Tino Carraro als Macheath und Marina Bonfigli als Polly. B bedankt sich bei Strehler: »Ich wollte, ich könnte Ihnen in Europa alle meine Stücke überlassen, eins nach dem andern. Danke.«

12. 2. B kehrt nach Berlin zurück und setzt seine Arbeit an den Inszenierungen der Stücke *Leben des Galilei* und *Held der westlichen Welt* fort.

18. 2. Nach der Probe von *Leben des Galilei* singen Kinder vor B und Hanns Eisler die einstudierten Lieder.

20. 2. Gespräch Bs (unter Beteiligung von Elisabeth Hauptmann, Käthe Rülicke u. a.) mit etwa 50 Mitarbeitern politischer Kabaretts und Laienspielgruppen über kleine politische Programme. B schlägt die Entwicklung solcher Programme durch die Theater vor, die sie neben den Vorstellungen machen und dann an Laienspielgruppen weiterreichen könnten.

— **25. 2.** Der XX. Parteitag der KPdSU geht in Moskau zu Ende.

Kritik an Stalin Der Erste Sekretät der Partei Nikita Chruschtschow nimmt eine kritische Analyse der Herrschaft Stalins vor und legt in einem schonungslosen Bericht seine Verbrechen offen. Die Rede wird in der DDR nicht veröffentlicht.

27. 2. Auf die Bitte von Wolfgang Heinz, gegen die beabsichtigte Schließung des Neuen Theaters in der Scala durch Wiener Behörden zu intervenieren, schreibt B Briefe an verschiedene österreichische Persönlichkeiten. Briefe mit einer Aufforderung zur Intervention sendet er auch an Theaterleiter und andere Persönlichkeiten in ganz Europa.

3. 3. Wegen einer Virusgrippe unterbricht B für eine Woche die Proben.

15. 3. B schließt mit der Intendantin Helene Weigel den Arbeitsvertrag als 1. Spielleiter des BE für die Zeit vom 1. 9. 1956 bis 31. 8. 1957 ab.

19. 3. Peter Palitzsch informiert B darüber, dass der Berliner Henschel-Verlag in das *Galilei*-Modellbuch die zusätzlichen Notate Bs über Ernst Busch aufnehmen wird. Der im Verlag vorliegende Text des Stückes sowie die 1947 entstandenen Laughton-Notate sollen aber schon jetzt gesetzt und gedruckt werden.

21. 3. B kann Ruth Berlau, die aus Dänemark zurückkehrt, wegen der *Galilei*-Proben nicht am Flughafen abholen.

27. 3. Während der Proben schreibt B die Texte *Galilei für Busch*, »*Galilei*« sowie *Wissenschaft und Macht*. Außerdem entstehen mehrere Texte für ein *Galilei*-Vorwort.

28. 3. An diesem Tage wechselt das Regieteam mit *Held der westlichen Welt* von der Probebühne auf die Hauptbühne, sodass *Leben des Galilei* pausieren muss. B besucht die Probe von Manfred Wekwerth und Peter Palitzsch. Danach untersucht ihn Dr. Mertens und stellt fest, dass B die Arbeit gesundheitlich nicht schadet. Als B am späten Nachmittag Fieber bekommt, holt seine Tochter Barbara erneut Dr. Mertens.

— **29. 3.** Wegen seiner Erkrankung fühlt sich B nicht in der Lage,
Unterbrechung der Proben zur Probe zu gehen.

3. 4. Da sich sein Gesundheitszustand nicht bessert, bittet B

Erich Engel, der an den Proben der letzten Tage teilgenommen hat, die Arbeit an *Leben des Galilei* weiterzuführen.

5. 4. B versucht, offiziell zu Import-Bier zu kommen. Er schreibt an die Radeberger Exportbierbrauerei, er sei »Bayer und gewohnt, zum Essen Bier zu trinken«. Da er in der DDR nur das Radeberger Bier (dessen Produktion fast ausschließlich exportiert wird) für gut hält, bittet er darum, ihm »ausnahmsweise eine Zeitlang im Monat zwei Kästen« dieses Bieres zu liefern. Die Brauerei kommt seinem Wunsch nach.

12. 4. B begibt sich zur Behandlung der Folgen seiner Virusgrippe in die Charité; er wird vom Klinikdirektor, dem Internisten Prof. Theodor Brugsch, behandelt. Während des Krankenhausaufenthalts erledigt B die laufende Post und empfängt in beschränktem Umfang Freunde und Mitarbeiter. — Krankenhausaufenthalt in der Charité

16. 4. Käthe Rülicke fährt im Auftrag Bs nach Warschau und spricht u. a. mit dem Lyriker Adam Ważyk darüber, dass B einige seiner Gedichte übersetzen möchte.

18./19. 4. Erich Engel lässt die bisher gearbeiteten Szenen (1–7) von *Leben des Galilei* durchspielen, am Folgetag den zweiten Teil von *Leben des Galilei* (Szenen 8–13). Danach bricht Engel die Proben ab.

21. 4. Der schwedische Lehrer Paul Patera (ein Vertreter der »Jungen Rechten«) ersucht B (am 6. 4.) um Aufführungserlaubnis für die *Maßnahme* am Kammarteater Uppsala. B verbietet das mit der Begründung: »*Die Maßnahme* ist nicht für Zuschauer geschrieben worden, sondern nur für die Belehrung der Aufführenden.« Er empfiehlt *Die Ausnahme und die Regel.* – Patera führt trotz des Verbots von B *Die Maßnahme* auf und nutzt sie, wie B befürchtet hat, zu antikommunistischer Propaganda. B spricht danach ein prinzipielles Aufführungsverbot für das Lehrstück aus, dem sich Hanns Eisler anschließt.

26. 4. Der Rektor der Greifswalder Universität Gerhardt Katsch hat Bs Zustimmung zu einer Verleihung der Ehrendoktorwürde an ihn aus Anlass der 500-Jahrfeier der Hochschule erhalten.

30.4. B schreibt an Ernst Busch, dass sich die Fertigstellung der *Galilei*-Inszenierung verzögert. »Und Engel will nicht allein fertigmachen.« *(30,449.)*

April. Käthe Rülicke, die B täglich im Krankenhaus besucht, schreibt, er sei die ganze Zeit bettlägerig gewesen und habe viel gelesen. Nach *Leben des Galilei* wolle er nicht mehr inszenieren, das könnten jetzt seine Schüler tun. Sie hat sich den in der DDR immer noch nicht veröffentlichten Text der Rede Nikita Chruschtschows auf dem XX. Parteitag besorgt, lässt ihn übersetzen und bringt sie B zur Lektüre. »Er war tief getroffen.«

Anfang Mai. B zweifelt, ob der Hauskauf für Ruth Berlau richtig ist; ihm scheine, dass sie »vielleicht besser eine kleine Wohnung in Kopenhagen« nehmen soll »als ein Haus weiter weg«.

3.5. Elisabeth Hauptmann schreibt Peter Suhrkamp, dass B »an allen Ecken und Enden« fehle. Was seine Krankheit angeht, habe sie etwas Gutes und etwas Schlechtes: »Das Gute: Brechts Herz ist an und für sich weit besser, als zunächst angenommen wurde. Das Schlechte: Eine Herzklappe ist von diesem elenden Infekt befallen, der so schlecht wegzukurieren ist.« Besucher dürfe er nur kurzzeitig empfangen. *(BBA 791/3.)*

11.5. Am BE Premiere von *Der Held der westlichen Welt (The Playboy of the Western World)*, Komödie von John Millington Synge, Übersetzung von Peter Hacks, Lieder von Elisabeth Wiede und Peter Hacks, in der Einrichtung des BE (B, Palitzsch, Wekwerth), Musik: Hanns Eisler, Regie: Peter Palitzsch/ Manfred Wekwerth, Bühnenbild: Karl von Appen; mit Heinz Schubert als Christopher Mahon und (Brechts Tochter) Barbara Berg als Pegeen Mike.

12.5. B darf mit Einverständnis von Prof. Brugsch die Charité verlassen, bleibt aber unter täglicher ärztlicher Kontrolle.

Mitte Mai. B schreibt das Gedicht *Als ich in weißem Krankenzimmer der Charité*.

17.5. B informiert den Verleger Bruno Henschel von seiner Erkrankung und der Unterbrechung der *Galilei*-Proben. Dadurch könne das in Vorbereitung befindliche *Galilei*-Modellbuch noch nicht erscheinen, denn er wollte die Beschreibung der *Galilei*-Darstellung von Charles Laughton nach wie vor durch die von Ernst Busch ergänzen. (Die bereits 1956 vorliegende Teilbroschüre *Aufbau einer Rolle. Laughtons Galilei* erscheint mit den anderen Teilen des Modellbuchs erst 1958.)

22.5. Die von Suhrkamp besorgte Zusammenstellung von *Bertolt Brechts Gedichte und Lieder* kommt in der Bibliothek Suhrkamp heraus.

24.5. Peter Hacks hat B den theoretischen Aufsatz *Einige Gemeinplätze über das Stückeschreiben* mit der Bitte zugeschickt, er solle »alles einfach durchstreichen, was er für falsch befindet«. Käthe Rülicke teilt Hacks Bs Warnung mit, nicht zu eilig damit an die Öffentlichkeit zu treten. Er habe mit dem *Kleinen Organon für das Theater* jedenfalls schlechte Erfahrungen gemacht. – Kulturminister Johannes R. Becher gibt B auf seine Anfrage, ob eine Verfilmung des *Kaukasischen Kreidekreises* möglich wäre, einen negativen Bescheid. Der erste Versuch einer Verfilmung von *Mutter Courage und ihre Kinder* habe einen »Verlust von über 1,5 Millionen DM eingebracht«, sodass es schwierig sei, die Mittel für eine neue *Courage*-Verfilmung aufzubringen.

26.5. Von dieser Zeit an bis zum 8.8. hält sich B, mit nur wenigen Tagesreisen nach Berlin, hauptsächlich in Buckow auf.

Zur Rekonvaleszenz in Buckow

29.5. Isot Kilian stellt B drei Mappen mit Texten für die Arbeit in Buckow zusammen: mit Gedichten und *Turandot oder der Kongress der Weißwäscher*, außerdem mit Material über Paris und Italien. Sie hofft, B bald zu sehen, und wäre froh, wenn sie »am Wochenende wieder in Buckow sein dürfte«.

1.6. B bedankt sich bei Bernhard Reich, dass er ihn beim Verlag Iskusstwo in Moskau vertritt. Trotz seiner Anträge sei Käthe Rülicke nicht eingeladen worden. »Ich kann also – was mir noch in keinem Land passiert ist – keinen Einfluss auf die Ausgabe meiner eigenen Sachen nehmen.«

4.6. Der Greifswalder Literaturwissenschaftler Bruno Markwardt formuliert für die Verleihung der Ehrendoktorwürde an B den Entwurf einer Laudatio. Die Philosophische Fakul-

Plan, Brecht die Ehrendoktorwürde zu verleihen

tät stimmt der Verleihung (die für den 16.10. vorgesehen ist) einstimmig zu.

8.6. B bittet Alexander Abusch, die tatsächlichen Vorgänge aufzuklären, die zum Abbruch der Dreharbeiten des *Courage*-Films geführt haben und legt ein Dossier über die Vorgänge bei; danach liegt die Schuld nicht bei ihm.

14.6. B fährt an diesem Tage zu einer Probe nach Berlin und nimmt an einer Präsidiumssitzung der DAK teil.

18.6. Elisabeth Hauptmann bespricht mit B in Buckow Ergebnisse ihrer Londoner Reise in Fragen der englischen Übersetzung seiner Stücke. B vertritt dabei die Meinung (die sie am Folgetag Peter Suhrkamp mitteilt), dass verschiedene Übersetzer ausprobiert werden müssen und der englische Verlag Methuen »für solche Versuche etwas Geld aussetzen« muss. B sei bereit, dafür seine Tantiemen niedrig zu halten.

28.6. B spricht mit Elisabeth Hauptmann über die in Herstellung befindlichen Bände 5 und 6 der *Stücke* sowie über die Planung der Bände 7–10. Sie übermittelt Peter Suhrkamp die Ergebnisse der Unterredung. Nebenbei will er sich u. a. gern mit dem Zusammenstellen einer großen Gedichtausgabe (Format wie *Stücke*) befassen und »hat jetzt, glaube ich, aus allen Ecken, Schubfächern usw. alles, was wie ein Gedicht aussieht, draußen in Buckow«. Für diese Gesamtausgabe der Gedichte schreibt B u. a. auch neue Texte zur *Hauspostille* (z. B. *Orges Wunschliste*) und stellt eine veränderte Abfolge der Sammlung her.

Brecht bereitet Gesamtausgabe seiner Gedichte vor

Juni. Der Pfarrer Karl Kleinschmidt unterhält sich mit B und wird von ihm angeregt, über einen Nachruf im Falle seines Todes zu sprechen: »Schreiben Sie, dass ich unbequem war und es auch nach meinem Tode zu bleiben gedenke. Es gibt auch dann noch gewisse Möglichkeiten.«

2.7. B stellt einen Text *Bertolt Brecht appelliert an den Bundestag* fertig. Der an den Präsidenten Eugen Gerstenmaier gerichtete Aufruf wird als Brieftelegramm auch an die Vorsitzenden der Bundestagsfraktionen geschickt. Über die DAK wird der Appell zugleich an die wichtigsten Agenturen gegeben. In dem Appell wendet sich B entschieden gegen das am 8.2. im Bun-

Appell an den Bundestag, die Wehrpflicht nicht einzuführen

deskabinett verabschiedete Gesetz zur Wiedereinführung der allgemeinen Wehrpflicht.»Wollt Ihr wirklich den ersten Schritt tun, den ersten Schritt in den Krieg? Den letzten Schritt, den in das Nichts, werden wir dann alle tun.« Der Deutsche Bundestag stimmt nach heftigen Debatten am 6. und 7.7. dem Gesetz zu, das in der Bundesrepublik die allgemeine Wehrpflicht einführt. Bs Offener Brief findet in der Aussprache keine Resonanz, er erhält aber dazu zahlreiche persönliche Zuschriften. – In diesem Zusammenhang schreibt B auch die Notiz:»Wenn Deutschland einmal vereint sein wird, jeder weiß, das wird kommen, niemand weiß, wann – wird es nicht sein durch Krieg.« *(23,416.)*

Mitte Juli. B bittet Gustav Just (der vom ZK an die Wochenzeitung *Sonntag* versetzt wurde), in dem Blatt»mehr und mehr über das politisch-kulturelle Leben unserer Bruderstaaten« zu bringen. Nach Justs Erinnerung hat er bei einem Besuch in Buckow mit B über den polnischen Schriftsteller Adam Ważyk gesprochen. B habe den Plan mitgeteilt, dessen *Poem für Erwachsene* nachzudichten. Die Gedichte hatte Käthe Rülicke von ihrer Polen-Reise mitgebracht. Der am BE beschäftigte polnische Regisseur Konrad Swinarski stellt Rohübersetzungen her. Die Veröffentlichung einiger Gedichte Ważyks im *Sonntag* (am 17.6.) stößt auf die heftige Kritik der Parteifunktionäre.

25.7. B schreibt an Peter Suhrkamp, er wolle im August oder September in eine Nachkur zu Dr. Schmitt nach München gehen.»Könnten Sie da nicht mitkommen?« Der Münchener Klinik von Johann Ludwig Schmitt kündigt er seine Ankunft für den 20.8. an

30.7. B weist über den Verlag Lars Schmidt an den Kopenhagener Rechtsanwalt Hagens, der auch die laufenden Zuwendungen Bs für Ruth Berlau regelt, einen Betrag von 10000 Dänenkronen an, die»ausschließlich für einen Hauskauf bestimmt sind und für nichts anderes«. Für den Kauf stünden weitere 40000 Dänenkronen zur Verfügung.

Juli. Nach Diskussionen mit Freunden über den XX. Parteitag der KPdSU entstehen die Texte Bs *Quelle der Unzufriedenheit* und *Über die russische Partei*, außerdem die Gedichte *Der Zar*

Stalin-Kritik in Gedichten

hat mit ihnen gesprochen, Der Gott ist madig und *Die Gewichte auf der Waage.* Auf dem Blatt mit dem gleichzeitig entstandenen Gedicht *Zur Züchtung winterfesten Weizens* notiert B: »Die geschichtliche Einschätzung S[talins] hat im Augenblick kein Interesse und kann mangels Fakten nicht vorgenommen werden. Seine Autorität muss jedoch zur Beseitigung der Schädigungen durch sein Beispiel liquidiert werden.« – B teilt Isot Kilian mit, dass sein Sohn Stefan und der polnische Regisseur Konrad Swinarski in Buckow eingetroffen sind. Auch Johannes R. Becher sei bei ihm gewesen. In einem weiteren Brief berichtet er ihr, Grotewohl sei da gewesen, »ich überredete ihn zum Gebrauch des Rundfunks«.

Anfang August. B führt Gespräche mit Benno Besson und Manfred Wekwerth über deren bevorstehende Inszenierung von *Die Tage der Kommune* in Karl-Marx-Stadt (Chemnitz).

2. 8. Ruth Berlau(die wieder nach Dänemark gefahren ist) informiert B über ein 14 km von Kopenhagen entfernt gelegenes Bauernhaus, das ihr geeignet erscheint, und über die Zahlungsbedingungen.

5. 8. B lässt im BE einen Aushang mit Hinweisen für die Spielweise beim Londoner Gastspiel anbringen.

Vorschlag für
Nationalpreis **8. 8.** Das Sekretariat des ZK der SED bestätigt die Vorschläge für die Verleihung der Nationalpreise für Kunst und Literatur. Darunter ist für die Klasse I u. a. vorgesehen: »Brecht, Bertolt, Nationalpreisträger für seine gesamte Theaterarbeit in Berliner Ensemble, besonders für die Inszenierung *Der kaukasische Kreidekreis*, die eine internationale Anerkennung fand.«

9. 8. B fährt nach Berlin und wird in seiner Wohnung erstmalig von Prof. Hennemann, Oberarzt der Charité, untersucht. – Helene Weigel teilt Therese Giehse mit, dass sie »ab 20. dieses Monats den Bert nach München verfrachten« will zu Dr. Schmitt, und richtet an sie die »Geheimbitte«, sich außerdem nach einem weiteren Herz- und Kreislaufspezialisten umzusehen und B zuzureden, auch noch diesen zu konsultieren.

10. 8. B nimmt an einer Probe des *Kaukasischen Kreidekreises* für das Londoner Gastspiel teil. Käthe Rülicke schreibt: »Wie viele Kollegen war ich erschrocken über Brechts krankes Ausse-

Teilnahme an
Kreidekreis-Probe

hen. Er sprach mit leiser Stimme, die kaum bis zur Bühne drang, und verließ die Probe vorzeitig – er hatte nicht die Kraft, sie durchzustehen.« – Die Ärzte diagnostizieren »Zeichen starker Abspannung ohne ausgesprochene Herzsymptome«. – B teilt Prof. Brugsch in einem Brief mit, dass er sich zu einer Weiterbehandlung in Schmitts Münchener Sanatorium begeben will.

13. 8. Prof. Hennemann untersucht B erneut; er ist mit Bs Plan einer Kurbehandlung bei Dr. Schmitt einverstanden.

14. 8. Helene Weigel schreibt an Dr. Schmitt, dass sie »in tiefster Besorgnis um Brechts Zustand« ist. B sei »völlig kraftlos« und habe »außerdem das Gefühl, sehr krank zu sein«. »Ich muss Sie bitten, sich ihm völlig zur Verfügung zu stellen, auch wenn Sie gerade Ihren Urlaub haben, so dass er Sie jeden Tag, ja jede Stunde sprechen kann, weil er wirklich Vertrauen zu Ihnen hat und Sie jetzt braucht.« – B weist seiner Frau das Recht des Einzugs von Tantiemen und der Verhandlungen in seinem Namen zu. Seit es ihm schlechter geht, konsultiert B neben den Ärzten der Charité auch seinen Jugendfreund Otto Müllereisert. Über den 14. 8. notiert Müllereisert, dass B, »körperlich in einem Schwächezustand, der es ihm nicht erlaubte, selbst zu schreiben, geistig bei völlig klarem Bewusstsein und zurechnungsfähig«, die folgende von ihm bestimmte »letztwillige Verfügung« diktiert hat: »Mein alleiniger Erbe ist meine Frau, Helene Weigel. Sie ist nicht nur mein einziger Erbe, sondern hat auch die Verfügungsgewalt in der Durchführung meiner Wünsche.« Sie soll das BE weiterführen, »und zwar solange sie glaubt, den Stil halten zu können«. Die von B diktierten fünf Wünsche bestimmen, dass Tochter Barbara das Turmgrundstück Hauptstraße 42 in Buckow erhält, Sohn Stefan die Einnahmen aus den amerikanischen Aufführungen, Käthe Reichel das Haus Buckowsee-Promenade, wenn sie im BE die Rolle Shen Te/Shui Ta spielt, Isot Kilian die Einnahmen aus den Songs. Ruth Berlau soll 50 000 dänische Kronen für den Kauf eines Hauses erhalten unter der Bedingung, dass dies »nach Ableben an Frau Helene Weigel fällt«. *(BBA 1646/48.)*

Vonseiten der Ärzte der Charité wird folgender Krankheits-
verlauf des letzten Tages dokumentiert:»Am 14. August traten
vorübergehende Bewusstseinstrübungen auf unter gleichzeitigem körperlichen Verfall. Um die Mittagszeit dieses Tages
kam ein ausgesprochener Kollapszustand mit Tachykardie
hinzu, der im Laufe des Nachmittags zunahm. Der Blutdruck
war tief gesunken und kaum messbar. Am Herzen selbst war
perikarditisches Reiben zu hören. Das Elektrokardiogramm
bot die Zeichen eines ausgesprochenen und ausgedehnten
Herzinfarkts. Trotz intensiver Stützung des Herzens und des
Kreislaufes gelang es nicht, das zunehmende Versagen des
Herzens aufzuhalten.– Am 14. August 23.30 Uhr ist Bert Brecht

14. August 1956
Tod Brechts

schmerzlos in den Tod gegangen.« *(Aus dem ärztlichen Ab-
schlussbericht vom 15. 8. 56, gez. von Prof. Brugsch, Prof. Beyer,
Dr. Krocker.)* – Nach Auskunft von Tochter Barbara, habe ihre
Mutter nach Prof. Brugsch geschickt,»der aus dem Urlaub
zurück war. Brugsch hat sich aber geweigert zu kommen.«
Am Sterbebett seien die letzten Worte ihres Vaters gewesen:
»Lasst mich in Ruhe!«

B wird am 17. 8. neben seiner Berliner Wohnung in der
Chausseestraße 125 auf dem Dorotheenstädtischen Friedhof,
gegenüber vom Grab Hegels, begraben.

Der Arzt Dr. Schulten kommt 2000 nach einer Prüfung der
zeitgenössischen Befunde zu der Schlussfolgerung:»Wenn
Brecht an einer Perimyokarditis gestorben ist, dann kann die
vorangehende, über Monate schwelende Pyelonephritis und
Endokarditis als indirekte Todesursache angesehen werden.
Dieser chronische Entzündungsprozess wäre mit den 1956 zur
Verfügung stehenden Therapiemöglichkeiten besser zu behandeln gewesen. Neben einer Herdsanierung hätte Brugsch, statt
der Verordnung einer Diät und einer schon damals als absolet
angesehenen Immunisierung in ausreichend hoher Dosierung
Antibiotika geben müssen.« *(Schulten, 8.)*

Zeichnung von Herbert Sandberg

Brecht-Zitate

(Ziffer, Ziffer)	= Bandnummer, Seitenzahl von: Bertolt Brecht, *Werke,* Große kommentierte Berliner und Frankfurter Ausgabe, hg. v. Werner Hecht, Jan Knopf, Werner Mittenzwei, Klaus-Detlef Müller, Berlin und Weimar, Frankfurt/M. 1988–2000.
Erg.	Werner Hecht, *Brecht-Chronik 1898–1956/Ergänzungen,* Frankfurt/M. 2007.

Andere Zitate

(BBA Ziffer, Ziffer)	= Bertolt-Brecht-Archiv: Mappennummer, Blattnummer
Benjamin	Benjamin, Walter, *Gesammelte Schriften,* hg. von Rolf Tiedemann und Hermann. Schweppenhäuser, Frankfurt/M. 1989 ff.
Berlau/Bunge	*Brechts Lai-tu. Erinnerungen und Notate von Ruth Berlau,* hg. von und mit einem Nachwort von Hans Bunge, Darmstadt und Neuwied 1885.
Braun	Braun, Matthias, *Die Literaturzeitschrift »Sinn und Form«. Ein ungeliebtes Aushängeschild der SED-Kulturpolitik,* Bremen 2004.
Dokumente	*»Die Regierung ruft die Künstler«,* Dokumente zur Gründung der »Deutschen Akademie der Künste« (DDR), hg. u. komm. von Petra Uhlmann und Sabine Wolf, Berlin 1993.
Feuchtwanger	Feuchtwanger, Lion, *Briefwechsel mit Freunden 1933–1958,* Bd. 1, Berlin 1991.
Schulten	Schulten, Hans Karl, *Überlegungen eines Arztes zum Tod von Bertolt Brecht.* War die Diagnose richtig? In: Dreigroschenheft, Augsburg 1/2000.
Tagebücher 1944–1946	Mann, Thomas, *Tagebücher 1944–1946,* hg. von Inge Jens, Berlin 1986.

Weigel	Hecht, Werner, *Helene Weigel. Eine große Frau des 20. Jahrhunderts*, Frankfurt/M. 2000.
Säuberung	Georg Lukács, Johannes R. Becher, Friedrich Wolf u. a., *Die Säuberung. Moskau 1936: Stenogramm einer geschlossenen Parteiversammlung*, hg. von Reinhard Müller, Hamburg 1991.

ABKÜRZUNGEN

DAK	Deutsche Akademie der Künste Berlin
ANN	*Augsburger Neueste Nachrichten*
B	Bertolt Brecht
BBA	Bertolt-Brecht-Archiv Berlin
BBC	*Berliner Börsen-Courier*
BE	Berliner Ensemble
DAD	Deutscher Autoren-Dienst
DPA	Deutscher Personal-Ausweis (DDR)
DT	Deutsches Theater, Berlin
DWK	Deutsche Wirtschaftskommission
FDJ	Freie Deutsche Jugend
MAAZ	*München-Augsburger Abendzeitung*
MfS	Ministerium für Staatssicherheit
ND	*Neues Deutschland*, Organ der SED
SBZ	Sowjetisch besetzte Zone, ab 1949: DDR
SDS	Schutzverband Deutscher Schriftsteller
SED	Sozialistische Einheitspartei Deutschlands
SMAD	Sowjetische Militäradministration in Deutschland
SuF	*Sinn und Form*
Vw	*Volkswille*, Organ der USPD in Schwaben und Neuburg
ZK	Zentralkomitee der SED

LITERATURHINWEISE

(Auswahl)

Über Leben und Werk von Bertolt Brecht ist sehr viel geschrieben und veröffentlicht worden. Es handelt sich um einen anhaltenden Prozess der Forschung. Die immer neuen Funde fordern zu teilweise anderen Ergebnissen und zu neuen Erkenntnissen heraus, als sie zu Lebzeiten des Dichters und in den ersten Jahrzehnten nach seinem Tode für bemerkenswert gehalten wurden. In die folgende Auswahl sind einige Arbeiten aufgenommen, die in den letzten 15 Jahren (1997–2012) erschienen sind.

→ Von Arnim, Ditte, *Brechts letzte Liebe. Das Leben der Isot Kilian*, Berlin [2006].

→ *Begegnungen mit Bertolt Brecht*, hr. von Erdmut Wizisla, Leipzig 2009.

→ Bertolt Brecht/Helene Weigel »*ich lerne gläser + tassen spülen*«. *Briefe 1923–1956*, hr. von Erdmut Wizisla, Berlin 2012.

→ Berg, Günter/Jeske, Wolfgang, *Bertolt Brecht*, Stuttgart/Weimar 1998.

→ *Brecht-Handbuch* in fünf Bänden (Bd. 1: *Stücke*; Bd. 2: *Gedichte*; Bd. 3: *Prosa, Filme, Drehbücher*; Bd. 4: *Schriften, Journale, Briefe*; Bd. 5: *Register, Chronik, Materialien*), hr. von Jan Knopf, Stuttgart/Weimar 2001–2003.

→ Dieckmann, Friedrich, *Wer war Brecht? Erkundungen und Erörterungen*, Berlin 2003.

→ Hecht, Werner, *Brecht Chronik 1898–1956*, Frankfurt/M. 1997. Dazu gehörig: *Brecht Chronik 1898–1956. Ergänzungen*, Frankfurt/M. 2007.

→ Hecht, Werner, *Brechts Leben in schwierigen Zeiten. Geschichten*, Frankfurt/M. 2007.

→ Hecht, Werner, *Helene Weigel. Eine große Frau des 20. Jahrhunderts*, Frankfurt/M. 2000.

→ Hillesheim, Jürgen, *Augsburger Brecht-Lexikon. Personen – Institutionen – Schauplätze*, Würzburg 2000.

→ Hillesheim, Jürgen, *Brechts Augsburger Geschichten. Biografische Skizzen und Bilder*, Augsburg 2004.

→ Kebir, Sabine, *Ich frage nicht nach meinem Anteil. Elisabeth Hauptmanns Arbeit mit Bertolt Brecht*, Berlin 1997.

→ Kebir, Sabine, *Mein Herz liegt neben der Schreibmaschine. Ruth Berlaus Leben vor, mit und nach Bertolt Brecht*, Algier 2006.

→ Knopf, Jan, *Bertolt Brecht*, Suhrkamp BasisBiographie, Frankfurt/M. 2006.

→ Knopf, Jan, *Bertolt Brecht. Lebenskunst in finsteren Zeiten. Biografie*, München 2012.

→ Lang, Joachim, *Neues vom alten Brecht. Manfred Wekwerth im Gespräch*, hg. von Valentin F. Lang und Karoline Sprenger, Berlin 2010.

→ Neureuter, Hans Peter, *Brecht in Finnland. Studien zu Leben und Werk 1940–1941*, Frankfurt/M. 2006.

→ Pietrzynski, Ingrid, *»Der Rundfunk ist die Stimme der Republik.« Bertolt Brecht und der Rundfunk der DDR 1949–1956*, Berlin 2003.

→ Reiber, Hartmut, *Grüß den Brecht. Das Leben der Margarete Steffin*, Berlin [2008].

→ Stuber, Petra, *Spielräume und Grenzen. Studien zum DDR-Theater*, Berlin 1998.

→ Völker, Klaus, *Brecht-Chronik. Daten zu Leben und Werk*, zusammengestellt von Klaus Völker, München 1997.

→ Wizisla, Erdmut, *Benjamin und Brecht. Die Geschichte einer Freundschaft*, Frankfurt/M. 2004.

→ Wüthrich, Werner, *Bertolt Brecht und die Schweiz*, Zürich 2003.

→ Wüthrich, Werner, *1948 – Brechts Züricher Schicksalsjahr*, Zürich 2006.

LÄNGERE REISEN

Brecht war gezwungen, in seinem Leben in verschiedenen Ländern Unterschlupf zu suchen. Er war auf die Unterstützung vieler Menschen angewiesen, von denen er die wenigsten vorher kannte. Die Nazis hatten ihm in Deutschland sein Publikum, seine Theater und seine Verlage entzogen. Reisen spielten im Leben dieses Dichters eine bedeutende Rolle.

Er war schon früh darauf eingestellt, sich Arbeitssituationen zu schaffen, die ihm produktive Voraussetzungen boten: die Möglichkeit der Diskussionen mit Freunden und Bekannten bei gleichzeitigem Bestehen auf einer »Sphäre der Isolation«[1]. So arbeitete er schon am Anfang in den Berliner Jahren, und in derselben Weise behielt er es im Exil bei.

---

[1] 27,363.

Reisen waren in der Zeit des erzwungenen Aufenthalts im Exil auch die Suche nach Einkünften, mit denen sein und seiner Familie Leben zu bestreiten waren. Die Verhandlungen mit Verlagen und mit Theatern, die notwendigen Verbindungen mit Emigranten-Vereinigungen, der Besuch von Kongressen, an denen deutsche Antifaschisten teilnahmen, waren bedeutende Ereignisse mit weitreichenden Folgen.

Dass diese Reisen oft zu einer mehrmonatigen Abwesenheit von seinem Wohnort führten, hatte mit seinem rastlosen Bemühen um eine Erkenntnis der Welt und des Verhaltens der Mitmenschen zu tun. Es war auch das Bestreben, Alltägliches durch Entfernung zu verfremden und dadurch zu verstehen. Darin drückt sich die Energie aus, die er aufbringen musste, um seine Existenz und seine enorme Schaffenskraft zu sichern.

1920–1924	→ **Augsburg/München**
1.2.–14.3.1920	→ Berlin
17.10.–7.11.1921	→ Wiesbaden
7.11.1921–26.4.1922	→ Berlin
Anf.Aug.–Sept.1923	→ Berlin

1924–1933	→ **Berlin**
Anf. Apr.–Mitte Juni 1924	→ Capri, Florenz
Juni–Juli 1925	→ Baden b. Wien
1.8.–10.9.1925	→ Augsburg
29.5.–9.6.1926	→ Paris
Sommer 1928, 1930 und 1931	→ Südfrankreich
Juni–Sept.1931	→ Ammersee, Utting

1933–1939	→ **Skovsbostrand**
10.–16.9.1933	→ Paris
17.9.–17.10.1933	→ Sanary-sur-Mer
18.10.–18.12.1933	→ Paris
3.10.–20.12.1934	→ London
12.3.–21.5.1935	→ Moskau
15.–26.6.1935	→ Paris
7.10.1935–16.2.1936	→ New York

6. 3. – 29. 7. 1936	→ London
12. – 20. 7. 1937	→ Paris
11. 9. – 20. 10. 1937	→ Paris, Sanary-sur-Mer
1940 – 1941	→ **Helsinki**
5. 7. – 6. 10. 1940	→ Marlebäck
16. 5. – 21. 7. 1941	→ Über Moskau nach San Pedro
1941 – 1947	→ **Santa Monica**
8. 2. – 26. 5. u. 19. 11. 1943 – 22. 3. 1944	→ New York
19. 5. – 16. 7. 1945	→ New York
10. 2. – Mitte März 1946	→ New York
Mitte Sept. bis Anf. Dez 1946	→ New York
16. – 30. 10. 1947	→ New York, Washington
31. 10. – 7. 11. 1947	→ Paris, Zürich
1947 – 1949	→ **Feldmeilen**
16. 1. – 15. 2. 1948	→ Chur
17. 10. 1948 – 23. 2. 1949	→ (Ost-) Berlin
1949 – 1956	→ **Berlin**
28. 8. – 4. 9. 1949	→ Salzburg, München, Augsburg
2. – 28. 8. 1950	→ Ahrenshoop (Ostsee)
2. 9. – 9. 10. 1950	→ München
10. 7. – 16. 8. 1951	→ Ahrenshoop
24. 2. – 3. 3. 1952	→ Warschau, Krakau
22. 6. – 8. 9. 1952	→ Buckow
Juli – Sept. 1953	→ Buckow
16. – 30. 10. 1953	→ Wien
1. – 4. 4. 1954	→ Brügge, Knokke
26. 6. – 7. 7. 1954	→ Amsterdam, Paris
Anf. Juli – 2. 8. 1954	→ Buckow
17. – 27. 5. 1955	→ Moskau
14. – 29. 6. 1955	→ Paris, München
7. – 12. 2. 1956	→ Mailand
26. 5. – 9. 8. 1956	→ Buckow

(Auswahl)

Für Brecht war von großer Bedeutung, die Wirkung seiner Lieder, Stücke und Schriften auf die Leser oder Theaterbesucher kennenzulernen und auszuwerten. Seit seiner Jugend bezog er Personen, die eine ihn interessierende Meinung aussprachen, in den Schaffensprozess ein: Er sang oder las seine Dichtungen vor und erwartete ihre Kritik, die ihn, wenn sie von guten Argumenten gestützt war, zu einer Überarbeitung des vorgetragenen Werkes führte. Solche Verbesserungen verschaffte der Dichtung einen höheren Wert, oder – wie es Brecht ausdrückte – eine größere »Stimmigkeit«.

Die Teamarbeit zeichnet bei Brecht den Entstehungsprozess aller seiner Werke aus. Es gibt kaum eine Arbeit, die nicht in vielen Fassungen vorliegt, mindestens aber in mehreren Versionen, die er auch noch (zum Ärger seiner Verleger) während der Herstellung zu ändern pflegte. Die klassische Beschreibung dieser Arbeitsweise hat er in dem Gedicht *Der Zweifler* formuliert: Er stellt darin dar, wie die Mitarbeiter angesichts eines chinesischen Mannes auf einem Rollbild in Zweifel gerieten, ob in einem neuen Werk alles gelungen sei, vor allen Dingen »wie handelt man / Wenn man euch glaubt, was ihr sagt? Vor allem: wie handelt man?«[1]

Marie Rose Aman (1901–1988)
Eigentlich: Maria Rosa Amann, Tochter eines Augsburger Damenfriseurs und Perückenmachers, lernt B 1916 kennen, gehörte (bis 1918) zu seinen Freundinnen.

Paula Banholzer (1901–1989)
Auch: Bi (Abkürzung von »Bittersweet«), Tochter eines Augsburger Arztes. Er lernte sie 1916 kennen, mit ihr entwickelte sich seine erste große Liebesbeziehung, 1919 wird beider Sohn Frank Banholzer geboren. Ihr Vater lehnte eine Heirat mit B (wegen dessen ungesicherter Existenz) ab und sorgte dafür, dass seine Tochter ihr uneheliches Kind

---

[1] 14,377.

in dem entfernt gelegenen Dorf Kimratshofen ohne großes Aufsehen zur Welt bringt und dann auch dort in Pflege gibt. Paula heiratet 1924 einen Kaufmann.

Johannes R[obert] Becher (1891–1958)
Lyriker, auch Erzähler und Dramatiker, Mitbegründer und Erster Sekretär des Bundes proletarisch-revolutionärer Schriftsteller (BPRS), 1933–1945 Exil vorwiegend in der UdSSR, Mitglied des ZK der DKP, ab 1949 des ZK der SED, Gründer und Präsident des Kulturbundes zur demokratischen Erneuerung Deutschlands, 1953–1956 Präsident der DAK, 1954–1958 Minister für Kultur der DDR. Bs Beziehung zu Becher war zwiespältig. Bei den Debatten im Exil geriet Becher mit seinem Bekenntnis zur Linie der Moskauer »Murxisten« mehrfach in eine scharfe Kritik Bs. Becher setzte sich aber in der DDR als Funktionär, der leitende Positionen im Kulturbund, in der DAK und im Ministerium für Kultur ausübte, vielfach für B ein. Zu einer Zusammenarbeit kam es bei der Inszenierung von Bechers Stück *Winterschlacht* am BE 1955.

Walter Benjamin (1892–1940)
Literaturwissenschaftler, Schriftsteller, Kritiker, Übersetzer. Er wurde mit B durch die Vermittlung von Asja Lacis 1924 bekannt, zur Freundschaft und Zusammenarbeit kam es seit 1929, als beide eine Zeitschrift *Krise und Kritik* planten und vorbereiteten. 1933 ging Benjamin ins Exil nach Frankreich, er besuchte B 1931 in Le Lavandou und mehrfach in Skovsbostrand. Verübte 1940 Selbstmord.

Ruth Berlau (1906–1974)
Auch: Ute, Lai-tu. Dänische Schauspielerin und Publizistin. Lernte B näher kennen, als sie 1935 *Die Mutter* inszeniert. Berlau übersetzte einige Arbeiten Bs ins Dänische und kümmerte sich 1939 um den Druck der *Svendborger Gedichte*. Sie folgte B in alle weiteren Exilstationen und nach Berlin, legte Bs Werkarchiv an, erlernte das Fotografieren und schuf die ersten Modellbücher von Theateraufführungen. 1944 hat sie die Totgeburt ihres Kindes (von B) tief erschüttert. Als ihre Eingriffe in das Leben und die Arbeit für B schwierig und hinderlich wurden,

vermittelte er ihr Regie-Hilfsarbeiten an anderen Theatern und stellte ihr vor seinem Tode Mittel für ein Haus in Dänemark zur Verfügung.

Arnolt Bronnen (1895–1959)

Schriftsteller und Dramatiker. Enge Freundschaft in den zwanziger Jahren. B änderte nach seinem Beispiel (Arnolt) seinen eigentlichen Namen »Berthold« in Bertolt um. B und Bronnen arbeiteten bei mehreren Werken zusammen, B bemühte sich um die Inszenierung von Stücken Bronnens. Ihre Wege trennten sich, als Bronnen mit den Nazis paktierte.

Emil Burri (Hesse-Burri) (1902–1966)

Auch: Emmel. Dramatiker, Dramaturg und Regisseur, lernte B 1925 kennen und arbeitete (seit Ende der zwanziger Jahre) mit ihm an mehreren Projekten zusammen, besonders an der Uraufführung der *Mutter*, auch an vielen Filmskripten.

Slatan Theodor Dudow (1903–1963)

Bulgarisch-deutscher Theater- und Filmregisseur. Wurde von B zur Mitarbeit insbesondere an *Kuhle Wampe oder Wem gehört die Welt?* herangezogen, ging 1933 ins französische Exil und inszenierte in Paris 1937 *Die Gewehre der Frau Carrar* und 1938 die Aufführung von einigen Szenen aus *Furcht und Elend des III. Reiches*.

Gottfried von Einem (1918–1996)

Österreichischer Komponist. Seit 1948 Mitglied des Direktoriums der Salzburger Festspiele. B lernte er durch Vermittlung Caspar Nehers kennen; er versuchte, B für ein Festspiel zu gewinnen (Fragment *Salzburger Totentanz*). Von Einem war der Initiator einer Aktion, ihm dafür die österreichische Staatsbürgerschaft zu verschaffen. Nachdem sie B verliehen war, geriet von Einem in die politische Kritik der Gegner Bs und verlor seine Stelle im Direktorium der Salzburger Festspiele.

Lion Feuchtwanger (1884–1958)

Romanschriftsteller, auch Dramatiker und Novellist sowie Kritiker. Als Dramaturg der Münchener Kammerspiele lernte er B Anfang der zwanziger Jahre kennen, förderte den jungen B und arbeitete mit ihm häufig zusammen (*Leben Eduards des Zweiten von England, Kalkutta, 4. Mai, Die Gesichte der Simone Machard* u. a.). Feuchtwanger ging 1933 ins Exil nach Südfrankreich, 1941 in die USA, half B bei der Übersiedlung in die USA, wo er mit ihm wiederum zusammenarbeitete und ihn freundschaftlich förderte.

Marieluise Fleißer (1901–1974)
Schriftstellerin, Dramatikerin, studierte in München Theaterwissenschaft. War mit Brecht befreundet und wurde von ihm in den zwanziger Jahren vielfach gefördert.

George Grosz (1893–1959)
Deutscher Maler und Grafiker, Bühnenbildner, schuf viele gesellschaftskritische Werke. Er lernte B bei einer Inszenierung am Piscator-Theater kennen. Arbeitete mit B am Kinderbuch *Die drei Soldaten* zusammen. Ab 1932 Exil in den USA.

Elisabeth Hauptmann (1897–1973)
Lehrerin, Übersetzerin, später Lektorin, Dramaturgin und Schriftstellerin (Pseudonyme: Catherine Ux, Dorothy Lane). Seit 1924 Mitarbeiterin Bs; sie arbeitete an nahezu allen Werken mit, die in den zwanziger Jahren entstanden. 1928 hatte sie eine Rohübersetzung der *Beggar's Opera* von John Gay vorgelegt, die B in die *Dreigroschenoper* umarbeitete und mit Kurt Weill zu einem großen Erfolg brachte. Ab 1933 ging sie ins Exil in die USA, kehrte 1949 nach Berlin zurück, war Lektorin und Herausgeberin der Werke Brechts, zeitweise auch Mitarbeiterin des BE.

Herbert Jhering (1888–1977)
Publizist, Theaterkritiker und Dramaturg. Er machte B in den zwanziger Jahren bekannt (Kleist-Preis 1922) und förderte ihn in der Tageszeitung *Berliner Börsen-Courier* entscheidend (gegen seinen Antipoden Alfred Kerr). Auch nach 1945 unterstützte er B als Chefdramaturg des DT gegen seinen Intendanten Langhoff. Jhering war Mitglied der DAK und setzte sich für B in der DDR ein; er wurde auch von ihm gefördert.

Karl Korsch (1886–1961)
Jurist und Philosoph, seit 1919 Funktionär und Theoretiker der USPD und der KPD, wurde 1926 wegen oppositionellen Verhaltens aus der Partei ausgeschlossen. Seit 1928 bekannt mit B, der ihn als seinen Lehrer bezeichnete. Exil in Dänemark, in Großbritannien und in den USA. Korsch hatte Anteil an Bs Verfassung des *Kommunistischen Manifests* (Fragment *Das Manifest*).

Hedda Kuhn (1898–1976)
Auch: He. Lernt B bei den Theaterseminaren Artur Kutschers in München kennen. Medizinstudentin, Freundin Bs. Studiert in Berlin weiter und siedelt sich dort an, heiratet 1922 einen Arzt.

Charles Laughton (1899–1962)

Englischer Schauspieler und Regisseur, der ab 1939 in den USA lebte und arbeitete. B bewunderte seine Schauspielkunst, übersetzte mit ihm *Leben des Galilei* ins Englische und arbeitete an der Inszenierung des Stückes 1947 in Beverly Hills mit ihm zusammen.

Otto Müllereisert (1900–1967)

Auch: Hei oder Heigei. Enger Freund von B, Pate seines Sohnes Frank Banholzer und Trauzeuge bei der Hochzeit mit Marianne Zoff. Studierte Medizin und wurde Arzt in Berlin, wo er B auch in den letzten Lebensjahren medizinisch betreute.

Hanns Otto Münsterer (1900–1974)

Jugendfreund Bs, dichtete in jungen Jahren selbst und tauschte sich mit ihm darüber aus. Münsterer studierte Medizin, wurde Arzt, Kunstsammler und Schriftsteller. 1963 kam sein Buch *Bert Brecht. Erinnerungen aus den Jahren 1917–22* heraus, in dem er authentisch über die gemeinsam verbrachten Jahre berichtet.

Caspar Rudolf Neher (1897–1962)

Auch: Cas. Mitschüler und enger Freund Bs. Bühnenbildner und Maler. Arbeitet mit ihm an fast allen Aufführungen seiner Stücke in den zwanziger Jahre zusammen. Nach dem Weltkrieg suchen beide sofort wieder die Kooperation. Neher gestaltete Bühnenbilder der Inszenierungen Bs in der Schweiz; er arbeitet mit B auch am BE zusammen, konnte sich aber wegen des folgenreichen Kalten Krieges nicht entscheiden, nach Ost-Berlin überzusiedeln.

Georg Pfanzelt (1893–1962)

Auch: George, Orge. Einer der ältesten und engsten Augsburger Freunde Bs. Ließ sich als Verwaltungsangestellter ausbilden und arbeitete als Städtischer Beamter in Augsburg. Pfanzelt wird in vielen Jugendgedichten erwähnt. B besuchte ihn 1949 bei einem kurzen Ausflug nach Augsburg. In einem seiner letzten Gedichte (*Orges Wunschliste*) hat B an ihn gedacht.

Bernhard Reich (1890–1992)

Dramaturg, Regisseur und Schriftsteller. Arbeitete mit B in den zwanziger Jahren zusammen, ging 1926 ins Exil in die SU (Riga), wurde, wie auch seine Frau Asja Lacis, längere Zeit inhaftiert; er kam wieder frei und traf mit B 1941 bei dessen Durchreise in Moskau zusammen. B bemühte sich (ohne Erfolg), Reich ans BE zu bekommen.

Margarete Steffin (1908–1941)

Auch: Grete, Muck. Autorin und Übersetzerin. Lernte B 1931 bei der Roten Revue *Wir sind ja sooo zufrieden* kennen und war seit 1932 mit ihm befreundet, ging mit ins skandinavische Exil. Sie arbeitete mit B an allen Werken, die dort entstanden, eng zusammen. Margarete Steffin litt an einer schweren Lungentuberkulose und musste mehrfach operiert werden. Nach der Meinung Hanns Eislers war sie Bs »wertvollste Mitarbeiterin«. Auf dem Wege in die USA starb sie 1941 in Moskau. Für B war das ein großer Verlust, den er nur schwer überwunden hat.

Fritz Sternberg (1895–1963)

Soziologe, Philosoph und Wirtschaftstheoretiker. Führte mit B zahlreiche Gespräche, die in den Schriften verwertet wurden. Sternberg ging 1933 ins Exil (Schweiz, Frankreich, USA).

Erwin Strittmatter (1912–1994)

Amtsvorsteher kleinerer Gemeinden, Redakteur und Schriftsteller. Von B gefördert, arbeitete mit ihm seine Bauernkomödie *Katzgraben* für das BE um.

Peter Suhrkamp (1891–1959)

Lehrer, Dramaturg, Regisseur. Mit B bekannt seit Anfang der zwanziger Jahre. Half B bei der Flucht vor den Nazis. Verleger (Leiter des S. Fischer Verlags), 1950 gründet er den Suhrkamp Verlag, dem B sofort beitrat.

Sergej Tretjakow (1892–1939)

Sowjetischer Publizist, Übersetzer und Schriftsteller. Wird 1929 mit B bekannt und befreundet sich mit ihm. Übersetzung zahlreicher Texte Bs. Wird 1937 wegen angeblicher Spionage verhaftet und 1939 erschossen.

Berthold Viertel (1885–1953)

Österreichischer Regisseur, Theatertheoretiker und Schriftsteller. Ab 1933 im Exil in verschiedenen europäischen Ländern, seit 1939 in den USA, wo eine Zusammenarbeit an mehreren Projekten zustande kommt. B gewinnt Viertel als Regisseur für einige frühe Inszenierungen des BE.

Helene Weigel (1900–1971)

Auch: Helli, Heli. Österreichische Schauspielerin, die seit 1922 in verschiedenen Berliner Theatern auftrat. 1922 Bekanntschaft mit B, der mit ihr ab 1924 zusammenlebte. Helene Weigel war als expressive und sehr lautstarke Darstellerin bekannt und gelangte durch B zu einer realistischen Spielweise, die er als »episch« bezeichnete und geeignet hielt für eine seinen Stücken gemäße Schauspielkunst. 1924 wurde der Sohn Stefan und 1930 die Tochter Barbara geboren. Nach seiner Scheidung von Marianne Zoff-Brecht heiratete B die Weigel und schuf mit ihr große Frauenfiguren, die in die Theatergeschichte eingingen (Wlassowa, Carrar, Antigone, Mutter Courage usw.). Sie leitete auf Wunsch Bs das BE als Intendantin von 1949–1971. Nach Bs Tod kümmerte sie sich auch um seinen Nachlass (privater Aufbau des Bertolt-Brecht-Archivs) und um die Drucklegung seiner Werke. Ihre Entscheidung, den Generalvertrag bei Suhrkamp zu verlängern und dem Ost-Berliner Aufbau-Verlag nur für textgleiche Brecht-Ausgaben Lizenzrechte zu erlauben, sorgte in der DDR für große Auseinandersetzungen in den Behörden.

Kurt Weill (1900 – 1950)

Komponist. Arbeitet 1927–1930 intensiv mit B zusammen. Es entstanden Kompositionen für verschiedene Stücke (u. a. *Die Dreigroschenoper, Aufstieg und Fall der Stadt Mahagonny*) und zahlreiche Lieder. 1933 kam es zu einer nochmaligen Zusammenarbeit an dem Ballett *Die sieben odsünden der Kleinbürger*. Weill ging ins Exil in die USA. Dort gab es mehrere (vergebliche) Versuche einer weiteren Kooperation mit B.

Marianne Zoff (1893 – 1984)

Auch: Ma, Mar, Marianderl. Macht die Bekanntschaft Bs, als sie 1919 als Mezzosopranistin ans Augsburger Stadttheater engagiert wird. Zwischen dem damaligen Partner Zoffs und B entfaltet sich ein heftiger Rivalitätskampf, den B gewonnen hat. Er heiratete 1922 Marianne Zoff; 1923 wurde beider Tochter Hanne geboren. 1927 wurde die Ehe geschieden.

Mitarbeiter des Berliner Ensembles

(Auswahl)

Benno Besson (1922 – 2006)

Schweizer Regisseur und Schauspieler, auch Übersetzer. B lernte ihn 1947 in der Schweiz kennen und engagierte ihn 1949 ans BE, in dem er an seinen Inszenierungen beteiligt war und selbst bei mehreren Stücken Regie führte (bis 1958). Die Aufführung von Molières *Don Juan* (1953/54), die Besson schon 1953 gemacht hatte, wählte B als Eröffnungsvorstellung des Theaters am Schiffbauerdamm aus.

Hans Bunge (1919–1990)

Mitarbeiter der Regie und Dramaturgie, Publizist, Archivar. Er promovierte über Bs Bearbeitung der *Antigone des Sophokles*, kam durch Vermittlung von Ruth Berlau ans BE (1953–1956). Bunge dokumentierte die Brecht-Inszenierungen von *Der kaukasische Kreidekreis* und *Leben des Galilei* durch Tonbandmitschnitte und schrieb zahlreiche Notate und Artikel. 1956 übergab ihm Helene Weigel die Leitung des Bertolt-Brecht-Archivs (bis 1962); sie bat Bunge, mit allen älteren Freunden und Mitarbeitern Gespräche zu führen. Aus diesen Dokumenten veröffentlichte Bunge mehrere Bücher (u. a. über Ruth Berlau: *Brechts Lai-tu* und über Hanns Eisler: *Fragen Sie mehr über Brecht*).

Ernst Busch (1900–1980)

Schauspieler und bekannter Sänger (»Barrikaden-Tauber«). Lernt B in den zwanziger Jahren kennen, spielte 1931 im *Dreigroschen*-Film und 1932 in der *Mutter* und in *Kuhle Wampe* mit. Viele Brecht-Lieder wurden durch Buschs Vortrag bekannt. Busch kämpfte im Spanischen Bürgerkrieg und wurde wegen Hochverrats verurteilt. B beschäftigte ihn im BE in mehreren Rollen (als Koch in *Mutter Courage*, als Lapkin in *Die Mutter*, als Azdak im *Kaukasischen Kreidekreis*) und setzte sich bei vielen Differenzen, die Busch mit der SED hatte, für ihn ein.

Paul Dessau (1894–1979)

Komponist und Dirigent. Er war B schon 1927 in Baden-Baden begegnet, lernte ihn aber erst 1943 im amerikanischen Exil kennen. In den USA arbeiteten beide am Oratorium *Deutsches Miserere*, an den *Reisen des Glücksgotts* und an *Mutter Courage und ihre Kinder*. Nach seiner Rückkehr kam es zu weiteren Zusammenarbeiten beim *Herrnburger Bericht* und bei den Opern *Das Verhör des Lukullus* und *Die Verurteilung des Lukullus* (1951). Dessau vertonte viele Lieder Brechts und schrieb 1954 auch die Musik zu Bs *Kaukasischem Kreidekreis*.

Hanns Eisler (1898–1962)

Komponist. Enger Freund Bs, arbeitete mit ihm seit 1929 zusammen (*Die Maßnahme*), es folgten *Die Mutter* und der Film *Kuhle Wampe*. Im Exil arbeiteten beide an vielen Projekten in Dänemark und in den USA zusammen (1934: *Die Rundköpfe und die Spitzköpfe*, 1947: *Galileo*). Eisler komponierte auch die Musik für den Film *Hangmen Also Die* (1943). In der DDR vertonte er viele Lieder. Zu einer intensiven Zusammenarbeit kam es bei der Änderung des Librettos von Eislers Oper *Johann Faustus*, der in die Kritik der Kulturfunktionäre geriet. Beide vereinfachten den Text, »so dass auch die reiferen Murxisten«, wie B meinte, »einiges verstehen können«.

Erich Engel (1891–1966)

Regisseur und Theaterleiter. Lernte B in München kennen, inszenierte mehrere seiner Stücke wie 1923 *Im Dickicht der Städte*, in Berlin 1927 *Mann ist Mann*, 1928 *Die Dreigroschenoper*). Nach dem Krieg holte B Engel für die Koregie von *Mutter Courage und ihre Kinder* nach Berlin. Am BE inszenierte Engel mit B auch die Eröffnungsvorstellung des BE (im DT) *Herr Puntila und sein Knecht Matti*. Engel unterstützte B in der DAK. Er wurde von B 1956 zu dessen letzter Inszenierung *Leben des Galilei* herangezogen. Nach Bs Tod engagierte Helene Weigel Engel als Chefregisseur des BE.

Isot Kilian (1924–1986)

Schauspielerin, Mitarbeiterin der Regie und Dramaturgie. Wurde (mit Egon Monk) 1949 ans Berliner Ensemble engagiert. Eine engere Beziehung zu B entwickelte sich ab 1954. Isot Kilian übte in den letzten Jahren auch Sekretariatsarbeiten für B aus. Sie gestaltete und betreute Brecht-Programme für den Rundfunk.

Egon Monk (1927–2007)

Regisseur und Dramaturg. Wurde 1949 ans BE engagiert. Arbeitete als Regieassistent an den ersten Inszenierungen des BE mit. Monk war auch an verschiedenen Bühnenfassungen beteiligt. Er inszenierte 1951 *Biberpelz und roter Hahn* sowie den *Herrnburger Bericht*, 1952 die Fernsehfassung von *Die Gewehre der Frau Carrar*. 1953 ging Monk nach West-Berlin, fand beim RIAS Beschäftigung und leitete später als Leiter die Fernsehabteilung des NDR.

Peter Palitzsch (1918–2004)

Dramaturg, Graphiker, Regisseur. Palitzsch war 1950 als Werbegraphiker ans BE engagiert worden. Durch seine vielfältigen Interessen und durch sein Talent wird er dann von B auch für andere Arbeiten der Regie und Dramaturgie herangezogen. Er inszenierte nach 1956 mit Manfred Wekwerth mehrere Stücke Bs und anderer Autoren. 1961 kam Palitzsch von einem Gastspiel in der BRD nicht zurück in die DDR. Er arbeitete als Schauspieldirektor in Stuttgart und (ab 1972) im Direktorium der Städtischen Bühnen Frankfurt/M.

Käthe Rülicke (1922–1992)
Mitarbeiterin der Regie und Dramaturgie, enge Mitarbeiterin Bs. Sie bewirbt sich mit einer Hochschularbeit am BE und wird 1950 als Assistentin engagiert. B überträgt ihr, da sie gut stenographieren kann, viele schriftliche Arbeiten. Rülicke macht sich aus eigenem Interesse von den meisten Gesprächen mit B Notizen. Sie gewinnt dadurch das Vertrauen Bs und wird von ihm auch in private Bereiche eingeweiht. Ihre Dokumentationen, die sie von Inszenierungen anfertigt, geben einen anschaulichen Eindruck von Konzeptionen und der Probenmethodik. Rülicke wird zur Korrespondenz mit Schriftstellern und Verlagen herangezogen. Im Auftrag Bs führt sie Gespräche mit einem Ofenbauer und schreibt darüber das Buch *Hans Garbe erzählt* (1952). Sie arbeitet an der Umarbeitung des Stückes *Winterschlacht* von Johannes R. Becher mit und macht Vorschläge zu einer Veränderung des Zweig-Films *Das Beil von Wandsbek*. Nach dem Tod Bs hält sie Vorträge über das BE und arbeitet später als Professorin an der Hochschule für Film- und Fernsehen.

Manfred Wekwerth (geb. 1927)
Lehrer, Regisseur, Theaterleiter. Stellt 1950 mit einer Laienspielgruppe das von ihm inszenierte Stück *Die Gewehre der Frau Carrar* vor und wird als Regieassistent ans BE engagiert. B erkennt Wekwerths Begabung und schickt ihn 1953 nach Wien, wo er *Die Mutter* vorbereitete. Auch bei einer Neuinszenierung von *Katzgraben* (1954), beim *Kaukasischen Kreidekreis* (1954) und bei *Winterschlacht* (1955) arbeitet B mit Wekwerth als Koregisseur zusammen. Wekwerth hat viel über B geschrieben, speziell über diese Arbeitsperiode, in seinem Buch *Schriften. Arbeit mit Brecht* (1975). Nach Bs Tod gelangen Wekwerth (mit Peter Palitzsch, später mit Joachim Tenschert) bedeutende Inszenierungen. 1966 wurde Wekwerth Chefregisseur des BE; sein Versuch, am BE eine personelle Veränderung der Intendanz zu erreichen, scheiterte. 1970 schied er aus, kehrte aber 1977 wieder zurück und war BE-Intendant bis 1991. Von 1982–1990 war er Präsident der Akademie der Künste, von 1986–1989 Mitglied des ZK der SED.

TITELVERZEICHNIS

Gedichte

PERSONENVERZEICHNIS

BILDNACHWEIS

→ Seite 11: Ullstein Bild/Axel-Springer-Verlag, Berlin (Brecht mit Hanns Eisler und Slatan Dudow, Foto: Bilderdienst des Dt. Verlags).

→ Seite 155: Bildagentur für Kunst, Kultur und Geschichte, Stiftung Preußischer Kulturbesitz, Berlin (Brecht mit Isot Kilian, Manfred Wekwerth und Ernst Busch, Foto: Horst E. Schulze)

→ Seite 249: DDR Bildarchiv, Berlin (Zeichnung von Herbert Sandberg)

Trotz intensiver Recherche ist es nicht in allen Fällen gelungen, die Rechteinhaber ausfindig zu machen. Wir bitten darum, etwaige Ansprüche an den Verlag geltend zu machen.

Werner Hecht hat bei Hans Mayer und Ernst Bloch in Leipzig studiert und über Brechts Weg zum epischen Theater geschrieben. Von Helene Weigel ist er 1959 als Mitarbeiter der Regie und Dramaturgie ans Berliner Ensemble engagiert worden, wo er bis 1974 tätig war. Er hat besonders mit Erich Engel und mit den jüngeren Regisseuren zusammengearbeitet und sich speziell um die Intensivierung der Kontakte mit dem Publikum gekümmert. In den siebziger Jahren schränkte er die Arbeit am Berliner Ensemble ein und gab im Auftrag von Helene Weigel und in Zusammenarbeit mit Elisabeth Hauptmann Brecht-Texte heraus: zuerst seine *Schriften*, danach die *Journale*, die Brecht von 1938 bis 1954 führte. Die Editionstätigkeit fand ihren Abschluss in der *Großen Berliner und Frankfurter Ausgabe der Werke Brechts*, die Hecht mit herausgegeben hat, und war begleitet durch Forschungsarbeiten, deren Ergebnisse er in mehreren Büchern veröffentlichte: 1997 in einer großen *Brecht Chronik*, die 2007 nochmals ergänzt wurde, 2000 mit einer Monographie über *Helene Weigel* und mit einem Buch über *Brechts Leben in schwierigen Zeiten*. Auch als Drehbuchautor war er erfolgreich mit einigen Brecht-Filmen, die er mit seiner Frau, Christa Mühl, schrieb und die sie inszenierte (u. a. *Helene Weigel, Tod und Auferstehung des Wilhelm Hausmann* und *Die Rache des Kapitäns Mitchell*) sowie mit Filmen anderer Sujets.

———

»Wir waren doch nicht ganz das, was sie wollten,
aber sie wollten nicht verlieren, was sie mit uns hatten.«
Helene Weigel in einem Gespräch mit Werner Hecht 1969